LEtuin

2025
하반기

삼성직무적성검사

제01회

기출변형 모의고사

영역	문항 수	시간
수리	20	30분
추리	30	30분

※ 2025년 상반기 기준 출제 문항 수와 시험 응시 시간입니다.

삼성 취업은 렛유인

Chapter 01 수리

문항수 20문항 | 제한시간 30분

해설 p.2

01 올해 A 사업부의 임직원 수는 작년 대비 10% 증가하였으며, B 사업부의 임직원 수는 작년 대비 15% 감소하였다. 작년 두 사업부의 전체 임직원 수는 1,300명이었으며, 올해 전체 임직원 수는 작년 대비 30명 증가했다고 할 때, 올해 B 사업부의 임직원 수를 구하시오.

① 320명 ② 340명 ③ 360명
④ 380명 ⑤ 400명

02 인사과 2명, 개발팀 4명, 기획팀 3명 총 9명 중 3명을 선발하여 채용설명회를 진행하려 한다. 채용설명회에 참여할 3명 선발 시 인사과 인원이 적어도 1명 이상 포함될 확률을 구하시오.

① $\frac{7}{12}$ ② $\frac{5}{8}$ ③ $\frac{2}{3}$
④ $\frac{17}{24}$ ⑤ $\frac{3}{4}$

03 다음은 국내에 판매된 소형가전의 판매 수량을 분기별로 조사한 자료이다. 이를 해석한 내용으로 옳은 보기를 고르시오.

〈표〉 최근 5년간 분기별 소형가전 판매 수량

(단위: 천 대)

구분	2020년	2021년	2022년	2023년	2024년
1분기	125	130	135	140	145
2분기	138	145	142	150	158
3분기	162	178	185	186	210
4분기	149	160	170	196	190

① 조사기간 동안 모든 해에서 3분기 판매량이 가장 높았다.
② 2022년의 소형가전 분기 평균 판매 수량은 16만 대이다.
③ 2024년 1분기의 판매 수량은 직전 분기 대비 25% 이상 감소하였다.
④ 2021년 연간 판매 수량은 전년 대비 10% 이상 증가하였다.
⑤ 조사기간 동안 4분기의 판매 수량은 전년 동기 대비 지속 증가하였다.

04 다음은 국내 대학교의 각 전공군별 학과 개수와 취업률을 조사한 자료이다. 이를 해석한 내용으로 옳지 않은 보기를 고르시오.

〈표〉 대학교 전공군별 취업률 현황

(단위: 개, %)

전공군	포함 계열	2014년		2024년	
		학과 수	취업률	학과 수	취업률
이공계열	공학, 자연	4,756	68.1	4,930	71.2
인문사회계열	인문, 사회, 교육	6,003	60.1	5,823	58.3
예체능계열	예술, 체육	1,713	54.1	1,782	52.6
보건의료계열	의약	588	85.4	692	88.1

① 2014년과 2024년에 취업률이 가장 높았던 전공군은 동일하다.
② 4개 전공군 중 2014년 대비 2024년에 학과 수와 취업률이 모두 증가했던 전공군은 2개 전공군이다.
③ 2024년 '보건의료계열'의 학과 수는 10년 전 대비 15% 이상 증가하였다.
④ 4개 전공군의 학과 수는 2014년 대비 2024년에 모두 증가하였다.
⑤ 조사기간 2개년 모두 '인문사회계열'의 학과 수는 '예체능계열' 학과 수보다 3배 이상 많았다.

05 다음은 A 기업에 입사한 신입사원의 직군 비율과 기획 직군에서의 학력을 조사한 자료이다. 신입사원 전체 인원이 800명이라고 할 때, A 기업에 입사한 대졸 이상 학력의 기획 직군 입사 인원수를 구하시오.

〈그래프1〉 신입사원 입사 직군별 비율

(단위: %)

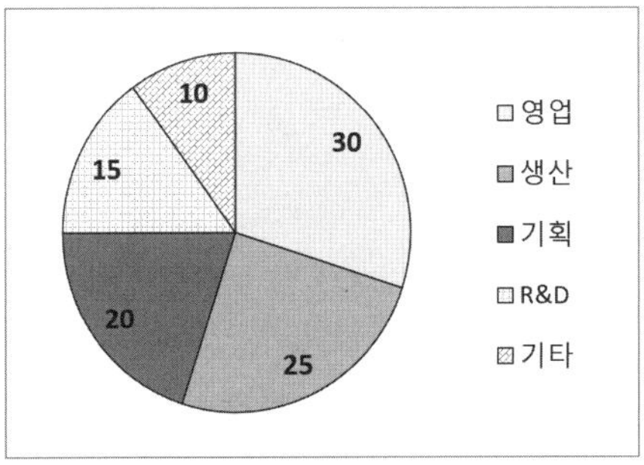

〈그래프2〉 기획 직군의 학력별 구성

(단위: %)

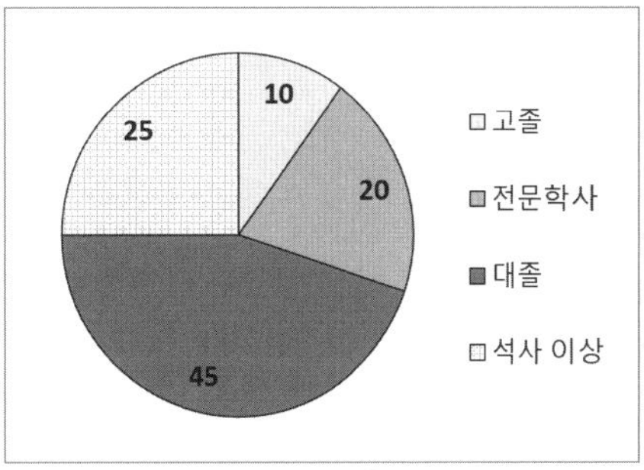

① 72명 ② 82명 ③ 92명
④ 102명 ⑤ 112명

06 다음은 어느 전자기기 제조회사의 사업부문별 연간 매출을 정리한 자료이다. 이를 해석한 내용으로 옳은 보기를 고르시오.

〈표〉 전자기기 사업부문별 연간 매출

(단위: 천억 원)

구분	모바일	영상	가전
2020년	4,210	3,680	2,130
2021년	4,560	3,750	2,350
2022년	5,130	3,980	2,470
2023년	6,040	4,150	2,730
2024년	6,200	4,330	2,690

① 모바일 부문 매출은 2020년 대비 2024년에 50% 이상 증가하였다.

② 영상 부문 매출은 2022년 대비 2024년에 10% 이상 증가하였다.

③ 2024년 전체 전자기기 매출 중 모바일 부문의 매출 비중은 절반 이상이었다.

④ 가전 부문 매출 2022년 대비 2023년에 10% 이상 증가하였다.

⑤ 가전 부문은 5년 연속 꾸준히 증가하는 매출 흐름을 보인다.

07~08 다음은 국가별 친환경 에너지 생산량과 소비량에 대한 실적을 정리한 자료이다. 이를 활용하여 이어지는 각 문항의 물음에 답하시오.

〈표〉 국가별 친환경 에너지 생산 및 소비 실적

(단위: GWh)

구분			노르웨이	호주	인도네시아	캐나다	이집트
2024년	생산량		6,104	1,812	2,563	5,445	998
		전년비	6%	30%	−11%	2%	27%
	소비량		4,191	2,694	3,415	4,262	1,159
		전년비	−7%	−2%	−14%	4%	15%
2023년	생산량		5,762	1,394	2,884	5,318	785
		전년비	8%	22%	5%	7%	−13%
	소비량		4,508	2,753	3,962	4,101	1,006
		전년비	7%	11%	3%	3%	−2%
2022년	생산량		5,321	1,145	2,734	4,982	900
		전년비	6%	18%	12%	4%	−10%
	소비량		4,217	2,483	3,841	3,995	1,030
		전년비	3%	22%	9%	6%	12%

*자급률(%) = 생산량 ÷ 소비량 × 100

07 주어진 자료를 해석한 내용 중 옳지 않은 보기를 고르시오.

① '노르웨이'와 '캐나다'는 조사기간 동안 매년 친환경 에너지 생산량이 소비량보다 많았다.

② '호주'의 2024년 친환경 에너지 자급률은 60% 이상이다.

③ '이집트'의 2023년 친환경 에너지 자급률은 70% 이상이다.

④ '인도네시아'의 친환경 에너지 자급률은 2년 연속 증가하였다.

⑤ '이집트'의 친환경 에너지 자급률은 2년 연속 증가하였다.

08 2021년 '이집트'의 친환경 에너지 생산량 ⓐ와 소비량 ⓑ가 올바르게 구성된 보기를 고르시오. (각각 소수점 첫째자리에서 반올림한다)

	ⓐ	ⓑ
①	990	906
②	990	920
③	1,000	906
④	1,000	912
⑤	1,000	920

09 **다음은 국내 중소기업 재직자 수와 1인당 연평균 직무교육 이수 시간을 정리한 그래프이다. 이를 해석한 내용으로 옳은 보기를 고르시오.**

〈그래프〉 중소기업 재직자 대상 연간 직무교육 이수 현황

(단위: 천 명, 시간)

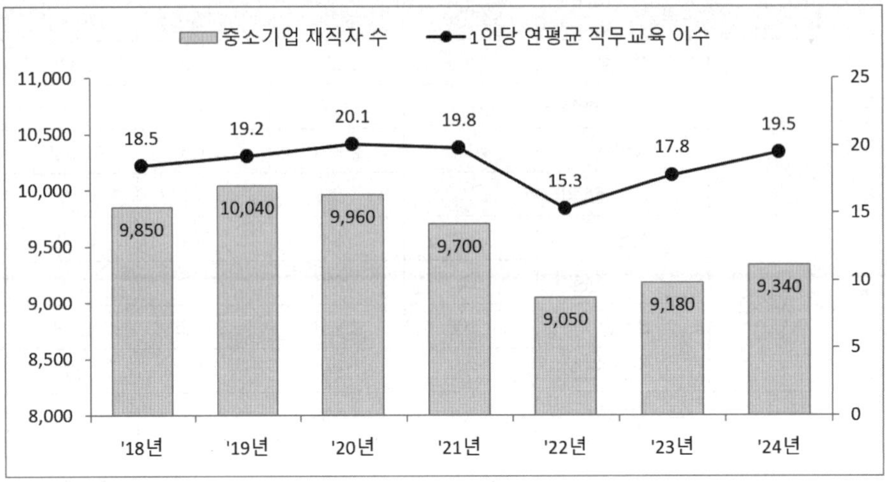

① 조사기간 동안 재직자 수와 1인당 연평균 직무교육 이수 시간의 전년 대비 증감 트렌드는 매년 유사하였다.

② 조사기간 동안 연평균 중소기업 재직자 수는 1천만 명 이상이었다.

③ 조사기간 동안 중소기업 재직자 수가 가장 적었던 해에 1인당 연평균 직무교육 이수 시간이 가장 짧았다.

④ 중소기업 재직자의 전체 직무교육 이수 시간이 가장 길었던 해는 2019년이다.

⑤ 중소기업 재직자 수가 가장 많았던 해와 가장 적었던 해의 재직자 수 차이는 1백만 명 이상이었다.

10 **다음은 A사와 B사의 최근 연도 재무 및 마케팅 관련 주요 지표이다. 주어진 〈표〉를 활용하여 옳은 설명을 모두 찾은 보기를 고르시오.**

〈표〉 재무 및 마케팅 관련 비용

(단위: 백만 원)

구분	A사	B사
매출액	5,439	5,982
영업이익	734	612
연구개발비	649	1,153
광고비	554	585
온라인 마케팅비	232	225

ㄱ. A사의 영업이익률은 B사보다 3%p 이상 높다.
ㄴ. 연구개발비가 매출에서 차지하는 비중은 B사가 A사보다 7%p 이상 높다.
ㄷ. B사의 광고비는 온라인 마케팅비의 2.4배 이상이다.

① ㄱ　② ㄱ, ㄴ　③ ㄴ, ㄷ
④ ㄱ, ㄷ　⑤ ㄱ, ㄴ, ㄷ

11 **다음은 가전 서비스 매장에 접수된 노트북의 고장 유형별 접수 건수와 비중을 정리한 자료이다. 이를 해석한 내용으로 옳지 않은 보기를 고르시오.**

〈표〉 노트북 고장 유형별 접수 현황

(단위: 건, %)

고장 유형	2023년		2024년	
	접수 건수	비중	접수 건수	비중
배터리 문제	1,484	23.0	1,788	24.8
화면/패널 문제	903	14.0	865	12.0
키보드 인식 불량	1,290	20.0	1,543	21.4
메인보드 손상	1,554	24.1	1,348	18.7
기타	1,219	18.9	1,666	23.1
합계	6,450	100.0	7,210	100.0

① 2년 동안 접수된 고장 건수 중 가장 높은 비중을 차지했던 고장 유형은 '배터리 문제' 유형이다.
② 기타를 제외하고 2023년 대비 2024년에 고장 접수 건수가 가장 많이 증가했던 유형은 '키보드 인식 불량' 유형이다.
③ 2024년 노트북 전체 고장 접수 건수는 2023년 대비 10% 이상 증가하였다.
④ 2024년 '키보드 인식 불량' 유형의 고장 접수 건수는 전년 대비 15% 이상 증가하였다.
⑤ 2023년 고장 접수 8건 중 1건 이상은 '화면/패널 문제' 유형의 고장 접수였다.

12~13 다음은 전 세계 6대륙과 유럽 주요 5개국의 연간 도서 출판 종수를 조사한 자료이다. 이를 활용하여 이어지는 각 문항의 물음에 답하시오.

〈그래프〉 대륙별 도서 출판 현황

(단위: 만 종)

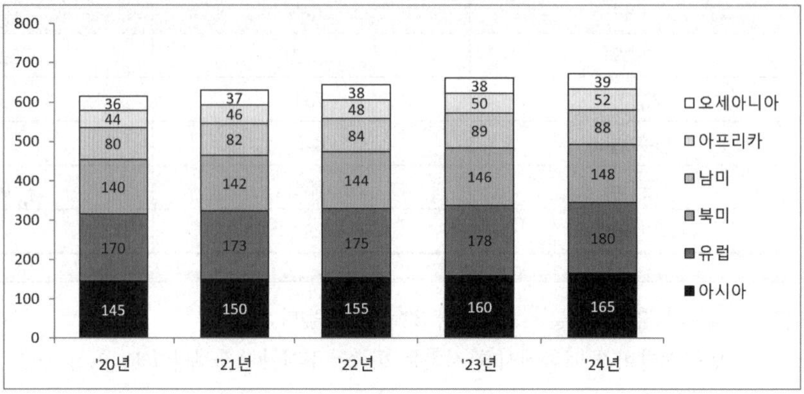

〈표〉 유럽 주요 5개국 도서 출판 현황

(단위: 천 종)

구분	'20년	'21년	'22년	'23년	'24년
독일	84	85	86	87	90
프랑스	70	71	72	73	74
영국	153	155	157	158	160
이탈리아	57	58	59	60	61
스페인	74	75	76	77	78

12 주어진 자료를 해석한 내용으로 옳은 보기를 고르시오.

① 2024년 전 세계 도서 출판 종수는 2020년 대비 10% 이상 증가하였다.
② 조사기간 동안 남미에서 출판된 도서의 종수는 매년 지속 증가하였다.
③ 2023년 영국의 출판 종수는 같은 해 유럽 전체 출판 종수 중 10% 이상의 비중을 차지한다.
④ 2024년 유럽 주요 5개국의 도서 출판 종수는 같은 해 유럽 전체 출판 종수 중 25% 이상의 비중을 차지한다.
⑤ 매년 오세아니아와 아프리카의 도서 출판 종수 합은 전체 도서 출판 종수 중 15% 이상의 비중을 차지한다.

13 2020년 영국의 도서 출판 종수가 같은 해 유럽에서 차지하는 비중을 ⓐ, 2024년 독일의 도서 출판 종수가 같은 해 유럽에서 차지하는 비중을 ⓑ라 할 때, ⓐ – ⓑ가 올바르게 계산된 보기를 고르시오. (소수점 첫째자리 반올림한다)

① 4.0%p ② 4.2%p ③ 4.5%p ④ 4.8%p ⑤ 5.0%p

14 **다음은 어느 회사에 입사한 신입사원 8명의 신입사원 교육 점수와 직무교육 연수 점수를 정리한 자료이다. 이를 해석한 내용으로 옳지 않은 보기를 모두 고르시오.**

〈그래프〉 신입사원 대상 교육 및 연수 결과 평가

(단위: 점)

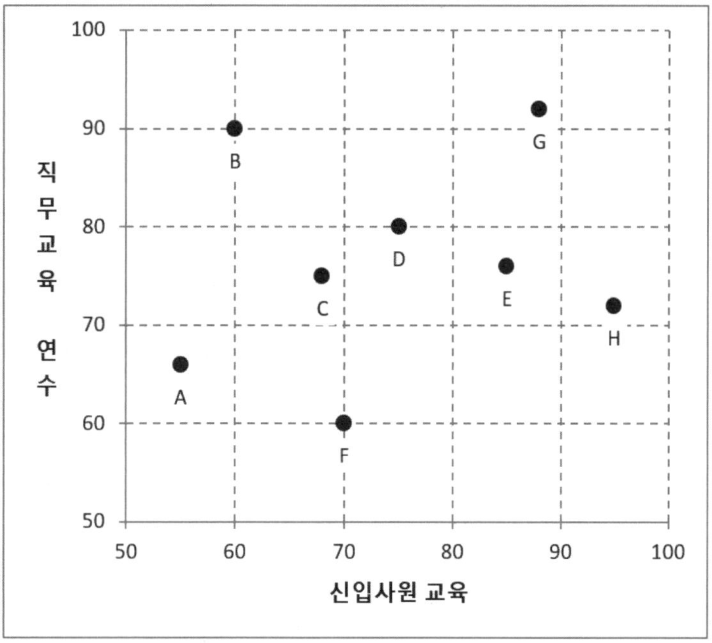

ㄱ. 직무교육 연수 점수가 가장 높은 신입사원과 가장 낮은 신입사원의 점수차는 30점 이상이다. ㄴ. 신입사원 D의 점수는 직무교육 연수와 신입사원 교육에서 동일한 순위를 기록하였다. ㄷ. 직무교육 연수 점수가 가장 높았던 신입사원은 신입사원 교육 점수 역시 가장 높았다. ㄹ. 직무교육 연수와 신입사원 교육 점수의 평균이 80점 이상인 신입사원은 총 4명이다.

① ㄱ, ㄴ　　② ㄱ, ㄷ　　③ ㄴ, ㄹ

④ ㄱ, ㄴ, ㄹ　　⑤ ㄴ, ㄷ, ㄹ

15 다음은 A 가전매장에서 판매된 가정용 청소기의 종류별 매출 비중을 정리한 자료이다. 이를 해석한 내용으로 옳지 않은 보기를 고르시오.

〈그래프〉 가정용 청소기 종류별 매출 비중

(단위: %)

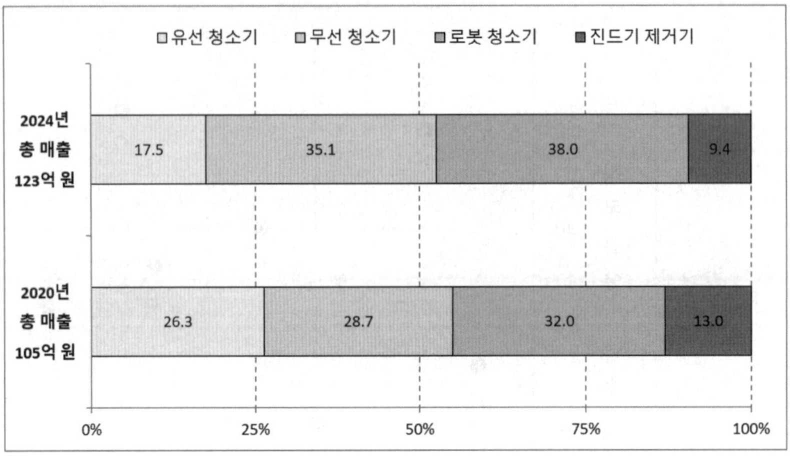

① 2024년 가정용 청소기의 전체 매출은 2020년 대비 15% 이상 증가하였다.
② 2024년 '로봇 청소기' 매출액은 2020년 대비 15억 원 이상 증가하였다.
③ 2024년 '무선 청소기'와 '로봇 청소기'의 매출액 차이는 3억 원 이상이었다.
④ 2020년 '유선 청소기'의 매출액은 같은 해 '진드기 제거기' 매출액의 2배 이상이었다.
⑤ 2024년 '무선 청소기'의 매출액은 같은 해 '유선 청소기' 매출액의 2배 이상이었다.

16 다음은 A회사의 2024년 상반기 부서별 매출과 인원수를 정리한 내용이다. 이를 활용하여 각 부서별 1인당 직접 매출액이 높은 순서대로 올바르게 나열된 보기를 고르시오.

〈표〉 부서별 인원 구성과 직접 매출액

(단위: 개별 표기)

부서	직접 매출액 (억 원)	인원수 (명)
전략기획	72.0	12
영업	110.2	23
생산	103.6	19
품질관리	64.0	9
R&D	93.5	15

① 품질관리 〉 R&D 〉 전략기획 〉 생산 〉 영업
② R&D 〉 전략기획 〉 영업 〉 생산 〉 품질관리
③ 품질관리 〉 R&D 〉 생산 〉 영업 〉 전략기획
④ 영업 〉 생산 〉 전략기획 〉 R&D 〉 품질관리
⑤ 생산 〉 영업 〉 전략기획 〉 품질관리 〉 R&D

17 다음은 글로벌 반도체 장비군별 매출 순위를 정리한 자료이다. 이를 해석한 내용으로 옳은 보기를 고르시오.

〈표〉 글로벌 반도체 장비군별 매출 순위

(단위: M USD)

순위	2010년		2015년		2020년		2025년	
1위	증착	5,120	식각	6,050	노광	11,630	노광	18,400
2위	식각	4,850	증착	5,980	식각	9,780	증착	14,900
3위	노광	4,200	노광	5,700	증착	9,040	식각	13,800
4위	검사	2,200	검사	3,200	검사	5,230	검사	7,400
5위	이온	1,150	이온	1,480	이온	2,210	이온	2,900
소계	-	17,520	-	22,410	-	37,890	-	57,400

① 2010년 이후 5년마다 '증착' 장비군의 매출 순위는 지속 하락하였다.
② 2025년 상위 5개 장비군의 2010년 대비 매출 증가율은 300% 이상이다.
③ 2020년 '노광' 장비군의 매출은 2015년 대비 100% 이상 증가하였다.
④ 조사기간 동안 매출 순위가 지속 유지되었던 장비군은 '이온'이 유일하다.
⑤ 2020년 '식각' 장비군의 매출은 2015년 대비 70% 이상 증가하였다.

18 성인이 하루에 마시는 카페 음료의 잔 수 x에 따라 그 날의 만족도 점수 y는 $y = (a - x)^2 + \frac{6}{x} + b$로 표현할 수 있다. 하루에 2잔을 마셨을 때의 만족도는 14점, 3잔을 마셨을 때의 만족도가 12점이라고 할 때, 이를 만족하는 a와 b의 값으로 알맞은 보기를 고르시오.

	a	b
①	3	5
②	3	10
③	3	15
④	6	5
⑤	6	10

19 다음은 어느 모바일 앱의 연도별 다운로드 수 (A)와 유료 서비스 결제 건수 (B)를 정리한 자료이다. 주어진 자료를 활용하여 해당 모바일 앱의 매년 유료 결제율이 올바르게 표현된 그래프를 고르시오.

〈표〉 모바일 앱 다운로드 및 유료 서비스 결제 건수

(단위: 건)

구분	2019년	2020년	2021년	2022년	2023년	2024년
다운로드 (A)	1,230	1,160	1,250	1,340	1,420	1,350
유료 결제 (B)	306	357	368	344	326	355

*유료 결제율(%) = 유료 결제 ÷ 다운로드 × 100

① 모바일 앱의 매년 유료 결제율(%)

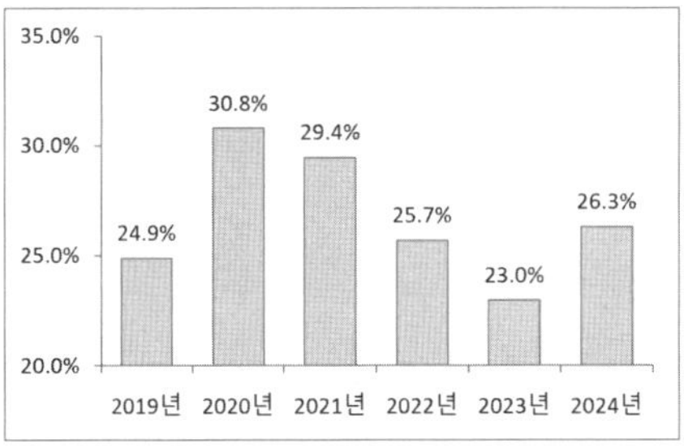

② 모바일 앱의 매년 유료 결제율(%)

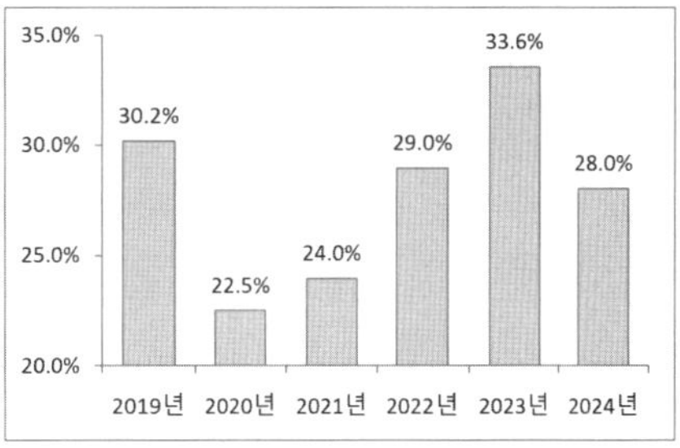

③ 모바일 앱의 매년 유료 결제율(%)

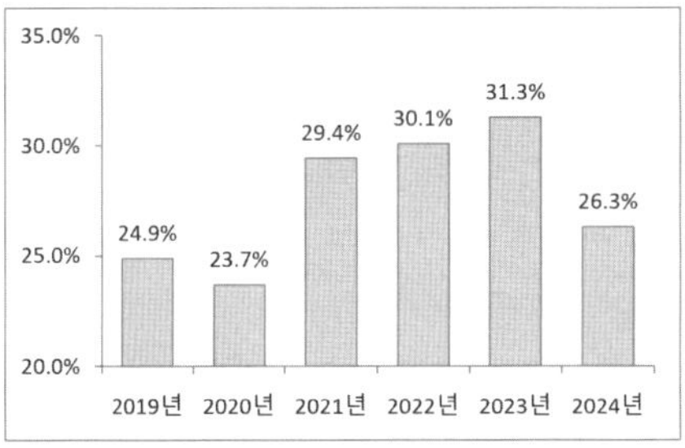

④ 모바일 앱의 매년 유료 결제율(%)

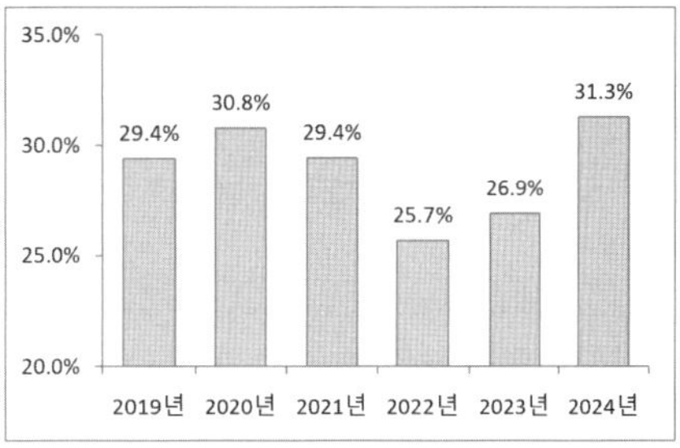

⑤ 모바일 앱의 매년 유료 결제율(%)

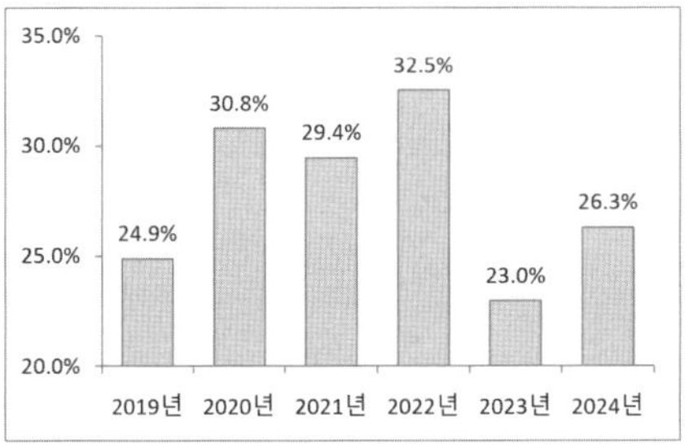

20 다음은 매월 말일 시점 2개 금융 서비스 플랫폼의 누적 고객 수를 정리한 자료이다. 향후 유사한 추세가 유지된다고 할 때, 두 서비스 플랫폼의 12월 말일 기준 누적 고객 수 차이로 옳은 것을 고르시오.

〈표〉 2개 금융 서비스 플랫폼의 월별 누적 고객 현황

(단위: 명)

구분	플랫폼 A	플랫폼 B
1월	42,300	51,800
2월	42,600	51,900
3월	42,900	52,040
4월	43,200	52,220
5월	43,500	52,440

① 9,020명　② 9,140명　③ 9,300명
④ 9,500명　⑤ 9,740명

Chapter 02 추리

문항수 30문항 | 제한시간 30분

해설 p.8

01 **다음 중 항상 참인 결론으로 적절한 것을 고르시오.**

> [전제1] 지식이 많은 모든 신입사원은 학점이 낮다.
> [전제2] 나이가 많은 모든 신입사원은 지식이 많다.
> [결 론] (   )

① 학점이 낮은 모든 신입사원은 나이가 많다.
② 학점이 낮은 어떤 신입사원은 나이가 많지 않다.
③ 나이가 많은 모든 신입사원은 학점이 낮다.
④ 지식이 많은 모든 신입사원은 나이가 많다.
⑤ 나이가 많은 모든 신입사원은 학점이 낮지 않다.

02 **다음 중 결론을 항상 참으로 만드는 [전제2]를 고르시오.**

> [전제1] 품질이 우수한 어떤 전자제품은 비싸다.
> [전제2] (   )
> [결 론] 비싼 어떤 전자제품은 성능이 뛰어나다.

① 성능이 뛰어난 모든 전자제품은 품질이 우수하다.
② 품질이 우수한 모든 전자제품은 성능이 뛰어나지 않다.
③ 성능이 뛰어난 어떤 전자제품은 품질이 우수하다.
④ 품질이 우수한 모든 전자제품은 성능이 뛰어나다.
⑤ 품질이 우수한 어떤 전자제품은 성능이 뛰어나지 않다.

03 다음 중 항상 참인 결론으로 적절한 것을 고르시오.

[전제1] 주차가 편리한 어떤 관광지는 유명하다. [전제2] 주차가 편리한 모든 관광지는 인기가 많다. [결 론] ( )

① 인기가 많은 어떤 관광지는 유명하지 않다.
② 인기가 많은 모든 관광지는 유명하다.
③ 유명한 모든 관광지는 인기가 많다.
④ 인기가 많지 않은 어떤 관광지는 유명하지 않다.
⑤ 인기가 많은 어떤 관광지는 유명하다.

04 A, B, C, D, E가 일렬로 줄을 선다. 〈보기〉를 참고하여 항상 참인 것을 고르시오.

〈 보 기 〉

- E는 2번째로 줄을 선다.
- D는 B보다 먼저 줄을 선다.
- A와 C는 서로 이웃하게 줄을 선다.

① A는 3번째로 줄을 선다.
② B는 3번째로 줄을 선다.
③ C는 4번째로 줄을 선다.
④ D는 1번째로 줄을 선다.
⑤ B는 5번째로 줄을 선다.

05 A, B, C, D, E, F가 2명씩 짝을 지어 기획팀, 총무팀, 홍보팀 중 한 팀에 들어간다. 아무도 들어가지 않는 팀이 없다고 할 때, 〈보기〉를 참고하여 항상 참인 것을 고르시오.

〈 보 기 〉

- D와 E는 같은 팀이다.
- F는 홍보팀이다.
- A는 홍보팀이 아니다.

① 6명이 팀에 들어가는 모든 경우는 2가지이다.
② B는 C와 같은 팀이 아니다.
③ A와 같은 팀일 수 있는 사람은 모두 3명이다.
④ D가 기획팀인 경우는 1가지이다.
⑤ F는 B와 같은 팀이다.

06 A, B, C, D, E, F, G, H는 원형의 테이블에 일정한 간격으로 앉는다. 누군가를 마주보고 앉는다고 할 때 〈보기〉를 참고하여 항상 거짓인 것을 고르시오.

〈 보 기 〉

- C와 F는 마주보고 앉는다.
- E와 이웃한 양 옆자리에 A와 D가 앉는다.
- H는 B와 이웃한 자리에 앉는다.

① A는 B와 마주보고 앉는다.
② B는 E와 마주보고 앉는다.
③ D는 H와 마주보고 앉는다.
④ E는 G와 마주보고 앉는다.
⑤ G는 A와 마주보고 앉는다.

07 2행 3열로 배치된 자리에 A, B, C, D, E, F가 앉는다. 각 자리에 1부터 6까지 번호가 부착되어 있다고 할 때 〈보기〉를 참고하여 반드시 거짓인 것을 고르시오.

〈 보 기 〉

- A는 5번 자리에 앉는다.
- E가 앉는 자리의 번호보다 1이 큰 번호의 자리에 F가 앉는다.
- B는 1열의 자리에 앉는다.
- C가 앉는 자리의 번호는 F가 앉는 자리의 번호보다 작다.

	1열	2열	3열
1행	1	2	3
2행	4	5	6

① B는 1번 자리에 앉는다.
② E는 3번 자리에 앉는다.
③ F는 2번 자리에 앉는다.
④ C는 2번 자리에 앉는다.
⑤ D는 6번 자리에 앉는다.

08 **1부터 9까지 9개의 숫자를 중복으로 사용하여 5자리 비밀번호를 만든다. 같은 숫자를 3번 이상 사용할 수 없다고 할 때 〈보기〉의 조건을 만족하는 비밀번호가 모두 몇 가지인지 고르시오.**

〈 보 기 〉

- 첫 번째 자리의 숫자는 5보다 작다.
- 두 번째 자리의 숫자는 3이다.
- 세 번째 자리의 숫자는 첫 번째 자리의 숫자와 네 번째 자리의 숫자 사이의 값이다.
- 네 번째 자리의 숫자는 첫 번째 자리의 숫자에 3을 더한 값이다.
- 다섯 번째 자리의 숫자는 첫 번째 자리의 숫자에 3을 곱한 값이다.

① 1가지 ② 2가지 ③ 3가지
④ 4가지 ⑤ 5가지

09 **A, B, C, D, E는 162g, 190g, 218g인 스마트폰 중 하나를 사용한다. 아무도 사용하지 않는 스마트폰은 없다고 할 때 〈보기〉를 참고하여 항상 참인 것을 고르시오.**

〈 보 기 〉

- A와 B가 사용하는 스마트폰 무게의 합은 380g이다.
- E는 C보다 가벼운 스마트폰을 사용한다.
- D가 사용하는 스마트폰과 같은 무게의 스마트폰을 사용하는 사람은 없다.

① A가 190g의 스마트폰을 사용하면 C는 190g의 스마트폰을 사용한다.
② B가 190g의 스마트폰을 사용하면 E는 190g의 스마트폰을 사용한다.
③ D가 162g의 스마트폰을 사용하면 C는 218g의 스마트폰을 사용한다.
④ D가 218g의 스마트폰을 사용하면 A는 218g의 스마트폰을 사용한다.
⑤ E가 162g의 스마트폰을 사용하면 D는 218g의 스마트폰을 사용한다.

10 A, B, C, D는 서로 1번씩 모든 사람과 경기를 치르는 리그전 방식으로 진행하는 포켓볼 대회에 참가했다. 경기 결과는 승과 패만 있다고 할 때 〈보기〉를 토대로 항상 참인 것을 고르시오.

〈 보 기 〉

- D는 C와의 경기에서 이겼다.
- B의 전적은 1승 2패이다.
- A와 전적이 같은 사람은 1명이다.
- B는 C와의 경기에서 이겼다.

① A의 전적은 1승 2패이고 A와 전적이 같은 사람은 B이다.
② A의 전적은 2승 1패이고 A와 전적이 같은 사람은 C이다.
③ A의 전적은 2승 1패이고 A와 전적이 같은 사람은 D이다.
④ A의 전적은 3승 0패이고 A와 전적이 같은 사람은 C이다.
⑤ A의 전적은 3승 0패이고 A와 전적이 같은 사람은 D이다.

11 A, B, C, D, E는 마차와 홍차 중 하나를 택하여 마신다. 5명 중 마차를 마시는 사람은 2명이며 2명 모두 진실을 말하고 홍차를 마시는 사람은 3명이고 3명 모두 거짓을 말한다고 할 때 〈보기〉를 참고하여 반드시 마차를 마시는 2명을 알맞게 짝지은 것을 고르시오.

〈 보 기 〉

A: C의 말은 거짓이다.
B: D는 홍차를 마신다.
C: E는 홍차를 마신다.
D: B는 홍차를 마신다.
E: D는 거짓을 말한다.

① A, D ② A, E ③ B, C
④ B, E ⑤ C, D

12 A, B, C, D는 광어, 숭어, 민어 중 2가지를 먹는다. 〈보기〉를 참고하여 항상 참인 것을 고르시오.

〈 보 기 〉

- B는 광어, D는 숭어를 먹는다.
- A가 먹는 어류 중 1종류의 어류를 C가 먹는다.
- C는 민어를 먹지 않는다.

① A는 민어를 먹는다.
② A는 광어를 먹는다.
③ B는 숭어를 먹는다.
④ D는 광어를 먹는다.
⑤ D는 민어를 먹는다.

13 G는 월요일부터 금요일까지 입을 상의와 하의를 정한다. 상의는 스웨터, 티셔츠, 셔츠가 있고 하의는 면바지와 청바지가 있으며 5종류의 옷을 모두 1번 이상 입는다고 할 때 〈보기〉를 참고하여 항상 참인 것을 고르시오.

〈 보 기 〉

- 같은 옷은 연달아 입지 않는다.
- 면바지를 입은 다음 날에 티셔츠를 입지 않는다.
- 월요일, 화요일, 수요일에 티셔츠를 입지 않는다.
- 셔츠는 1번만 입는다.

① 월요일에 스웨터와 면바지를 입는다.
② 화요일에 셔츠와 면바지를 입는다.
③ 수요일에 셔츠와 청바지를 입는다.
④ 목요일에 티셔츠와 청바지를 입는다.
⑤ 금요일에 티셔츠와 면바지를 입는다.

14 A, B, C, D, E는 Fab.에 들어가기 위해 방진복과 장갑을 착용한다. 방진복의 색은 검정, 하양, 파랑이고 장갑의 색은 검정과 하양이다. 착용하는 방진복과 장갑 색의 조합이 같은 사람은 없으며 방진복과 장갑을 모두 하양으로 착용한 사람이 거짓을 말한다고 할 때 〈보기〉의 진술을 참고하여 거짓을 말하는 사람을 고르시오.

〈 보 기 〉

A: C는 검은 방진복을 착용한다.
B: D는 하얀 장갑을 착용한다.
C: E는 파란 방진복과 하얀 장갑을 착용한다.
D: A는 하얀 방진복을 착용한다.
E: B가 하는 말은 거짓이다.

① A ② B ③ C
④ D ⑤ E

15 다음 도형들은 일정한 규칙을 가지고 있다. 물음표에 들어갈 알맞은 도형을 고르시오.

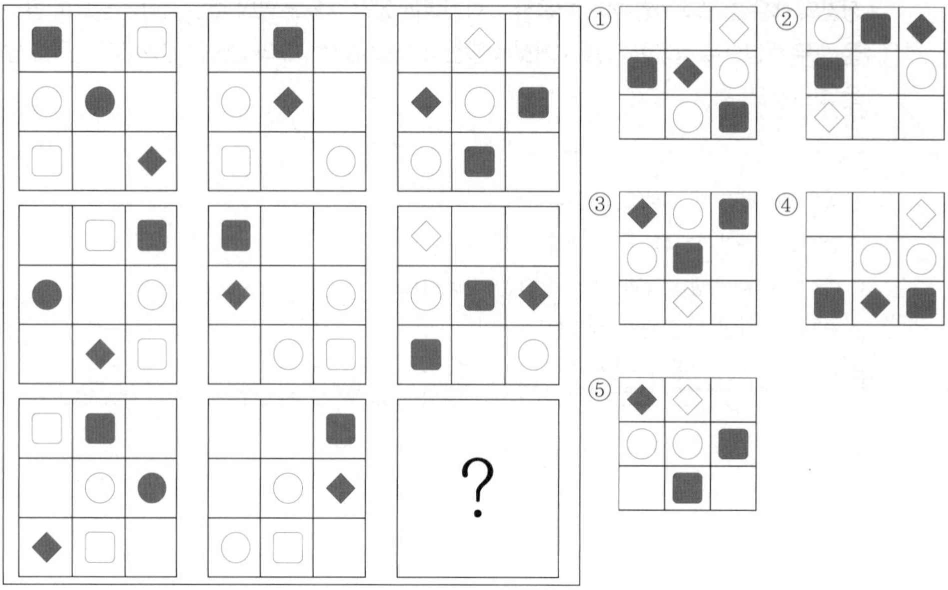

16 다음 도형들은 일정한 규칙을 가지고 있다. 물음표에 들어갈 알맞은 도형을 고르시오.

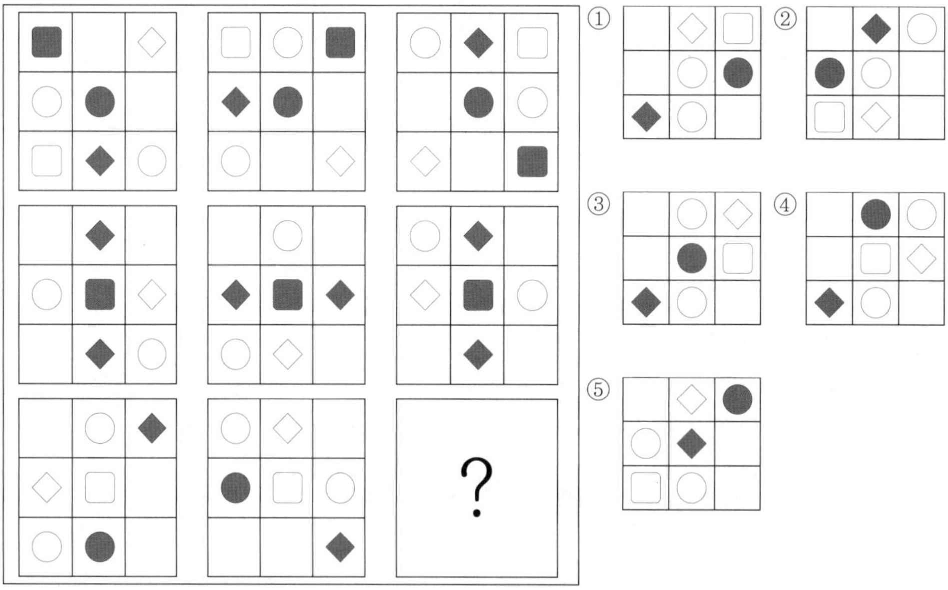

17 다음 도형들은 일정한 규칙을 가지고 있다. 물음표에 들어갈 알맞은 도형을 고르시오.

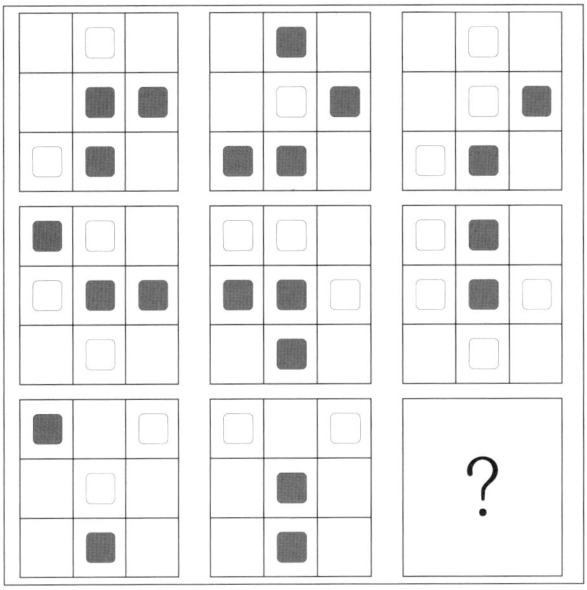

①

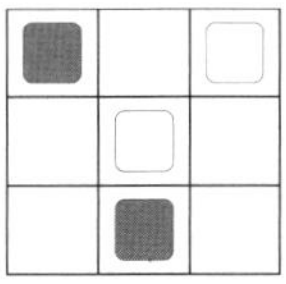

②

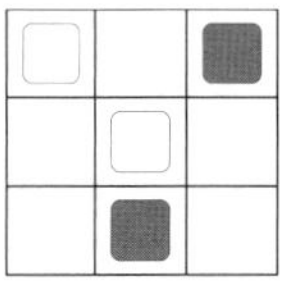

③

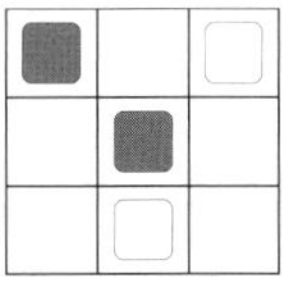

④

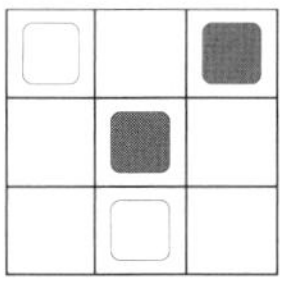

⑤

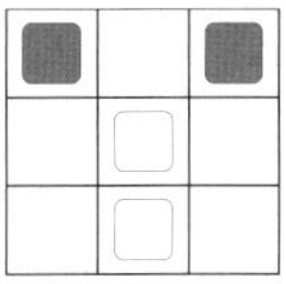

18~21 다음 문자와 도형의 흐름을 참고하여 물음에 답하시오.

		8B1T				
		⇩				
UC93	⇨	◆	⇨	U93C		
		⇩		⇩		
DFAJ	⇨	☎	⇨	◎	⇨	LBCD
		⇩		⇩		
		69VD		♥		
				⇩		
				DT48		

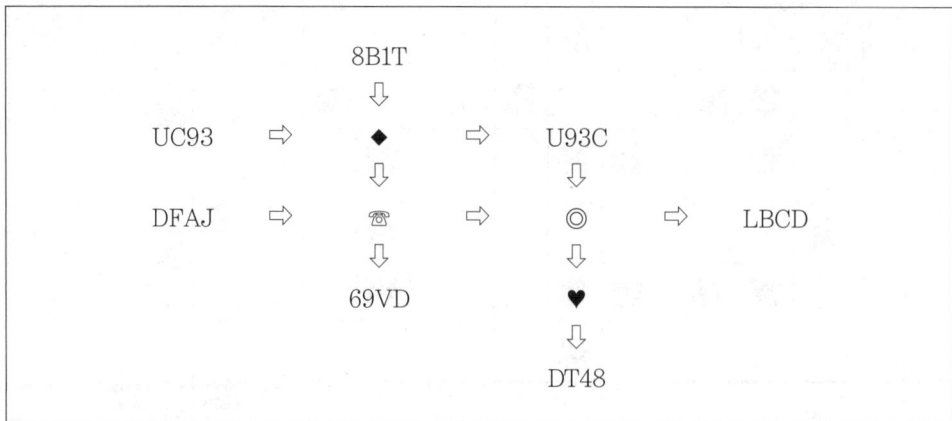

18 다음 중 물음표에 들어갈 문자로 알맞은 것을 고르시오.

GFSI ⇨ ☎ ⇨ ♥ ⇨ ?

① FCVJ ② JGVJ ③ FEVL ④ DETL ⑤ FCRF

19 다음 중 물음표에 들어갈 문자로 알맞은 것을 고르시오.

GEUN ⇨ ◆ ⇨ ◎ ⇨ ?

① ENUG ② UGEN ③ UEGN ④ GUNE ⑤ EGNU

20 다음 중 물음표에 들어갈 문자로 알맞은 것을 고르시오.

? ⇨ ☎ ⇨ ◆ ⇨ CZ53

① A1B7 ② A1X4 ③ E5B7 ④ E5X3 ⑤ A35B

21 다음 중 물음표에 들어갈 문자로 알맞은 것을 고르시오.

? ⇨ ☎ ⇨ ◎ ⇨ ♥ ⇨ 25HI

① F1K6 ② 4HI3 ③ H9I8 ④ 8LE9 ⑤ L3E4

22 **다음 글의 내용 흐름상 가장 적절한 문단배열 순서를 고르시오.**

(A) 탄소배출권 거래제는 정부가 설정한 배출 한도 내에서 기업들이 온실가스를 배출할 수 있도록 허용하고, 초과하거나 남은 배출권을 다른 기업과 거래할 수 있도록 하는 제도이다. 이는 시장 메커니즘을 활용해 온실가스 감축을 유도하는 대표적 환경정책 중 하나다.

(B) 하지만 거래제 운영에는 몇 가지 문제가 있다. 배출권이 과잉 할당되면 감축 효과가 떨어지고, 가격 변동성이 클 경우 기업의 예측 가능성이 낮아지는 부작용도 나타날 수 있다. 게다가 산업계의 반발 역시 제도의 확산을 저해하는 요소 중 하나다. 이로 인해 배출권 시장의 신뢰도와 투명성 확보가 중요한 과제로 떠오르고 있다.

(C) 이 제도의 핵심은 '탄소에 가격을 매긴다'는 데 있다. 배출권의 희소성과 수요에 따라 가격이 결정되기 때문에, 탄소를 많이 배출하는 기업일수록 비용 부담이 커진다. 이에 따라 친환경 설비 투자나 에너지 효율 개선을 통한 감축 노력이 자연스럽게 유도된다. 이러한 효과에도 불구하고, 일부 산업에서는 경쟁력 약화를 이유로 제도 도입에 반발하기도 한다.

(D) 최근에는 국제 탄소 시장과의 연계 가능성, 산업별 배출권 차등 배분, 감축 목표 강화 등 거래제의 실효성을 높이기 위한 다양한 정책적 논의가 이루어지고 있다. 탄소배출권 거래제는 궁극적으로는 탄소중립 사회 전환을 위한 핵심 수단으로 정교한 설계가 요구된다. 이러한 흐름은 기업의 지속가능경영 전략과도 긴밀히 연결되어 있다.

① (A)-(B)-(C)-(D)
② (A)-(B)-(D)-(C)
③ (A)-(C)-(B)-(D)
④ (B)-(A)-(D)-(C)
⑤ (B)-(C)-(D)-(A)

23 다음 글의 내용 흐름상 가장 적절한 문단배열 순서를 고르시오.

(A) 스몸비 현상은 단순한 개인 습관을 넘어 사회 전반에 부정적인 영향을 미친다. 대표적으로 보행 중 교통사고 위험이 크게 증가하며, 실제로 도로교통공단의 통계에 따르면 스마트폰 주시 중 사고로 인한 보행자 부상 사례가 매년 늘고 있다. 이 밖에도 지하철 승강장에서의 낙상, 계단 추락, 타인과의 충돌 등 안전사고가 빈번히 발생하고 있다. 이는 공공질서와 타인의 안전에도 위협이 될 수 있다.

(B) 하지만 스몸비 문제의 본질은 주의력 분산이라는 인간 행동의 특성과 밀접한 관련이 있는 만큼, 기술적·제도적 대응만으로는 한계가 있다. 스마트폰 사용의 편리함을 포기하지 않으면서도 타인과 공공의 안전을 고려하는 시민의식이 병행되어야 한다. 장기적으로는 안전을 중심에 둔 스마트폰 UI 디자인, 사회적 인식 개선, 생활 속 규범 형성이 병행되어야 지속 가능한 해결이 가능하다.

(C) 이에 따라 국내외 여러 도시에서는 스몸비 문제 해결을 위한 다양한 정책을 시행하고 있다. 서울시는 횡단보도 앞 바닥에 LED 바닥 신호등을 설치하고 있으며, 중국 충칭시나 네덜란드 보르큠 시에서는 스몸비 전용 차선과 안내 경고등을 운영하고 있다. 또한 학교나 지자체 중심의 교육 프로그램, 청소년 대상 캠페인, 모바일 알림 애플리케이션 등 기술·교육적 대응도 병행되고 있다.

(D) 스몸비(Smombie)는 스마트폰(Smartphone)과 좀비(Zombie)의 합성어로, 걷는 중에도 스마트폰을 계속 들여다보는 사람을 일컫는 신조어다. 독일에서 처음 사용된 이 단어는 2015년 옥스퍼드 사전에 등재되며 대중화되었고, 최근에는 전 연령층으로 확산되며 일상적인 사회 문제로 자리 잡았다. 특히 스마트폰 의존도가 높은 청소년층을 중심으로 스몸비 현상이 집중적으로 나타나고 있다.

① (A)-(B)-(C)-(D)
② (A)-(D)-(B)-(C)
③ (D)-(A)-(B)-(C)
④ (D)-(A)-(C)-(B)
⑤ (D)-(B)-(C)-(A)

24 다음 글을 읽고 반드시 거짓인 설명을 고르시오.

양자 컴퓨팅은 기존의 고전 컴퓨터와는 달리 양자역학의 원리를 이용해 정보를 처리하는 차세대 계산 기술이다. 고전 컴퓨터가 0과 1 중 하나의 값을 가지는 비트(Bit)를 기반으로 연산하는 반면, 양자 컴퓨터는 0과 1이 동시에 존재할 수 있는 큐비트(Qubit)를 활용한다. 이로 인해 특정 연산에서는 지수적으로 더 빠른 계산이 가능하다는 장점이 있다.

양자 컴퓨팅의 핵심 원리는 중첩, 얽힘, 간섭이다. 중첩은 여러 상태가 동시에 존재할 수 있는 성질이며, 얽힘은 두 큐비트가 서로 떨어져 있어도 하나의 상태 변화가 다른 큐비트에도 영향을 미치는 현상이다. 간섭은 양자 상태들 간의 결합 또는 소멸을 유도하여 계산 결과를 강화하거나 제거하는 데 활용된다.

양자 컴퓨터는 암호 해독, 신약 개발, 금융 시뮬레이션, 최적화 문제 해결 등에서 강력한 잠재력을 지닌다. 하지만 외부 환경에 민감해 양자 상태의 유지가 어렵고, 오류율이 높으며, 양자 디코히런스 문제 등 기술적 한계도 존재한다. 이를 해결하기 위해 양자 오류 정정 기술과 초전도 큐비트, 이온 트랩 방식 등의 다양한 접근 방식이 연구되고 있다.

최근에는 양자 컴퓨팅의 상용화를 앞당기기 위한 클라우드 기반 양자 서비스(QaaS)도 활발히 개발되고 있다. IBM, 구글, 아마존 등의 글로벌 기업들은 양자 프로세서를 원격으로 사용할 수 있는 플랫폼을 제공하고 있으며, 이를 통해 연구자와 기업들이 양자 알고리즘을 실험하고 새로운 응용 분야를 탐색하고 있다. 특히 기계학습, 재료 시뮬레이션, 물류 최적화 등의 영역에서 기존 방식으로는 해결이 어려웠던 문제에 대한 대안으로 기대를 모으고 있다.

① 양자 컴퓨터는 중첩, 얽힘, 간섭 등의 원리를 이용해 연산 효율을 높인다.
② 큐비트는 동시에 0과 1의 상태를 가질 수 있다.
③ 양자 컴퓨터는 암호 해독, 약물 개발 등 특정 분야에서 고전 컴퓨터보다 우위를 가진다.
④ QaaS는 물리적 장비 없이도 양자 알고리즘을 실험할 수 있게 해주는 방식이다.
⑤ 현재의 양자 컴퓨터는 높은 안정성과 낮은 오류율로 대부분의 상용 문제를 처리한다.

25 다음 글의 주장을 비판하는 것으로 가장 적절한 것을 고르시오.

> 최근 교육부는 전국 초·중·고등학교에 디지털 교과서 도입을 본격 확대하겠다고 발표했다. 이에 따라 태블릿이나 전자기기를 통해 교과서 내용을 학습하는 방식이 점차 보편화될 전망이다. 디지털 교과서는 다양한 멀티미디어 자료와 상호작용 기능을 활용해 학생들의 학습 흥미를 높이고, 개별 맞춤형 교육을 가능하게 한다는 점에서 매우 유익하다. 게다가 종이 교과서를 제작하고 배포하는 비용을 줄일 수 있고, 최신 정보를 즉시 반영할 수 있다는 장점도 있다.
>
> 무엇보다 디지털 교과서 도입은 4차 산업혁명 시대에 걸맞은 교육 환경을 조성한다는 점에서 더 이상 선택이 아닌 필수다. 디지털 환경에 익숙한 미래 세대에게 종이 교과서만 고집하는 것은 오히려 교육의 퇴행이라고 볼 수 있다. 특히 코로나19 팬데믹 이후 비대면 수업이 일상이 되면서, 학생들이 다양한 디지털 매체를 통해 정보를 습득하고 소통하는 데 익숙해졌다는 점도 이러한 흐름을 뒷받침한다.
>
> 향후 교육은 더 이상 단순 암기나 지식 전달에 머물러서는 안 되며, 디지털 기술을 활용해 학생 스스로 문제를 탐구하고 해결하는 역량을 키우는 방향으로 나아가야 한다. 디지털 교과서는 이러한 교육 목표를 실현하는 데 가장 적합한 도구이며, 시의적절한 정책적 선택이라고 할 수 있다.

① 디지털 교과서를 활용한 수업에서도 교사의 교육 철학과 수업 방식이 핵심이라는 의견도 있다.

② 디지털 기기의 도입은 교육격차를 해소하는 데 기여할 수 있으며, 원격 학습에도 유리하다.

③ 학생 맞춤형 학습이 가능한 디지털 교과서는 기존 종이 교과서보다 교육 효과가 높다는 점에서 적극 도입해야 한다.

④ 최근 종이 교과서에도 AR, QR코드 등 다양한 디지털 요소가 결합되며 변화하고 있다는 점은 주목할 필요가 있다.

⑤ 모든 학습자가 디지털 기기 사용에 익숙한 것은 아니며, 시력 저하나 집중력 저하 등 부작용을 호소하는 경우도 많다.

26 **다음 글을 읽고 반드시 거짓인 설명을 고르시오.**

> 최근 일부 대기업과 공공기관에서는 인공지능(AI)을 활용한 면접 시스템을 도입하고 있다. AI 면접관은 지원자의 표정, 음성 톤, 언어 사용, 반응 속도 등을 분석해 성격 특성과 직무 적합도를 평가한다. 이러한 기술은 평가의 객관성을 높이고, 인사담당자의 주관적 판단을 줄일 수 있다는 점에서 긍정적으로 평가받고 있다. 특히 수백에서 수천 명에 이르는 지원자를 빠르게 선별할 수 있어 채용 과정의 효율성을 크게 높여준다.
>
> AI 면접은 정해진 알고리즘에 따라 일관된 평가 기준을 적용하므로, 동일 기준에 따른 공정한 평가가 가능하다는 장점도 있다. 또한 면접 장면을 녹화하고 반복 분석할 수 있어, 지원자와 기업 모두에게 피드백 자료로 활용될 수 있다. 일부 기업은 AI 면접 결과를 토대로 대면 면접 질문을 보완하거나, 특정 역량이 부족한 지원자에게 교육 기회를 제공하기도 한다.
>
> 하지만 AI 면접이 완전한 대안이 될 수 있는지는 여전히 논란의 여지가 있다. 알고리즘이 훈련된 데이터 자체에 편향이 있다면 결과 역시 왜곡될 수 있으며, 비표준적 표현이나 문화적 차이를 반영하지 못하는 문제도 있다. 특히 신체적인 장애를 지닌 지원자들에게는 오히려 불리하게 작용할 수 있다는 우려도 제기된다.

① AI 면접은 수많은 지원자를 빠르게 평가할 수 있어 채용 과정의 효율을 높일 수 있다.
② AI 면접은 지원자의 언어, 표정, 반응 속도 등을 분석해 직무 적합도를 평가한다.
③ AI 면접은 알고리즘이 공정성을 보장하므로 차별의 위험은 존재하지 않는다.
④ 일부 기업은 AI 면접 결과를 바탕으로 교육 기회를 제공하는 등 채용의 활용도를 확대하고 있다.
⑤ 문화적 차이나 비표준적 표현이 AI 분석에 영향을 줄 수 있다는 우려가 제기되고 있다.

27 **다음 글을 읽고 반드시 거짓인 설명을 고르시오.**

> 차세대 소형 모듈 원자로(SMR, Small Modular Reactor)는 기존 대형 원전과 달리 출력이 수백 메가와트(MW) 이하로 상대적으로 작고, 모듈화된 구조를 통해 공장에서 제작한 뒤 현장으로 운반하여 설치한다. 이러한 구조적 특징 덕분에 시공 기간이 짧고, 초기 투자 비용이 낮아진다는 장점이 있다. 특히 냉각재 누출이나 과열로 인한 사고 가능성을 줄이기 위해 수동안전계통(Passive Safety System)을 도입함으로써 안정성을 크게 향상시킨 것이 특징이다.
>
> SMR은 에너지 안보 강화와 탄소중립 달성이라는 두 가지 목표를 동시에 충족시킬 수 있는 대안으로 주목받고 있다. 대형 원전에 비해 건설 입지 제약이 적고, 송전망이 부족한 지역이나 도서 산간지역 등에도 적용이 가능하다는 점에서 활용 가능성이 높다. 더불어 수소 생산, 지역난방, 해수 담수화 등 다양한 분야로의 융복합 활용이 가능한 것도 SMR만의 경쟁력이다.
>
> 다만, SMR 상용화를 위해서는 아직 몇 가지 해결 과제가 존재한다. 가장 큰 문제는 국제적인 규제 기준이 대형 원전을 중심으로 마련되어 있어, 소형 원자로에 대한 규제 체계가 미비하다는 점이다. 또한 실제 운용과정에서 발생할 수 있는 예기치 못한 상황에 대한 신뢰성 검증과 경제성 확보 역시 중요한 과제로 남아 있다.

① SMR은 수소 생산과 지역난방 등 다양한 분야에서 활용될 수 있다.

② SMR은 공장에서 미리 제작해 설치하므로 시공 기간이 짧고 초기 투자 비용이 낮다.

③ SMR은 수동안전계통을 활용해 냉각재 누출 사고 발생 확률을 줄이고 있다.

④ SMR은 송전망이 갖춰진 지역에서만 활용 가능하다.

⑤ SMR의 상용화를 위해서는 별도의 규제 기준과 경제성 검토가 필요하다.

28 다음 글을 읽고 반드시 참인 설명을 고르시오.

> 전사공정은 반도체와 디스플레이 산업에서 핵심적인 제조 기술로, 미세한 패턴이나 소자를 다른 기판으로 옮겨붙이는 방식이다. 특히 마이크로 LED나 고해상도 OLED 디스플레이 제작 시, 개별 픽셀을 정확한 위치에 전사하는 과정에서 정밀도와 생산성이 중요한 변수로 작용한다. 이러한 공정의 효율성을 결정짓는 요소 중 하나가 바로 접착제다.
>
> 전사공정에서 사용되는 접착제는 크게 액체형과 고체형으로 나뉘며, 각각의 특성과 장단점에 따라 적용 방식이 달라진다. 액체 접착제는 점성이 낮아 불규칙한 표면에도 고르게 퍼질 수 있고, 넓은 면적을 빠르게 커버할 수 있어 대면적 전사공정에 적합하다. 하지만 공정 중 기포 발생, 경화 시간, 점도 변화 등의 문제가 발생할 수 있어 정밀한 조건 관리가 요구된다. 또한 한 번 경화된 후에는 재작업이 어렵기 때문에 초기 공정의 정확도가 중요하다.
>
> 반면 고체 접착제는 열가소성 필름이나 감압 접착 테이프 형태로 제공되며, 열이나 압력을 가했을 때 점성을 얻는다. 이들은 일관된 물성을 유지하며 재작업 가능성이 높고, 픽셀 단위의 고정밀 공정에 적합하다. 최근에는 초정밀 위치 정렬이 필요한 고해상도 디스플레이, 웨어러블 소자, 플렉서블 기판 등에서도 고체 접착제 기반 전사기술이 주목받고 있다. 다만, 열처리 조건과 물리적 압력을 세밀하게 조정해야 하며, 소재에 따라 내열성이나 내구성 차이도 존재한다.

① 액체 접착제는 정밀한 조건 제어가 필요하며, 경화 후 재작업이 어렵다.
② 고체 접착제는 점성이 항상 일정하게 유지되며, 별도의 열이나 압력을 필요로 하지 않는다.
③ 전사공정은 소자를 형성하는 기판 위에 직접 증착하거나 식각하는 방식이다.
④ 액체 접착제는 내열성과 내구성이 우수하여, 플렉서블 소재에 적합하다.
⑤ 고체 접착제는 균일한 부착이 어려워 대면적 전사공정에는 적합하지 않다.

29 **다음 글을 바탕으로 〈보기〉의 내용을 이해한 것으로 옳지 않은 것을 고르시오.**

> 폴더블폰은 화면을 접을 수 있는 디스플레이 기술이 적용된 스마트폰으로, 대형 화면과 휴대성을 동시에 추구할 수 있다. 화면을 여러 번 접었다 펼쳐도 성능을 유지해야 하므로 내구성과 주름 개선 기술이 핵심이다. 여기에 더해 최근에는 시인성 향상을 위한 디스플레이 개선도 활발히 이루어지고 있다. 특히 야외 환경에서는 외부 빛이 화면에 반사되어 시야를 방해하는데, 이를 줄이기 위해 디스플레이 반사율을 낮추는 기술이 중요해지고 있다. 반사율이 낮을수록 외부 빛이 덜 반사되어 화면이 더 또렷하게 보이며, 이는 사용자 경험을 높이는 데 중요한 요소로 작용한다. 폴더블폰은 이러한 기술적 진화를 통해 기능성과 시각적 편의성 모두를 강화하고 있다.

〈 보 기 〉

> 롤러블폰은 화면이 돌돌 말리는 구조로, 필요할 때만 화면이 확장되는 방식이다. 평소에는 일반 스마트폰처럼 사용하다가 콘텐츠 감상이나 문서 작업 시 화면을 넓힐 수 있어 공간 활용성이 뛰어나다. 디스플레이 반사율을 줄이기 위한 기술은 폴더블폰과 유사하게 적용되며, 특히 곡면 부분의 반사광 제어가 중요하다. 하지만 구조적 특성상 화면을 반복적으로 말고 펴는 과정에서 손상이 발생할 수 있어, 내구성과 화면 수명 확보는 여전히 과제로 남아 있다.

① 폴더블폰과 롤러블폰 모두 반사율을 낮춰 시인성을 높이려는 기술이 적용된다.
② 롤러블폰은 화면이 확장되므로 공간 활용성이 뛰어난 편이다.
③ 폴더블폰은 주로 곡면 디스플레이의 반사광 제어를 통해 시인성을 높인다.
④ 롤러블폰은 구조적 특성상 내구성과 화면 수명이 중요한 과제로 남아 있다.
⑤ 폴더블폰은 반복적인 접힘에도 성능을 유지해야 하므로 내구성 기술이 중요하다.

30 **다음 글을 바탕으로 〈보기〉의 내용을 이해한 것 중 옳은 것을 고르시오.**

최근 산업 현장과 건물 관리 시스템에서는 에너지 효율과 환경 보호를 동시에 고려한 냉난방 기술이 주목받고 있다. 특히 히트펌프(Heat Pump)는 외부의 열을 흡수하거나 방출해 에너지를 전달하는 방식으로, 전통적인 전열기보다 훨씬 적은 에너지로 냉방과 난방을 수행할 수 있다. 또한 공정 중 발생하는 폐열(Waste Heat)을 회수해 다른 공간의 난방에 재활용하면, 전체 에너지 소비를 크게 줄일 수 있다. 이러한 기술은 탄소 배출량 감소와 에너지 비용 절감에 기여하며, 지속 가능한 친환경 시스템으로 각광받고 있다.

〈 보 기 〉

B 기업은 신축 빌딩에 히트펌프 기반의 냉난방 시스템을 도입하면서, 생산 공정에서 발생하는 폐열을 회수해 실내 난방에 재활용하는 설비도 함께 적용했다. 이를 통해 냉난방에 사용되는 에너지를 획기적으로 줄이는 한편, 기존보다 탄소 배출량을 줄이고 에너지 비용을 낮추는 성과를 얻었다. 특히 히트펌프의 특성을 살려 계절별로 냉방과 난방 전환이 가능하도록 하여, 연중 안정적인 실내 온도 조절도 가능하게 되었다.

① B사는 히트펌프의 냉방 기능만을 활용하여 폐열 회수 없이 냉난방 효율을 높였다.
② 폐열 회수는 냉난방과는 무관하게 배출 열을 제거하는 데에만 목적이 있다.
③ 히트펌프는 외부 열을 차단하여 실내 온도를 일정하게 유지하는 냉방 장치이다.
④ B사는 히트펌프와 폐열 회수 기술을 모두 활용해 친환경 냉난방 시스템을 구축했다.
⑤ 폐열 회수 기술은 냉방 성능을 저하시키는 요인으로 작용할 수 있다.

memo

memo

LEtuin

2025
하반기

삼성직무적성검사

제02회

기출변형 모의고사

영역	문항 수	시간
수리	20	30분
추리	30	30분

※ 2025년 상반기 기준 출제 문항 수와 시험 응시 시간입니다.

삼성 취업은 렛유인

Chapter 01 수리

문항수 20문항 | 제한시간 30분

해설 p.18

01 사원 A는 매월 6개 지역 중 부서장이 지시한 지역 한 곳에 출장을 다녀와야 한다. 이 때, 사원 A가 앞으로 3번의 출장을 모두 다른 지역으로 가게 될 확률을 구하시오.

① $\frac{1}{2}$　② $\frac{5}{9}$　③ $\frac{2}{3}$　④ $\frac{7}{9}$　⑤ $\frac{5}{6}$

02 보고서 한 편을 작성하는 데 A는 4일, B는 3일이 걸린다. 보고서 4편을 작성하기 위해 A와 B가 함께 작업한 뒤 A 혼자 이틀 동안 작업하여 보고서를 완료하였다면, A와 B가 함께 작업했던 날은 며칠인지 구하시오.

① 6 일　② 7 일　③ 8 일　④ 9 일　⑤ 10 일

03 다음은 A사의 연도별 직원 수에 대한 자료이다. 이에 대한 설명으로 옳지 않은 것을 고르시오.

〈표〉 A사 연도별 직원 수

(단위: 명)

연도	정원	현원			
		계	정규직	비정규직	아르바이트
2018년	3,615	3,392	1,985	892	515
2019년	3,718	3,655	2,018	1,152	485
2020년	3,891	3,739	2,091	1,249	399
2021년	4,088	3,883	2,385	748	750
2022년	4,236	4,161	2,694	591	876

① A사는 조사기간 동안 매년 정원 이하의 현원으로 운영되었다.
② A사 아르바이트 직원이 현원에서 차지하는 비중이 가장 높은 해는 2022년이다.
③ 조사기간 중 현원에서 정규직의 비중이 가장 낮았던 해는 2018년이었다.
④ 2022년을 제외하고, 정원 대비 정규직 직원 수의 비중이 60%를 넘은 적은 없다.
⑤ 2022년 전년 대비 직원 수 증가율은 아르바이트가 정규직보다 높다.

04 다음은 연간 주류의 출고 현황을 정리한 자료이다. 이를 해석한 내용으로 옳은 것을 고르시오.

〈그래프〉 국내 주종별 출고량 현황

(단위: 백만 상자)

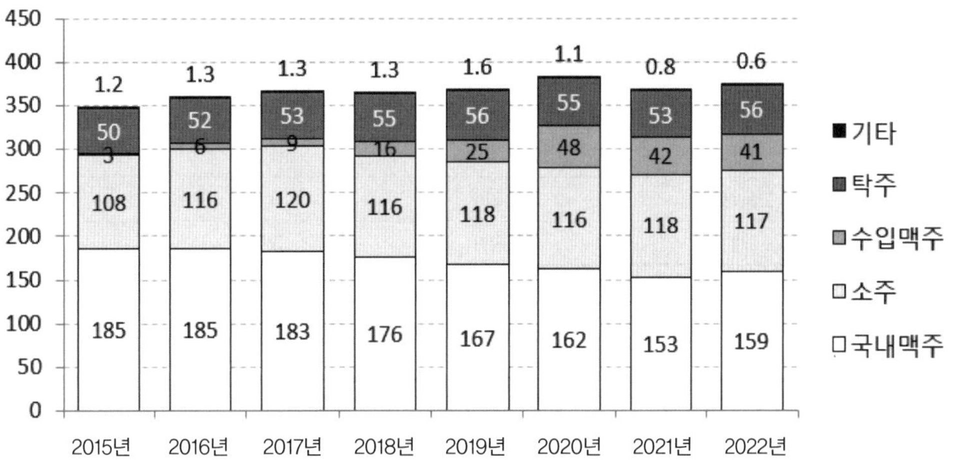

① 국내 주류의 총 출고량은 매년 지속 증가하였다.

② 조사 기간 동안 연간 출고량이 가장 많았던 주류의 비중은 매년 절반 이상이었다.

③ 조사 기간 동안 전체 주류 출고량 중 수입맥주의 비중은 매년 지속 증가하였다.

④ 기타 주종의 출고량은 매년 전체 주류 출고량의 1% 이하였다.

⑤ 수입맥주의 출고량이 전년 대비 가장 많이 증가했던 해와 국내맥주의 출고량이 가장 많이 감소했던 해는 같다.

05 다음은 어느 회사의 제품별 매출과 세금 관련 정보를 정리한 자료이다. 네 종류의 제품 중 납부해야 할 세금이 가장 많은 제품부터 순서대로 나열한 것을 고르시오.

〈표〉 판매 현황 및 제품별 세금 정보

(단위: 개별 표기)

구분	A	B	C	D
개당 가격(원)	700	300	200	500
판매 수량(개)	1,500	3,000	5,000	2,000
세율(%)	20	15	5	10
공제금액(만 원)	2	4	5	3

1) 매출액(원) = 개당 가격(원) × 판매 수량(개)
2) 대상 세액(원) = 매출액(원) × 세율(%) ÷ 100
3) 납부 세액(원) = 대상 세액(원) − 공제금액(만 원) × 10,000

① A 〉 B 〉 C 〉 D ② A 〉 B 〉 D 〉 C ③ B 〉 D 〉 C 〉 A
④ B 〉 A 〉 D 〉 C ⑤ C 〉 A 〉 D 〉 B

06 **다음은 2022학년도 학교폭력 심의 결과와 이에 따른 피해학생에 대한 조치 현황을 정리한 자료이다. 이를 해석한 내용 중 옳지 않은 것을 고르시오.**

〈표 1〉 2022학년도 학교폭력 심의 현황

(단위: 건, 명)

구분	심의 건수	피해 학생수	가해 학생수
초등학교	231	294	657
중학교	5,376	10,363	14,179
고등학교	2,216	3,091	5,113
계	7,823	13,748	19,949

〈표 2〉 2022학년도 피해 학생 조치 현황

(단위: 명)

구분	심리 상담	일시 보호	치료 요양	학급 교체	전학 권고	안정 조치	기타 조치
초등학교	240	4	14	2	2	5	27
중학교	8,063	521	327	11	28	436	977
고등학교	2,264	110	249	10	43	167	248
계	10,567	635	590	23	73	608	1,252

① 모든 학교급에서 가해 학생수가 피해 학생보다 많다.
② 피해 학생의 조치 방법 중 심리 상담의 비중은 모든 학교급에서 70% 이상이다.
③ 학교폭력 피해 학생수가 가장 많았던 학교급에서는 전학을 권고받았던 피해 학생수 역시 가장 많았다.
④ 학교폭력 전체 심의 건수 중 중학생 대상의 심의 비중은 65% 이상이다.
⑤ 피해 학생 조치 방법 중 안정 조치의 비중이 가장 높았던 학교급은 고등학교이다.

07~08 다음은 K도시의 지역별 성인 이상 주민의 혼인 여부를 조사한 자료이다. 이를 활용하여 각 문항의 물음에 답하시오.

〈표 1〉 성인 이상 주민의 혼인 여부

(단위: 명)

구분	미혼	기혼		
		합계	유자녀	무자녀
A동	3,481	4,299	3,151	1,148
B동	1,184	3,537	1,714	1,823
C동	3,102	3,100	2,154	946
D동	5,484	6,986	4,847	2,139
E동	3,947	4,301	947	3,354
F동	3,399	4,968	2,484	2,484
합계	20,597	27,191	15,297	11,894

〈표 2〉 연령대별 미혼자 수

(단위: 명)

구분	20대	30대	40대	50대 이상
A동	2,141	913	415	12
B동	341	588	221	34
C동	2,019	714	334	35
D동	3,133	1,984	219	148
E동	2,447	1,033	314	153
F동	1,642	996	517	244
합계	11,723	6,228	2,020	626

07 주어진 내용을 설명한 내용 중 옳은 것을 고르시오.

① 모든 지역에서 기혼 인원수가 미혼 인원수보다 많았다.

② 모든 지역에서 자녀가 있는 기혼자들이 자녀가 없는 기혼자들보다 많았다.

③ 미혼자의 연령대는 각 지역에서 20대의 비중이 가장 높았다.

④ 20대 미혼자 중 지역 비중이 가장 낮았던 동은 50대 이상 미혼자 역시 가장 낮은 비중을 기록했다.

⑤ D동의 성인 이상 주민 비중은 6개 동의 전체 주민 중 25% 이상이었다.

08 K도시 전체 성인 인구의 이동, 사망, 이혼 등의 신변 변화가 없는 상태에서 아래에 주어진 인원만큼 혼인 신고가 새로 접수되었다면 K도시 전체의 기혼자 : 미혼자 비율은 얼마인지 구하시오. (단, 소수점 둘째 자리에서 반올림한다)

(단위: 명)

구분	20대	30대	40대	50대 이상
지역 전체	668	2,094	702	78

① 1.5 : 1　② 1.6 : 1　③ 1.7 : 1

④ 1.8 : 1　⑤ 1.9 : 1

09 다음은 K국의 부채 현황에 대한 자료이다. 이에 대한 설명으로 옳지 않은 것을 고르시오.

〈표〉 K국의 연도별 부채 현황

(단위: 억 원, %)

연도	부채	GDP 대비 부채 비율
2018년	91.0	27.5
2019년	97.7	37.6
2020년	151.2	37.8
2021년	164.6	45.7
2022년	250.0	53.8

① 부채의 전년 대비 증가율은 2020년이 가장 높다.

② GDP는 매년 증가했다.

③ GDP가 가장 큰 해는 2022년이다.

④ GDP 대비 부채 비율이 가장 높은 해는 부채가 가장 많다.

⑤ 2022년 GDP의 전년 대비 성장률은 20% 이상이다.

10 다음은 1975년도의 서울~부산 간 차종별 교통량에 대한 자료이다. 이를 해석한 내용으로 옳은 것을 고르시오.

〈그래프〉 1975년 서울~부산 간 차종별 월간 교통량

(단위: 대)

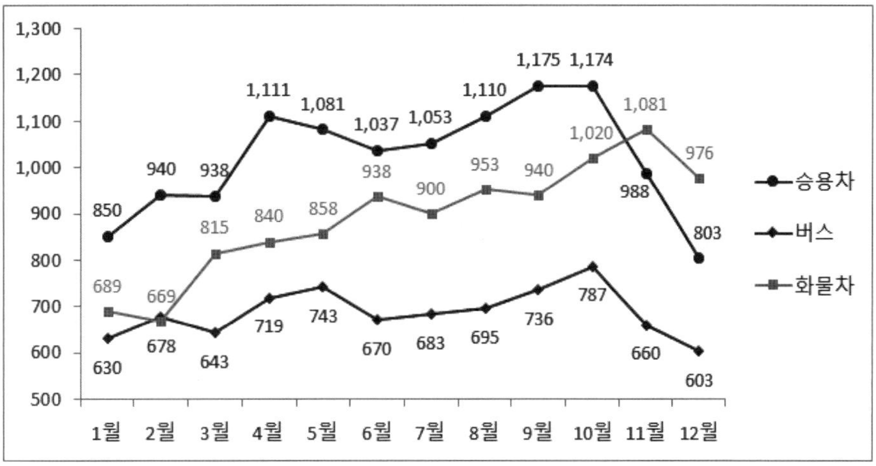

① 승용차의 교통량은 매월 다른 차종보다 높았다.

② 버스의 1975년 하반기 월 평균 교통량은 700대 이상이었다.

③ 주어진 기간 동안 전월 대비 차종별 교통량의 순위 변경은 총 2회 발생되었다.

④ 1975년 1월 이후 승용차와 버스의 전월 대비 교통량 변화는 유사한 경향성을 나타내었다.

⑤ 전체 교통량이 가장 적었던 시점은 1월이었다.

11 다음은 2023년 상반기 한국을 방문한 해외 관광객을 대상으로 가장 만족도가 높았던 지역에 대한 응답 비중을 조사한 결과이다. 주어진 자료를 해석한 내용으로 옳은 것을 고르시오.

〈표〉 한국 여행 중 만족도 1위 지역 응답 비중

(단위: %)

거주국가	명동~북창	신촌~홍대	종로~청계	강남역	잠실	제주	기타 및 미응답
중국	45.7	4.0	2.2	1.5	2.9	16.2	27.5
일본	36.5	9.9	2.4	5.0	1.7	1.7	42.8
미국	21.0	5.2	16.6	6.6	4.6	2.1	43.9
홍콩	30.7	12.7	6.4	4.6	2.4	8.3	34.9
말레이시아	25.0	3.9	6.3	2.1	2.4	15.8	44.5
싱가포르	28.0	5.2	9.6	7.0	3.9	7.0	39.3
필리핀	25.2	2.1	8.3	2.7	3.5	1.7	56.5
호주	21.7	7.2	13.1	6.9	4.6	1.8	44.7
캐나다	18.9	6.2	19.6	3.1	4.5	3.4	44.3

① 기타 및 미응답 인원이 한국 관광에 만족하지 못한 인원들이라 가정할 경우 거주국가에 관계없이 명동~북창 지역에 대한 관광 만족도가 가장 높았다.

② 주어진 9개국 중 제주에 대한 관광 만족도 1위 응답 비중이 두 번째였던 거주국가는 세 곳이다.

③ 홍콩에 거주 중인 관광객 응답자가 1천 명이었다면 서울 지역에서의 만족도를 1위로 응답했던 인원은 5백 명 이상이었을 것이다.

④ 거주국가별 응답 인원이 동일했다면 명동~북창 지역을 만족도 1순위로 답변했던 인원의 비중은 전체 응답자 중 30% 이상이었을 것이다.

⑤ 기타 및 미응답 인원이 한국 관광에 만족하지 못한 인원들이라 가정할 경우 한국 관광에 대한 만족도가 가장 낮았던 해외 관광객의 거주국가는 말레이시아일 것이다.

12 다음은 A 회사의 연도별 경영 실적에 대한 자료이다. 4개년 중 판매관리비가 가장 높았던 해와 가장 낮았던 해의 판매관리비 금액 차이를 구하시오. (단, 소수점 둘째자리에서 반올림한다)

〈표〉 A 회사의 연도별 경영 실적

(단위: 백만 원)

연도	매출액	매출원가	영업이익	영업 외 이익
2019년	16,248	13,215	−655	372
2020년	21,684	18,454	242	684
2021년	15,654	14,336	−223	213
2022년	28,654	19,552	549	333

1) 매출 총이익 = 매출액 - 매출원가
2) 영업이익 = 매출 총이익 - 판매관리비

① 65.8억 원 ② 66.3억 원 ③ 68.3억 원
④ 69.8억 원 ⑤ 70.1억 원

13 다음은 전기자동차의 차종별 지원금을 정리한 자료이다. 이를 분석한 내용 중 맞는 것을 고르시오.

〈표〉 차종별 제원 및 지원금 조건표

(단위: 개별 표기)

차종	최고 속도 (km/h)	1회충전 주행거리(km)		배터리 용량 (kwh)	국가 지원금 (만 원)	도시 지원금 (만 원)	총 지원액 (만 원)
		상온	저온				
Model X(SRP RWD)	225	352.1	212.9	48	884	742	1,626
Model X(Long Range)	233	446.1	273.1	72	882	741	1,623
Model X(Performance)	261	414.8	250.8	72	529	564	1,093
Model Z(SRP RWD HPL)	225	352.1	212.9	48	930	765	1,695
Model Z(Long Range HPC)	233	446.1	273.1	72	950	775	1,725
Model Z(Performance HPL)	261	414.8	250.8	72	575	587	1,162

* 상온: 20~30℃, 저온: −7℃

① 각 차종의 배터리 용량과 최고 속도는 비례관계를 갖고 있다.
② 1회 충전 주행거리가 길수록 최고 속도는 빠르다.
③ 전 차종에서 국가 지원금이 도시 지원금보다 많다.
④ 배터리 1kwh당 상온 환경에서의 1회 충전 주행거리가 가장 긴 차종은 Model X(Long Range)이다.
⑤ 국가 지원금이 많을수록 도시 지원금 역시 많다.

14 다음은 어느 기업의 각 사업장과 부서별 인원 현황에 대한 자료이다. 이를 통해 유추할 수 있는 내용으로 옳지 않은 것을 고르시오.

〈표〉 사업장 및 부서별 인원 현황

(단위: 명)

구분	사업장 A	사업장 B	사업장 C	사업장 D	부서별 합계
제조/생산	3	55	46	60	164
연구/개발	34	12	22	26	94
영업/마케팅	12	11	8	9	40
사업장별 합계	49	78	76	95	298

① 전 직원 중 인원 비중이 가장 높은 부서와 가장 낮은 부서의 차이는 40%p 이상이다.

② 각 사업장에서 연구/개발 인원 중 4명씩 제조/생산으로 이동한다면 제조/생산 인원의 비중은 60% 이상이 된다.

③ 영업/마케팅 직원을 현 인원 기준 12.5%만큼 추가 채용한다면 영업/마케팅 부서의 인원 비중은 전체의 15% 이상이 된다.

④ 직원 수가 가장 많은 사업장에서 가장 많은 부서의 직원은 해당 사업장 인원 중 60% 이상을 차지한다.

⑤ 각 사업장에서 인원수가 가장 적은 부서들의 직원을 모두 모으면 전체 인원 중 10% 이상 일 것이다.

15~16 다음은 경상북도 도민들을 대상으로 실시된 어류식품에 대한 불안도 조사 결과이다. 이를 활용하여 각 문항의 물음에 답하시오.

〈그래프〉 어류식품에 대한 불안 여부 응답 결과

(단위: %)

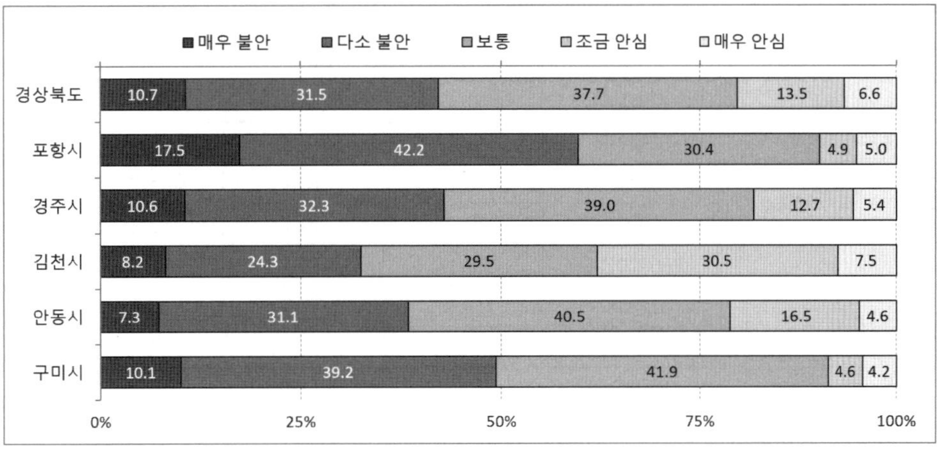

〈표〉 어류식품에 대한 불안도 조사 결과

(단위: 점)

구분	경상북도	포항시	경주시	김천시	안동시	구미시
불안도[1]	3.26	3.62	3.30	2.95	3.20	3.46

1) 불안도: 매우 불안 5점, 다소 불안 4점, 보통 3점, 조금 안심 2점, 매우 안심 1점으로 환산한 평균 값

15 주어진 자료를 해석한 내용 중 옳은 것으로만 구성된 보기를 고르시오.

a. 불안도가 가장 높았던 도시에서는 '매우 불안'의 응답 역시 가장 높았다.
b. '보통'의 응답 비율이 가장 높았던 도시에서는 '다소 불안'의 비율 역시 가장 높았다.
c. '매우 안심'의 응답 비율이 가장 높았던 도시에서는 '매우 불안'의 비율이 가장 낮았다.
d. 조사에 응답했던 포항시 인원의 절반 이상은 어류식품에 대해 불안감을 갖고 있다.

① a, b ② b, c ③ c, d
④ a, d ⑤ a, c, d

16 경주시의 조사 대상인원은 2천 명이었다고 한다. 경주시의 불안도가 안동시만큼 낮아지기 위해서는 경주시의 '다소 불안' 응답 인원 중 최소 몇 명이 '조금 안심'이라고 바꾸어 응답해야 하는지 구하시오.

① 50명 ② 100명 ③ 150명
④ 200명 ⑤ 250명

17 다음은 2022년 성인을 대상으로 무용 관람 경험에 대해 인원들의 성별, 연령별, 학력별 비중을 조사한 자료이다. 이를 해석한 내용으로 옳은 것으로 고르시오.

〈표〉 2022년 성인의 1년간 무용 관람 횟수 비중

(단위: %)

구분		없음	1~5회	6~10회	11회 이상
성별	남성	84.1	13.1	1.6	1.2
	여성	73.1	20.0	3.8	3.1
연령별	39세 이하	72.6	18.8	5.1	3.5
	40대	77.2	17.9	2.7	2.2
	50대	81.3	15.9	1.2	1.6
	60세 이상	86.5	12.0	0.8	0.7
학력별	고졸 이하	84.9	13.1	1.7	0.3
	대졸	80.1	15.9	2.1	1.9
	대학원 이상	72.7	19.2	4.4	3.7

① 연령대가 증가할수록 무용 관람의 비중 역시 증가한다.
② 전 연령대에서 관람 횟수가 증가할수록 관람 비중은 낮아졌다.
③ 1년간 무용을 관람했던 여성 중 6회 이상을 관람했던 비중은 1/3 이상을 차지한다.
④ 설문에 응답했던 남성이 여성의 2배였다면, 무용 관람 경험이 있다고 응답했던 남성 인원은 여성보다 많았을 것이다.
⑤ 60세 이상 응답인원 7명 중 1명 이상은 1년간 무용을 관람했던 경험이 있다.

18 어느 기업의 인사과에서는 임직원의 근무 연차(x)에 따른 업무 능력(y)를 $y = 5 \times B - \frac{(A-x)^2}{2}$ 의 산술식으로 도출하고 있다. 8년차 직원의 업무 능력이 100으로 가장 높은 수치를 기록하였다고 할 때, 산술식에 활용된 계수 B와 10년차 직원의 업무 능력 y가 올바르게 연결된 보기를 고르시오.

	계수 B	10년차의 y
①	8	95
②	20	98
③	8	92
④	20	95
⑤	8	98

19 다음은 2022년 국내 특정 권역 주민을 대상으로 월별 당일여행 횟수를 조사한 자료이다. 이를 활용하여 주어진 기간 동안 전체 여행횟수의 전월 대비 변화율을 표현한 그래프로 옳은 것을 고르시오.

〈표〉 2022년 월별 당일여행 횟수 조사 결과

(단위: 회)

구분	6월	7월	8월	9월	10월	11월	12월
전체	16,646	17,821	19,001	16,514	18,554	16,852	17,133
남자	8,308	9,045	9,353	8,084	8,810	8,032	8,524
여자	8,338	8,776	9,648	8,430	9,744	8,820	8,609

① 2022년 여행횟수의 전월 대비 변화율

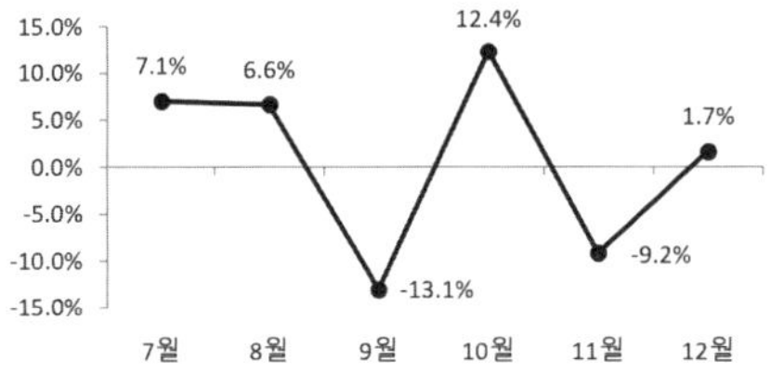

② 2022년 여행횟수의 전월 대비 변화율

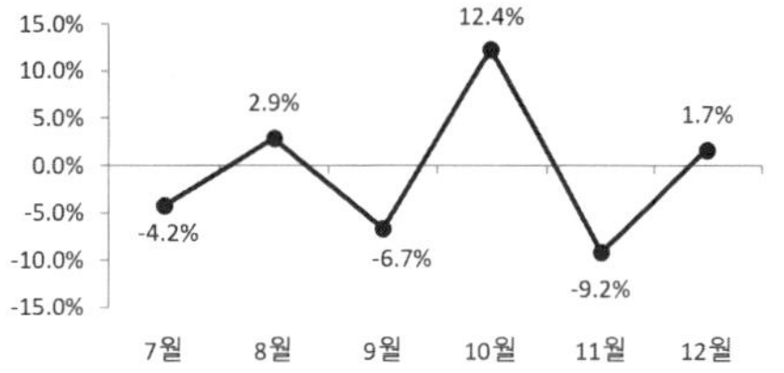

③ 2022년 여행횟수의 전월 대비 변화율

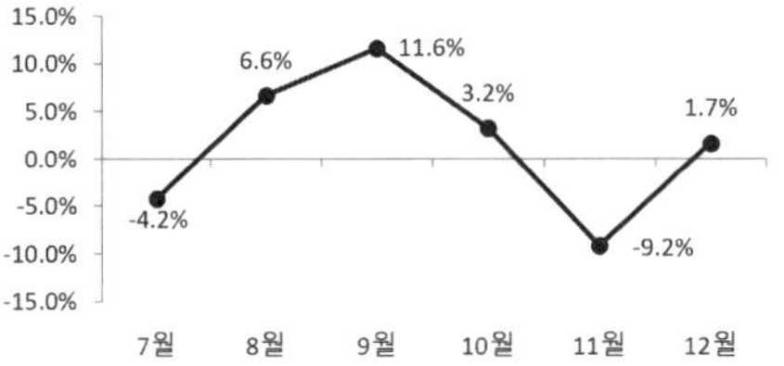

④ 2022년 여행횟수의 전월 대비 변화율

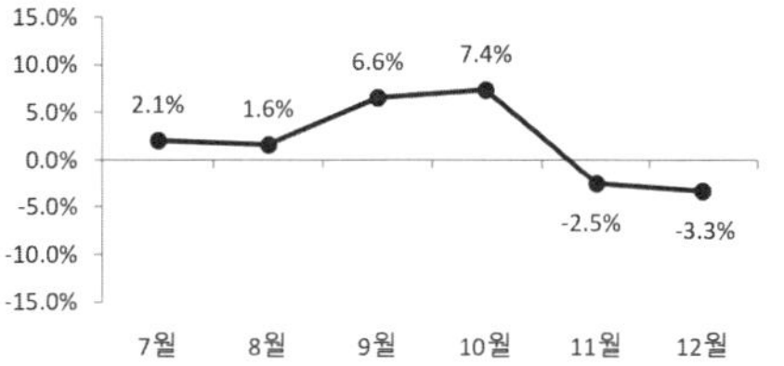

⑤ 2022년 여행횟수의 전월 대비 변화율

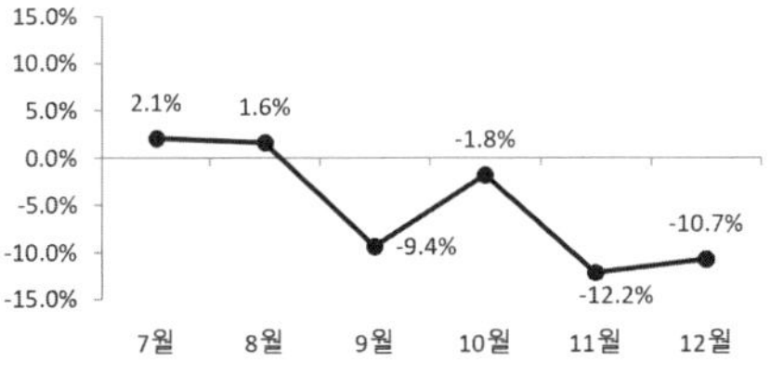

20 다음은 영업 1팀과 2팀의 월말 매출을 정리한 자료이다. 올 한해 각 영업팀의 매출 추이가 매월 유사한 변화를 보일 것으로 예상된다고 할 때, 12월 말 영업 1팀과 2팀의 매출액 차이로 옳은 보기를 고르시오.

(단위: 백만 원)

구분	영업 1팀	영업 2팀
1월	120	500
2월	136	485
3월	152	471
4월	168	458
5월	184	446

① 94백만 원 ② 97백만 원 ③ 100백만 원
④ 103백만 원 ⑤ 106백만 원

Chapter 02 추리

문항수 30문항 | 제한시간 30분

해설 p.22

01 다음 중 항상 참인 결론으로 적절한 것을 고르시오.

> [전제1] 싹싹한 어떤 신입사원은 활발하다.
> [전제2] 활발한 모든 신입사원은 세심하다.
> [결 론] (   )

① 세심한 모든 신입사원은 싹싹하다.
② 세심한 어떤 신입사원은 싹싹하다.
③ 싹싹한 모든 신입사원은 세심하다.
④ 세심하지 않은 어떤 신입사원은 싹싹하지 않다.
⑤ 세심한 어떤 신입사원은 싹싹하지 않다.

02 다음 중 결론을 항상 참으로 만드는 [전제2]를 고르시오.

> [전제1] 똑똑한 모든 리더는 추진력이 좋다.
> [전제2] (   )
> [결 론] 열성적인 모든 리더는 추진력이 좋다.

① 열성적인 어떤 리더는 똑똑하다.
② 열성적인 모든 리더는 똑똑하다.
③ 열성적이지 않은 모든 리더는 똑똑하다.
④ 열성적인 어떤 리더는 똑똑하지 않다.
⑤ 똑똑한 모든 리더는 열성적이다.

03 다음 중 결론을 항상 참으로 만드는 [전제1]을 고르시오.

> [전제1] (   )
> [전제2] 침착한 어떤 사원은 진중하다.
> [결 론] 진중한 어떤 사원은 영민하다.

① 영민한 어떤 사원은 침착하다.
② 영민한 모든 사원은 침착하다.
③ 침착하지 않은 모든 사원은 영민하다.
④ 영민하지 않은 어떤 사원은 침착하다.
⑤ 침착한 모든 사원은 영민하다.

04 A, B, C, D, E가 일렬로 줄을 선다. 〈보기〉를 참고하여 항상 참인 것을 고르시오.

〈 보 기 〉

– C는 A보다 앞에 줄을 선다.
– B와 D 사이에는 2명이 줄을 선다.
– A는 짝수 번째로 줄을 선다.

① 1번째로 줄을 서는 사람은 C이다.
② 2번째로 줄을 서는 사람은 B이다.
③ 3번째로 줄을 서는 사람은 C이다.
④ 4번째로 줄을 서는 사람은 A이다.
⑤ 5번째로 줄을 서는 사람은 E이다.

05 A, B, C, D, E, F는 상점에 들러 시계, 연필, 향수를 구매한다. 각자 1가지 물건을 구매하며 각 물건을 구매할 수 있는 최대 인원이 2명이라고 할 때 〈보기〉를 참고하여 항상 참인 것을 고르시오.

〈 보 기 〉

– C는 시계를 구매하지 않는다.
– D와 F는 같은 물건을 구매한다.
– A와 B는 같은 물건을 구매하지 않는다.
– E는 연필을 구매한다.

① D는 향수를 구매한다.
② A는 연필을 구매한다.
③ C는 향수를 구매한다.
④ A는 시계를 구매한다.
⑤ C는 연필을 구매한다.

06 A, B, C, D, E는 매너, 코디, 효율화, 재테크 강의 중 2가지를 듣는다. 한 강의를 듣는 사람이 최대 3명이라고 할 때 〈보기〉를 참고하여 항상 거짓인 것을 고르시오.

〈 보 기 〉

- B는 효율화를 듣고 코디는 듣지 않는다.
- A는 C가 듣는 강의를 모두 듣는다.
- D는 매너와 효율화를 듣는다.
- E가 듣는 강의 중 B가 듣는 강의는 없다.

① A는 매너를 듣는다.
② B는 재테크를 듣는다.
③ C는 재테크를 듣는다.
④ E는 코디를 듣는다.
⑤ C는 코디를 듣는다.

07 1부터 6까지 6개의 숫자를 활용하여 4자리의 비밀번호를 만든다. 편의상 비밀번호의 제일 앞자리를 1번째, 그 다음의 숫자를 2번째 ... 마지막을 4번째라 칭할 때 〈보기〉를 참고하여 비밀번호로 적절한 것을 고르시오.

〈 보 기 〉

- 비밀번호에 사용한 숫자는 중복되지 않는다.
- 2번째 숫자는 4번째 숫자의 2배이다.
- 1번째 숫자는 4번째 숫자보다 크다.
- 3번째 숫자는 2번째 숫자보다 2가 작다.

① 6231 ② 5422 ③ 5643
④ 4135 ⑤ 5412

08 세탁기를 이용할 수 있는 시간은 13시부터 17시까지이며 한 타임은 1시간씩이다. A, B, C, D, E, F가 모두 세탁기를 이용하며 한 타임에 최대 2명이 이용할 수 있다고 할 때 〈보기〉를 토대로 항상 참인 것을 고르시오.

〈 보 기 〉

- B는 14시에 시작하는 타임에 혼자 이용한다.
- A와 B가 세탁기를 같이 이용하는 타임이 있다.
- 세탁기를 여러 타임 이용하는 사람은 연속한 타임으로 이용한다.

① E는 세탁기를 2타임 동안 이용한다.
② C 혼자만 세탁기를 이용하는 타임은 없다.
③ A는 15시에 시작하는 타임에 세탁기를 이용한다.
④ D가 세탁기를 이용하는 타임의 이용자는 D 혼자다.
⑤ F는 16시에 시작하는 타임에 세탁기를 이용한다.

09 '가, 나, 다, 라'는 A, B, C행과 1, 2, 3열로 배치된 9개의 자리 중 1개 자리에 앉는다. '가, 나, 다, 라'는 서로 앞, 뒤, 좌, 우로 이웃하지 않게 앉는다고 할 때 〈보기〉를 참고하여 이들이 자리에 앉는 경우가 모두 몇 가지인지 고르시오.

〈 보 기 〉

- '나'는 B행 2열에 앉는다.
- '다'는 C행에 앉는다.
- '가'는 1열에 앉는다.
- '라'는 가보다 뒤쪽에 앉는다.

앞

A행			
B행			
C행			
	1열	2열	3열

① 5가지 ② 4가지 ③ 3가지
④ 2가지 ⑤ 1가지

10 **3명이 앉을 수 있는 테이블 2개와 2명이 앉을 수 있는 테이블 1개에 A, B, C, D, E, F, G, H 총 8명이 앉는다. 〈보기〉를 참고하여 항상 참인 것을 고르시오.**

〈 보 기 〉

- B가 앉는 테이블에 앉는 인원은 E가 앉는 테이블에 앉는 인원과 다르다.
- C는 D와 같은 테이블에 앉는다.
- G는 H와 다른 테이블에 앉는다.
- A가 앉는 테이블에 앉는 인원은 F가 앉는 테이블에 앉는 인원보다 많다.

① B는 2명이 앉는 테이블에 앉는다.
② D는 2명이 앉는 테이블에 앉는다.
③ H는 3명이 앉는 테이블에 앉는다.
④ E는 3명이 앉는 테이블에 앉는다.
⑤ G는 2명이 앉는 테이블에 앉는다.

11 **A, B, C, D, E 중 2명이 지각을 했고 나머지 3명은 지각을 하지 않았다. 지각한 2명은 거짓말을 하고 나머지 3명은 진실을 말한다고 할 때 〈보기〉를 참고하여 거짓말을 하는 2명 알맞게 짝지은 것을 고르시오.**

〈 보 기 〉

A: D가 지각했다.
B: C는 지각하지 않았다.
C: D는 진실을 말한다.
D: E가 지각했다.
E: B 또는 D가 지각했다.

① A, B　② A, E　③ B, D
④ C, D　⑤ C, E

12 A, B, C, D, E, F는 회의실을 1번씩 예약한다. 회의실은 월요일 오전과 오후, 화요일 오전과 오후, 수요일 오전과 오후 중 하나로 예약하며 같은 시간대를 예약한 사람은 없다. 〈보기〉를 참고하여 항상 참인 것을 고르시오.

〈 보 기 〉

- B와 C는 오전에 회의실을 예약한다.
- F는 화요일에 회의실을 예약한다.
- A와 D는 같은 요일에 회의실을 예약한다.

① A는 월요일 오전에 회의실을 예약한다.
② B는 화요일 오전에 회의실을 예약한다.
③ C는 수요일 오전에 회의실을 예약한다.
④ E는 월요일 오후에 회의실을 예약한다.
⑤ F는 화요일 오후에 회의실을 예약한다.

13 월요일부터 토요일까지 창문을 열림, 반가림, 가림 중 하나로 둔다. 창문을 열어두는 방법을 최소 1번 이상 사용한다고 할 때 〈보기〉를 참고하여 항상 거짓인 것을 고르시오.

〈 보 기 〉

- 반가림은 3일 연속으로 하지 않는다.
- 창문을 가림으로 한 다음 날은 창문을 열림으로 한다.
- 열림은 항상 2일 연속으로 한다.
- 6일 중 창문을 반가림으로 해둔 날은 3일이다.

① 월요일의 창문 상태는 반가림이다.
② 화요일의 창문 상태는 가림이다.
③ 수요일의 창문 상태는 열림이다.
④ 목요일의 창문 상태는 가림이다.
⑤ 금요일의 창문 상태는 열림이다.

14 A, B, C, D, E 중 일부 인원이 결근했다. 결근한 사람은 거짓을 말하고 결근하지 않은 사람은 진실을 말한다고 할 때 〈보기〉를 참고하여 다음 중 반드시 진실을 말하는 사람을 모두 짝지은 것을 고르시오.

〈 보 기 〉

A: D가 하는 말은 거짓이다.
B: 나와 E는 결근하지 않았다.
C: B는 거짓을 말한다.
D: B가 결근했다.
E: B 또는 D가 결근했다.

① E　② A, B　③ C, D
④ A, B, E　⑤ C, D, E

15 다음 도형들은 일정한 규칙을 가지고 있다. 물음표에 들어갈 알맞은 도형을 고르시오.

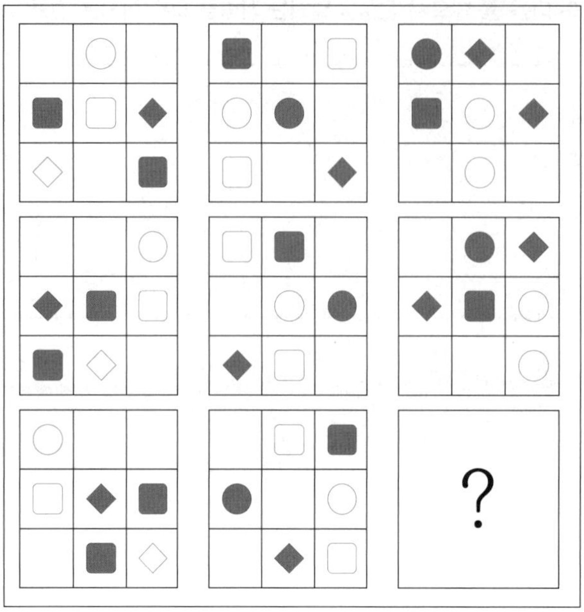

① 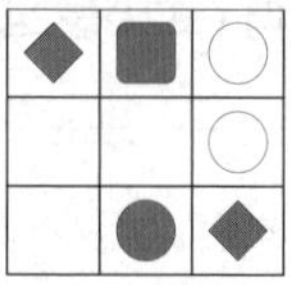

② 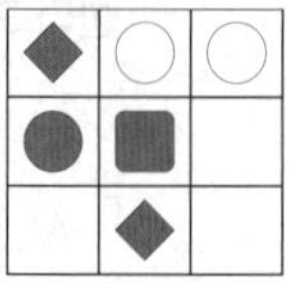

③ 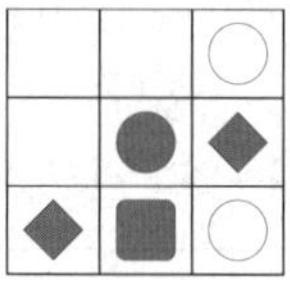

④ 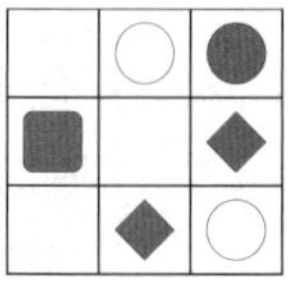

⑤ 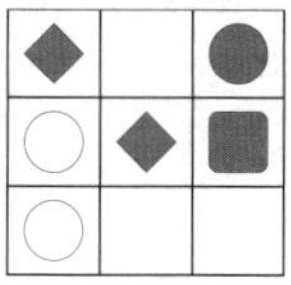

16 다음 도형들은 일정한 규칙을 가지고 있다. 물음표에 들어갈 알맞은 도형을 고르시오.

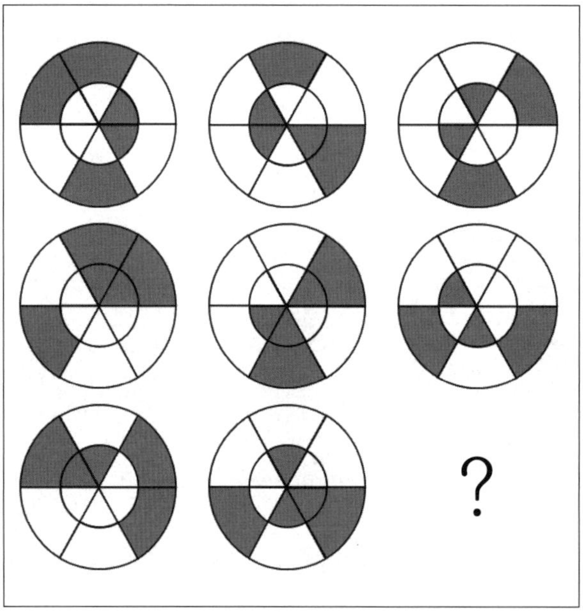

① 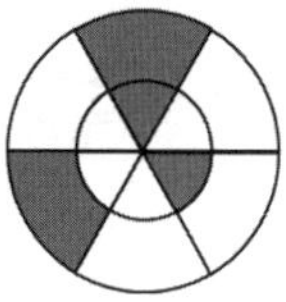

② 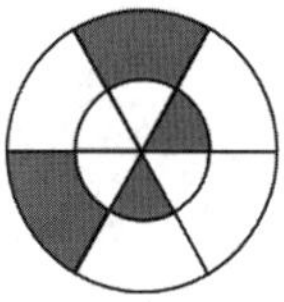

③ 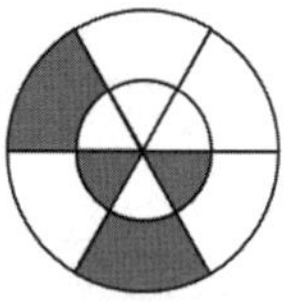

④ 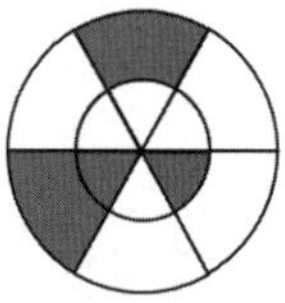

⑤ 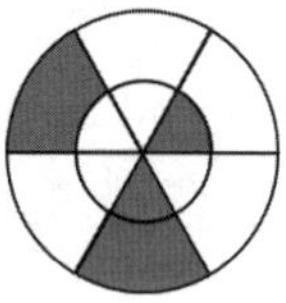

17 다음 도형들은 일정한 규칙을 가지고 있다. 물음표에 들어갈 알맞은 도형을 고르시오.

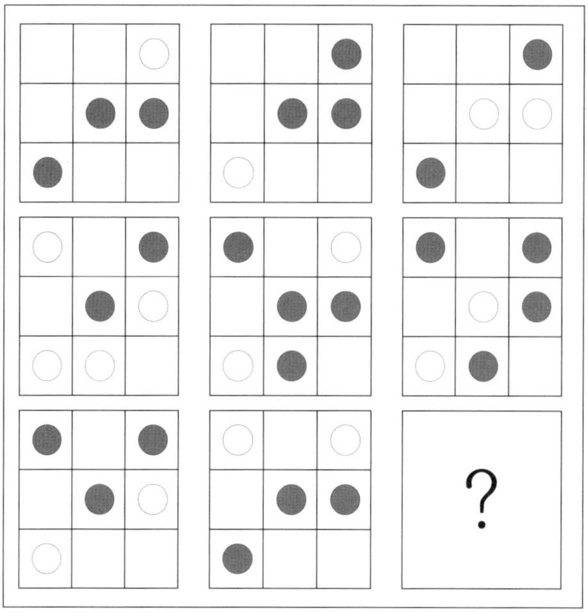

① 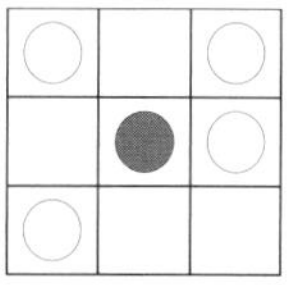

② 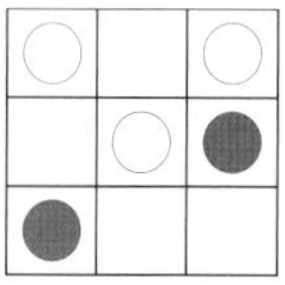

③ 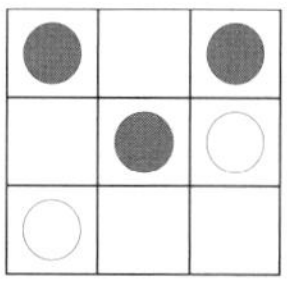

④ 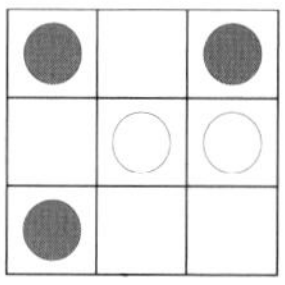

⑤ 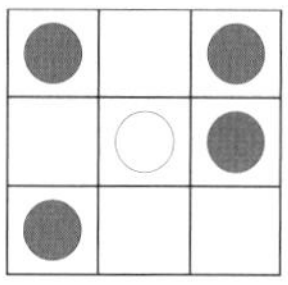

18~21 다음 문자와 도형의 흐름을 참고하여 물음에 답하시오.

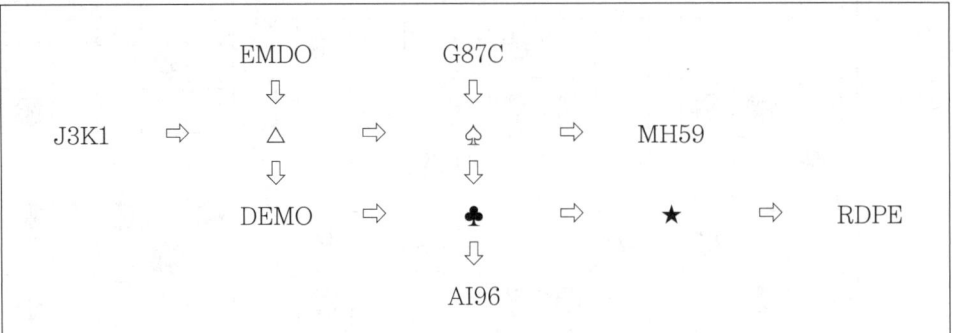

		EMDO		G87C				
		⇩		⇩				
J3K1	⇨	△	⇨	♤	⇨	MH59		
		⇩		⇩				
		DEMO	⇨	♣	⇨	★	⇨	RDPE
				⇩				
				AI96				

18

다음 중 물음표에 들어갈 문자로 알맞은 것을 고르시오.

ZZMN ⇨ ♣ ⇨ ★ ⇨ ?

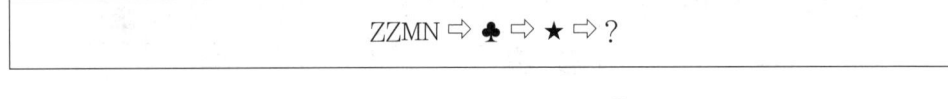

① QZPZ ② NCMC ③ KZJZ
④ NWMW ⑤ CZPN

19

다음 중 물음표에 들어갈 문자로 알맞은 것을 고르시오.

WAIT ⇨ ★ ⇨ △ ⇨ ?

① ZATL ② ATZL ③ LZAT
④ LTAZ ⑤ AZLT

20

다음 중 물음표에 들어갈 문자로 알맞은 것을 고르시오.

? ⇨ ♤ ⇨ △ ⇨ G6B2

① 4E8D ② 4DE4 ③ ZI44
④ 8ZI0 ⑤ DE80

21

다음 중 물음표에 들어갈 문자로 알맞은 것을 고르시오.

? ⇨ ♤ ⇨ ♣ ⇨ △ ⇨ 6I3N

① PG81 ② LK45 ③ L5G8
④ 1P4K ⑤ 5L8G

22 **다음 글의 내용 흐름상 가장 적절한 문단배열 순서를 고르시오.**

(A) 하지만 이 같은 흐름에는 한계와 우려도 존재한다. 과도한 업무 부담으로 인한 번아웃과 시간 관리의 어려움, 불안정한 수익 구조는 N잡 활동의 지속성을 저해할 수 있다. 본업과의 이해 상충, 근로계약 위반 문제도 간과할 수 없으며, 고용 형태의 불확실성이 확대될수록 사회적 안전망에 대한 고민도 깊어지고 있다.

(B) 이러한 흐름은 디지털 플랫폼의 발달과 노동에 대한 가치관 변화가 맞물리며 확산되고 있다. 과거에는 '한 우물 파기'가 미덕이었다면, 최근에는 다양한 경험을 중시하고 유연한 경력 설계를 추구하는 경향이 강해졌다. 특히 재택근무, 유연근무제, 플랫폼 기반의 비대면 근로 환경은 개인이 본업 외 활동에 참여할 수 있는 시간적·공간적 여유를 제공하고 있다.

(C) 이에 따라 정부와 기업도 변화에 발맞추려는 움직임을 보이고 있다. 일부 기업은 직원의 부업을 공식적으로 허용하거나, 사내 N잡러를 위한 역량개발 프로그램과 창업 지원 제도를 운영 중이다. 정부 차원에서도 1인 창작자 지원 정책, 디지털 창업 교육, 플랫폼 노동자 대상 세무 가이드 제공 등 제도적 기반 마련이 시도되고 있다.

(D) 최근 MZ세대를 중심으로 하나의 직업에 국한되지 않고 여러 가지 일을 병행하는 N잡러가 빠르게 증가하고 있다. 유튜브 운영, 스마트스토어 창업, 온라인 강의 콘텐츠 제작, 크라우드워킹 참여 등 다양한 방식으로 부수입을 창출하는 이들이 늘고 있으며, 이는 단순한 생계 수단을 넘어 자아실현과 커리어 확장의 수단으로 인식되고 있다. 특히 고용 안정성이 낮아진 현시대에 N잡은 불확실한 미래에 대한 리스크 분산 전략으로 주목받고 있다.

① (A)－(B)－(C)－(D)
② (A)－(C)－(D)－(B)
③ (D)－(B)－(C)－(A)
④ (D)－(C)－(A)－(B)
⑤ (D)－(B)－(A)－(C)

23 다음 글의 내용 흐름상 가장 적절한 문단배열 순서를 고르시오.

(A) 디지털 치료제는 약물이나 수술이 아닌, 모바일 앱이나 소프트웨어 프로그램을 통해 질병을 예방하거나 치료하는 새로운 개념의 의료 기술이다. 특히 만성 질환, 정신 질환, 생활습관병 등에서 효과적인 치료 수단으로 주목받고 있으며, 사용자의 행동 패턴 분석과 맞춤형 치료가 가능한 점에서 기존 치료법과 차별화된다. 또한 디지털 기술과 정밀의학의 융합이라는 점에서 미래 의료의 핵심 영역으로 떠오르고 있다.

(B) 이처럼 디지털 치료제가 의료 패러다임의 변화를 이끌고 있는 가운데, 산업계와 정부의 움직임도 빨라지고 있다. 국내외 제약사와 스타트업들이 경쟁적으로 시장에 진입하고 있으며, 미국 FDA를 비롯한 주요국의 규제기관들도 디지털 치료제를 공식 치료 수단으로 승인하는 사례가 늘고 있다. 특히 국내에서도 식약처가 디지털 치료제를 '의료기기'로 분류하고 임상시험 가이드라인을 발표하는 등 제도 정비가 활발히 이뤄지고 있다.

(C) 그러나 디지털 치료제 확산에는 넘어야 할 산도 많다. 소프트웨어의 효과를 임상적으로 입증하는 데 시간이 오래 걸리며, 사용자의 데이터 보호 문제, 의료기관 내 도입 비용 부담 등이 장벽으로 작용한다. 의료진의 인식 부족과 사용자 접근성 문제도 개선이 필요한 부분이다. 또한, 건강보험 적용 범위가 제한적인 점도 상용화 확산을 가로막는 요소로 지적된다.

(D) 디지털 치료제의 활용 사례는 다양하다. 주의력결핍과잉행동장애(ADHD) 치료를 위한 게임 기반 앱, 불면증 환자를 위한 수면 개선 프로그램, 암 생존자를 위한 심리 회복 플랫폼 등이 실제 의료 현장에서 활용되고 있다. 최근에는 금연, 비만, 알코올 중독과 같은 생활습관 교정 프로그램도 주목받고 있다. 이러한 사례는 디지털 기술이 기존 치료법의 한계를 보완하고 의료 접근성을 높이는 데 기여할 수 있음을 보여준다.

① (A)-(D)-(C)-(B)
② (A)-(D)-(B)-(C)
③ (A)-(B)-(D)-(A)
④ (D)-(B)-(A)-(C)
⑤ (D)-(B)-(C)-(A)

24 **다음 글을 읽고 반드시 거짓인 설명을 고르시오.**

> CCUS(Carbon Capture, Utilization and Storage)는 이산화탄소를 포집(Capture)한 뒤, 이를 산업적으로 활용(Utilization)하거나 땅속에 저장(Storage)함으로써 대기 중 탄소 배출을 줄이는 기술이다. 지구 온난화 대응을 위한 핵심 수단 중 하나로 떠오르고 있으며, 특히 탄소중립 목표를 달성하기 위한 전략으로 각국 정부와 기업이 주목하고 있다.
>
> 포집된 이산화탄소는 화학 공정이나 광물화 반응 등을 통해 건축 자재, 연료, 플라스틱 원료 등으로 활용될 수 있으며, 이 과정은 자원의 순환적 사용이라는 측면에서도 의미가 있다. 저장 방식으로는 고갈된 유전이나 염수층 등에 압력을 가해 이산화탄소를 주입하는 심부지중저장(Geological Storage)이 일반적이다. 이는 오랜 시간 동안 안정적으로 탄소를 격리하는 방법으로 간주된다.
>
> 하지만 CCUS 기술의 확산에는 여러 과제가 따른다. 우선 기술적 복잡성과 높은 초기 구축 비용, 에너지 소비 문제로 인해 경제성이 낮다는 지적이 있다. 또한 저장된 이산화탄소가 지하수에 유입되거나 누출될 위험성도 존재하여 안전성 확보가 필수적이다. 따라서 CCUS는 단순한 기술이 아닌, 사회적 합의와 정책 지원, 기술 신뢰성 확보가 함께 요구되는 통합적 시스템으로 이해되어야 한다.

① CCUS는 대기 중 이산화탄소를 줄이기 위한 기술로, 탄소중립 정책에서 핵심 역할을 한다.
② 포집된 이산화탄소는 건축 자재나 연료 등 산업 자원으로 재활용될 수 있다.
③ CCUS는 높은 초기 비용과 에너지 소모로 인해 경제성 측면에서 한계를 지닌다.
④ 심부지중저장은 이산화탄소를 대기 중에서 제거하는 가장 빠른 방식으로 널리 사용된다.
⑤ 기술적 성공을 위해서는 안전성 확보와 정책적 뒷받침이 함께 이뤄져야 한다.

25 다음 글의 주장을 비판하는 것으로 가장 적절한 것을 고르시오.

최근 일부 지방자치단체에서는 주말이나 공휴일에 공영주차장을 무료로 개방하는 정책을 확대하고 있다. 이는 지역 상권 활성화의 일환으로, 외부 방문객의 접근성을 높여 소비를 유도하고, 도심 내 교통 혼잡을 줄이기 위한 목적도 있다. 특히 대중교통이 부족한 지역에서는 자동차 이용이 불가피한 경우가 많아, 무료 주차는 시민 편의를 고려한 현실적인 대안이 될 수 있다.

게다가 최근 물가 상승과 경기 침체로 시민들의 소비 여력이 줄어들고 있는 가운데, 주차요금 면제는 작지만 체감 가능한 혜택으로 작용할 수 있다. 이는 단순한 편의 제공을 넘어 지역 경제의 활기를 불어넣는 정책적 수단으로서 의미가 있다. 무엇보다 공영주차장은 시민의 세금으로 조성된 공공자산이므로, 특정 시간대라도 시민들에게 무료로 개방하는 것이 타당하다.

공영주차장의 무료 개방은 과거의 획일적인 운영 방식에서 벗어나, 수요에 따라 유연하게 운영하는 패러다임 전환을 상징한다. 향후에는 축제, 대형 행사, 주말 상권 집중구역 등 특수한 상황에 맞춰 탄력적으로 개방 시간을 조정하는 정책적 실험이 더 확대되어야 할 것이다. 공공성과 실효성이라는 두 마리 토끼를 모두 잡을 수 있는 이 정책은, 지역 활성화를 위한 시대적 선택으로 평가받아야 한다.

① 무료 개방이 주차 수요를 과도하게 증가시켜 오히려 주변 상권의 혼잡과 불편을 초래할 수 있다.
② 공영주차장은 공공자산이므로 유료화 없이 항상 시민에게 개방되어야 한다.
③ 지역 상권 활성화를 위해서는 주차장 개방보다 소비 쿠폰이나 행사 유치가 더 효과적이다.
④ 대중교통이 부족한 지역에서 자동차 이용을 장려하는 것은 시민 편의를 고려한 합리적인 정책이다.
⑤ 세금으로 운영되는 시설을 시민에게 개방하는 것은 공공성을 확보하기 위한 적절한 접근이다.

26 다음 글을 읽고 반드시 거짓인 설명을 고르시오.

최근 면역 관련 연구에서 사이토카인(Cytokine)의 역할이 주목받고 있다. 사이토카인은 면역 세포 간 신호 전달을 담당하는 단백질로, 외부 병원체에 반응해 면역 체계를 활성화하거나 억제하는 기능을 한다. 일반적으로 바이러스 감염이 발생하면 대식세포나 T세포 등이 다양한 사이토카인을 분비해 염증 반응을 유도하고, 병원체 제거를 돕는다. 그러나 사이토카인이 과도하게 분비될 경우 사이토카인 폭풍(Cytokine Storm)이라는 과면역 반응이 발생해 오히려 장기 손상이나 쇼크로 이어질 수 있다.

한편 최근 유행한 아데노바이러스는 비교적 전염력이 높고, 소아의 호흡기 및 위장관 감염을 유발하는 병원체다. 대부분의 아데노바이러스 감염은 자연 회복되지만, 면역력이 약한 사람의 경우 고열, 폐렴, 심각한 장염 등 중증으로 진행될 수 있다. 이때 환자의 면역 반응이 적절히 조절되지 않으면 사이토카인 폭풍과 같은 면역 이상 반응이 유발될 위험이 있다.

이를 통해 우리는 면역 체계가 병원체 방어에 필수적인 동시에, 그 균형이 무너졌을 때 인체에 위협이 될 수 있다는 점을 알 수 있다. 따라서 단순히 면역력을 강하게 만드는 것보다는 상황에 따라 조절된 면역 반응을 유도하는 것이 더 중요하다는 인식이 확산되고 있다.

① 사이토카인은 면역 세포 사이의 신호 전달을 담당하며, 병원체 제거에 기여한다.
② 아데노바이러스 감염은 대부분 자연적으로 회복된다.
③ 사이토카인의 과도한 분비는 오히려 인체에 이로운 면역 반응을 촉진한다.
④ 면역력이 약한 사람은 아데노바이러스 감염 시 중증으로 발전할 가능성이 있다.
⑤ 최근에는 조절된 면역 반응의 중요성이 강조되고 있다.

27 **다음 글을 읽고 반드시 거짓인 설명을 고르시오.**

> HBM(High Bandwidth Memory, 고대역폭 메모리)은 기존 DRAM보다 훨씬 높은 데이터 처리 속도와 전력 효율을 제공하는 차세대 메모리 기술이다. 여러 개의 DRAM 칩을 수직으로 쌓아 TSV(Through-Silicon Via, 실리콘 관통 전극)로 연결하는 방식으로 구현되며, 메모리와 프로세서 간의 전송 거리를 줄이고 대역폭을 극대화할 수 있다.
>
> HBM은 특히 인공지능(AI), 고성능 컴퓨팅(HPC), 데이터센터 등에서 요구되는 대량의 데이터를 빠르게 처리해야 하는 환경에 최적화되어 있다. 기존 DDR 계열 메모리 대비 수십 배의 대역폭을 제공하며, 전력 소비도 적어 고성능 저전력 시스템 구축에 유리하다. 특히 대규모 언어 모델(LLM)을 학습시키거나, 초고속 그래픽 처리, 실시간 금융 데이터 분석 등 시간과 속도가 중요한 분야에서 HBM의 활용이 급증하고 있다.
>
> 최근에는 GPU 제조사와 메모리 업체들이 협력해 HBM3, HBM3E 등의 차세대 규격 개발에 속도를 내고 있으며, 고속 패키징 기술과 냉각 솔루션의 혁신도 함께 진행되고 있다. 다만 TSV 기반 구조의 복잡성과 높은 제조 단가는 여전히 극복해야 할 과제로 남아 있으며, 수율 확보와 신호 간섭 문제는 업계 전반에서 기술 개선이 요구되는 부분이다.

① HBM은 TSV 구조를 통해 칩 간 연결 거리를 줄이고, 데이터 처리 속도를 높일 수 있다.
② HBM은 인공지능, 고성능 컴퓨팅 등 대량의 데이터를 빠르게 처리하는 분야에 적합하다.
③ HBM은 낮은 대역폭과 높은 소비전력으로 인해 DDR 메모리를 완전히 대체하긴 어렵다.
④ HBM은 여러 개의 DRAM 칩을 수직으로 적층하여 하나의 패키지로 구성된다.
⑤ HBM은 현재 HBM3, HBM3E 등의 차세대 기술 개발이 활발히 진행되고 있다.

28 **다음 글을 읽고 반드시 참인 설명을 고르시오.**

> 제로에너지건축(ZEB, Zero Energy Building)은 연간 에너지 소비량을 최소화하고, 신재생에너지를 통해 자체적으로 에너지를 생산하여 에너지 소비량을 '제로(0)'에 가깝게 만드는 고효율 건축 방식을 의미한다. 단열재, 고성능 창호, 기밀 시공 등으로 에너지 손실을 줄이는 패시브(Passive) 설계와, 고효율 냉난방 및 조명 시스템, 에너지관리시스템(BEMS), 태양광과 같은 능동적 설비가 유기적으로 결합되어야 완성된다. 이를 통해 건축물의 에너지 자립률을 높이고, 온실가스 배출을 획기적으로 줄일 수 있다.
>
> 국내에서는 2030년까지 공공기관 신축 건물에 ZEB 인증을 의무화하는 정책이 시행 중이며, 민간 부문도 점차 확대되고 있다. 국제적으로도 탄소중립(Net-zero) 달성을 위한 핵심 수단으로 ZEB가 부상하고 있으며, EU와 미국, 일본 등 주요 국가들에서도 관련 기준을 강화하고 있다. 특히 건물 부문이 전체 에너지 소비의 약 20~40%를 차지하는 만큼, 친환경 건축은 지속 가능한 미래 도시를 위한 필수 조건으로 여겨진다.
>
> 하지만 ZEB의 확산을 가로막는 현실적인 장애물도 존재한다. 초기 설치 비용이 일반 건축물보다 높고, 고성능 자재나 설비에 대한 기술적 이해도가 필요해 설계 및 시공 난이도가 상승한다. 또한 태양광 등 에너지 생산 설비의 경우 일조량, 설치 면적 등 외부 환경 요인에 따라 성능이 제한되며, 유지보수 비용과 입주자의 편의성 문제도 고려되어야 한다.

① ZEB는 전체 산업 에너지 소비에 비해 기여도가 낮아 탄소중립 전략에서 비중이 작다.
② ZEB는 초기 설치 비용이 낮고, 일반 건축물보다 시공이 간단하다는 장점이 있다.
③ ZEB는 주로 민간 주택 위주로 도입되며, 공공기관에는 아직 적용되지 않았다.
④ ZEB는 외부 환경에 영향을 받지 않고 언제나 일정한 에너지 생산량을 유지한다.
⑤ ZEB는 패시브 설계와 신재생에너지 설비를 결합해 에너지 자립률을 높인다.

29 **다음 글을 바탕으로 〈보기〉의 내용을 이해한 것 중 옳은 것을 고르시오.**

최근 글로벌 경제는 코로나19와 지정학적 갈등 등으로 인해 공급망 위기를 반복적으로 경험하고 있다. 이에 따라 각국은 자국의 산업 안정성과 자립성 확보를 위해 공급망 전략을 재정비하고 있다. 대표적인 대응 방식 중 하나는 리쇼어링(Reshoring)으로, 해외에 있던 생산기지를 자국으로 다시 이전하는 전략이다. 리쇼어링은 고용 창출과 기술 유출 방지, 전략 물자의 확보에 기여할 수 있다는 점에서 주목받고 있다. 동시에 특정 국가나 지역에 대한 과도한 의존을 줄이기 위해, 공급망 다변화 전략도 병행되고 있다. 이를 통해 국가들은 지정학적 리스크에 유연하게 대응하며 경제 안정성을 높이는 방안을 모색하고 있다.

〈 보 기 〉

C국은 최근 반도체, 배터리 등 핵심 산업의 공급망 자립도를 높이기 위한 정책을 추진하고 있다. 정부는 해외에 진출한 자국 기업의 생산 시설을 자국으로 유치하는 리쇼어링 정책을 강화했으며, 동시에 특정 국가에 의존하지 않도록 동남아시아, 유럽 등 여러 지역에 공급망을 분산하도록 유도하고 있다. 이와 같은 전략은 단기적으로는 비용 부담이 있지만, 장기적으로는 국가 경제의 위기 대응 능력과 산업 경쟁력을 높이는 데에 기여할 것으로 기대된다.

① C국은 자국 기업의 해외 진출을 장려하며 글로벌 공급망 의존도를 높이고 있다.
② 공급망 다변화는 생산 거점을 집중시키는 방식으로 리스크를 줄이는 전략이다.
③ 리쇼어링과 공급망 다변화는 모두 단기적 수익성 극대화를 위한 정책이다.
④ C국은 리쇼어링 정책을 통해 해외 인력 수급 문제를 해결하려 하고 있다.
⑤ 리쇼어링은 자국 내 고용과 기술 보호를 위해 추진되는 전략이다.

30 **다음 글을 바탕으로 〈보기〉의 내용을 이해한 것 중 옳은 것을 고르시오.**

> 최근 우리 사회는 1인 가구 증가, 초고령화, 청년층의 비경제활동 장기화 등 복합적인 사회 구조 변화에 직면하고 있다. 특히 1인 가구는 단순한 거주 형태의 변화에 그치지 않고, 소비 패턴, 주거 수요, 사회적 고립 등 여러 영역에서 구조적 영향을 미친다. 또한, 초고령화는 복지 재정에 대한 부담과 함께, 노인 빈곤, 의료·돌봄 수요 급증 등의 문제를 야기하며, 청년 세대의 노동시장 진입 지연은 생애 전반의 소득 곡선 변화와 국가 생산성 저하로 이어질 수 있다. 이처럼 각 현상은 서로 유기적으로 연결되어 있으며, 개별 대응을 넘어 통합적 정책 설계가 요구된다.

〈 보 기 〉

> E시는 지역 인구 감소와 고령화 문제를 해결하기 위해 청년층 유입 정책과 고령자 커뮤니티 돌봄 체계를 동시에 추진하고 있다. 청년층에는 창업 공간과 주거 지원을 제공하고, 고령자에게는 지역 내 교류 활성화를 위한 공공 인프라를 확충해 세대 간 단절을 완화하려는 시도도 포함된다. 또한, 1인 가구 증가에 대응해 공동체 기반의 주거 모델을 시범 운영 중이다. 이 모델은 개인의 독립성을 보장하면서도 사회적 연결망을 유지할 수 있는 공간 구조를 지향하고 있다.

① E시는 청년층 고용 문제를 중심으로 정책을 설계하고 있어 고령자 지원은 상대적으로 배제되었다.
② 초고령화, 1인 가구 증가, 청년층 고용 지연 문제는 서로 직접적인 연관성이 없으므로 개별적으로 접근하는 것이 바람직하다.
③ E시는 고령자 지원을 가족 돌봄 중심으로 전환하여 지역 부담을 줄이는 데 초점을 맞추고 있다.
④ 공동체 기반 주거 모델은 사회적 고립 문제에 대응하기 위한 공간적 해법으로 해석될 수 있다.
⑤ 청년층 유입 정책은 1인 가구의 증가를 억제하기 위한 주된 방안으로 채택되었다.

memo

memo

LEtuin

2025
하반기

삼성직무적성검사

제03회

기출변형 모의고사

영역	문항 수	시간
수리	20	30분
추리	30	30분

※ 2025년 상반기 기준 출제 문항 수와 시험 응시 시간입니다.

삼성 취업은 렛유인

Chapter 01 수리

문항수 20문항 | 제한시간 30분

해설 p.31

01 60명의 지원자가 A와 B 두 종류의 시험에 모두 응시하였다. A 시험에 합격한 인원은 29명이었으며, B 시험에 합격한 인원은 23명이었다. A와 B 모두 탈락한 인원은 A와 B 모두 합격한 인원의 3배였다면, 모두 합격한 인원은 몇 명인가?

① 3명 ② 4명 ③ 5명 ④ 6명 ⑤ 7명

02 빨간 공과 파란 공 두 종류의 공이 하나의 상자에 들었다. 상자에 있는 전체 공의 개수는 10개이며, 이 중 동시에 두 개를 뽑았을 때, 파란 공이 적어도 하나 이상 들어 있을 경우의 수가 30가지라고 한다면 상자에 들어 있는 빨간 공의 개수는 몇 개인가?

① 5개 ② 6개 ③ 7개 ④ 8개 ⑤ 9개

03 다음은 2015년을 기준으로 2022년의 국내 제조 산업별 생산능력과 가동률을 나타낸 자료이다. 이를 해석한 내용으로 옳은 것을 고르시오.

〈표〉 2022년 제조 산업별 생산능력 및 가동률

(단위: 2015년 100, %)

항목	시점	제조업 전체	전기장비	식료품	음료	담배	목재
생산능력	1/4분기	103.1	106.4	102.8	104.6	99.9	101.6
	2/4분기	102.7	103.9	103.4	104.7	99.9	99.6
	3/4분기	102.5	104.9	103.4	106.0	99.9	98.6
	4/4분기	102.8	105.6	104.6	105.7	99.9	99.6
가동률	1/4분기	92.7	93.0	99.7	93.7	108.1	93.3
	2/4분기	99.2	98.2	102.5	101.7	103.3	98.5
	3/4분기	96.3	94.9	101.3	103.8	97.6	98.6
	4/4분기	102.2	104.2	103.7	91.6	95.4	101.5

* 생산능력 = 2015년 연평균 생산능력 100 기준

* 가동률(%) = (실제 생산량 ÷ 생산능력) × 100

① 2022년 식료품은 매 분기 생산능력 이상의 생산량을 기록했다.

② 2022년 각 제조 산업에서 4/4분기의 가동률이 가장 높았던 산업은 4가지 이상이다.

③ 2022년 4~6월 동안 담배의 생산능력은 2015년 대비 감소하였으나, 생산량은 증가하였음을 알 수 있다.

④ 제조업 전체를 기준으로 2015년 대비 2022년 연간 생산능력은 증가하였다.

⑤ 2022년 7월부터 목재 생산의 가동률이 100%를 넘었다.

04 **다음은 국내 주요 기술별 수출 동향에 대한 그래프이다. 주어진 자료를 해석한 내용 중 옳은 것을 고르시오.**

〈그래프〉 기술 종류별 수출액 비중

(단위: %)

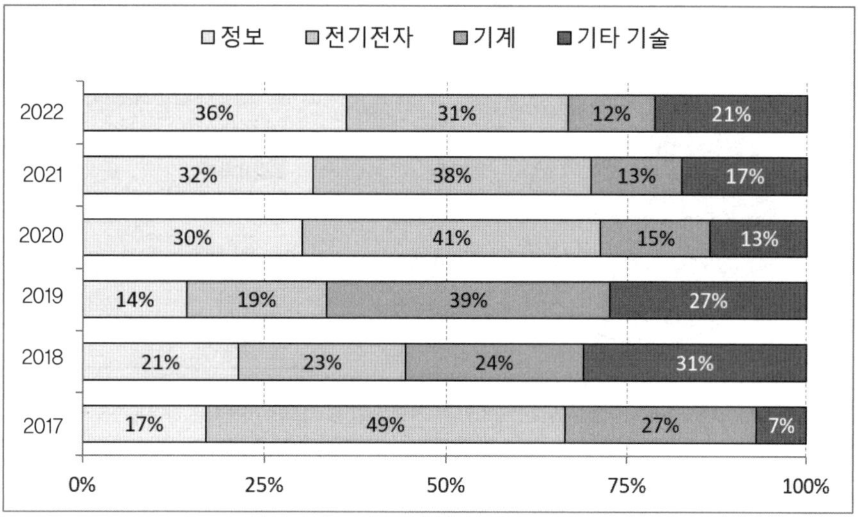

① 주어진 기간 동안 기계 기술의 수출 비중은 지속 증가하였다.

② 정보와 전기전자 기술의 수출합계 비중은 매년 50% 이상이었다.

③ 2021년의 전체 수출액이 2017년 대비 2배 증가하였다면, 2021년 기계 기술의 수출액은 2017년보다 많았을 것이다.

④ 조사기간 동안 기타 기술의 수출액 비중이 전체의 1/4 이상이었던 해는 2018년이 유일하다.

⑤ 6개년 동안의 전체 수출액이 동일했다면, 전기전자의 매출 비중은 6개년 전체 매출 중 1/3 이상이었을 것이다.

05 다음은 A국의 주요 수출 품목에 대한 수출 비중과 그중 백색가전의 수출액을 나타낸 자료이다. 이를 토대로 A국의 전체 수출액을 산출하시오.(단, 소수점 첫째자리에서 반올림한다)

〈그래프〉 A국의 품목별 수출액 비중

(단위: %)

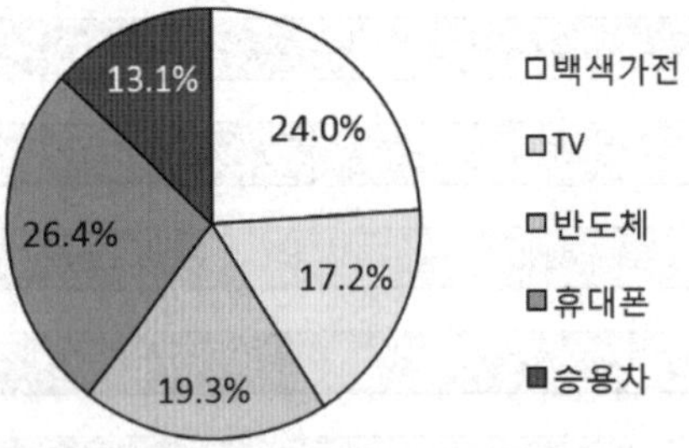

〈표〉 A국의 백색가전 종류별 수출액

(단위: 백만 달러, %)

구분	수출액	비중
일반세탁기	4,448	12.6
드럼세탁기	6,460	18.3
일반냉장고	5,966	16.9
양문형냉장고	7,625	21.6
에어컨	8,331	23.6
공기청정기	2,471	7.0

*백색가전: 냉장고와 세탁기, 에어컨, 청소기 등 가정 생활 및 가사에 사용되는 가전제품을 일컫는 말

① 1,471억 달러 ② 1,496억 달러 ③ 1,508억 달러
④ 1,520억 달러 ⑤ 1,531억 달러

06 다음은 어느 초등학교 각 학급별 학생들에게 배포하게 될 마스크의 종류와 가격을 정리한 내용이다. 3개 반의 전체 학생들에게 나눠줄 마스크 구매를 위해 총 122,000원을 사용했다면 C반에서 천 마스크를 받게 될 학생수 ㉠은 몇 명인가? (각 학급의 인원수는 모두 동일하다)

(단위: 원, 명)

구분	가격	착용 인원		
		A반	B반	C반
천 마스크	4,000	5	6	(㉠)
일회용 마스크	1,200	18	17	(㉡)

① 3명 ② 4명 ③ 5명
④ 6명 ⑤ 7명

07 **다음은 한국의 의료기기 수출입 현황에 대한 각 국가별 순위를 나열한 자료이다. 이를 해석한 내용 중 옳은 것으로만 구성된 보기를 고르시오.**

〈표〉 한국의 국가별 의료기기 수출입 현황

(단위: 억 원, %)

순위	수입			수출		
	국가	금액	비중	국가	금액	비중
1	미국	4,420	33.1	미국	1,367	23.1
2	일본	2,283	17.1	일본	846	14.3
3	독일	1,990	14.9	독일	604	10.2
4	네덜란드	801	6.0	프랑스	503	8.5
5	아일랜드	601	4.5	중국	314	5.3
합계	–	10,095	75.6	–	3,634	61.4

a. 의료기기 수출 국가와 수입 국가의 금액 기준 상위 5개 순위는 동일하다.
b. 한국이 프랑스로부터 수입하는 금액은 수출하는 금액의 1.5배 이상이다.
c. 한국의 의료기기 수입 금액은 수출 금액의 3배 이하이다.
d. 수입 금액 상위 3개국과 수출 금액 상위 3개국의 금액 비중은 각각 45% 이상이다.

① a, b　② b, c　③ c, d
④ b, d　⑤ a, d

08 다음은 최근 3년 동안 국내 TV 제품의 Size별 출하량 비중을 나타낸 자료이다. 이를 해석한 내용으로 옳지 않은 것을 고르시오.

〈그래프〉 연간 TV Size별 출하량

(단위:%)

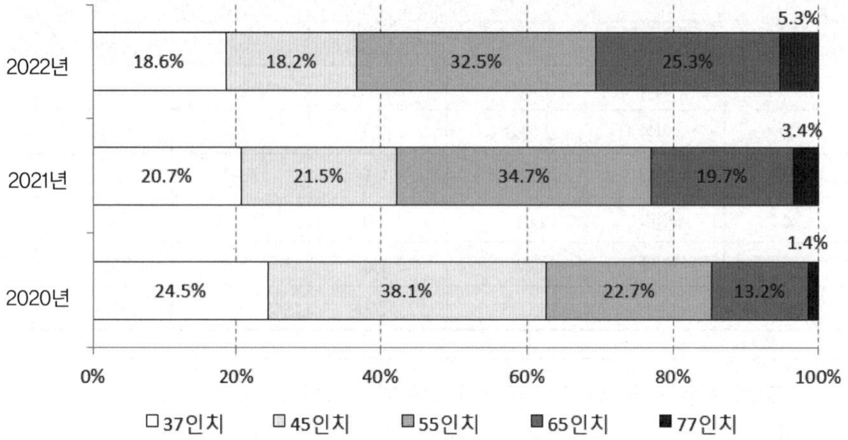

① 매년 출하된 TV의 수량이 같다면 매년 평균 TV Size는 지속 증가하였을 것이다.

② 50인치 이하 Size의 제품은 2021년부터 출하량 비중이 50% 이하로 감소하였다.

③ 2020년 대비 2022년 TV 전체 출하량이 2배로 증가하였다면 2022년 65인치 제품의 수량은 2020년 대비 4배 이상이었을 것이다.

④ 2022년 TV 전체 출하량이 전년 대비 10% 증가하였다면, 55인치 제품의 수량은 전년 대비 증가하였을 것이다.

⑤ 2022년 45인치 TV 출하량이 2020년 77인치 TV의 출하량의 13배였다면, 2020년과 2022년의 TV 전체 출하량은 동일하다.

09 다음은 자동차 기업 A사의 차종별 월간 판매량을 정리한 자료이다. 주어진 정보를 활용하여 2023년 7월 SUV 차량의 판매 수량을 계산하시오. (단, 소수 첫째자리 반올림한다)

〈표〉 차종별 월 판매 수량

(단위: 대, %)

시점 구분		소형 승용차	대형 승용차	SUV
2022년 6월 판매 수량		10,991	2,235	7,654
	전월 대비	1.4%	3.5%	6.5%
	전년 동기 대비	2.2%	−1.4%	13.4%
2022년 7월 판매 수량		9,845	1,954	( )
	전월 대비	−10.4%	−12.6%	6.1%
	전년 동기 대비	−4.9%	−12.3%	1.7%
2023년 7월 판매 수량		10,420	1,885	( )
	전월 대비	0.4%	0.2%	1.3%
	전년 동기 대비	5.8%	−3.5%	18.9%

① 8,865대 ② 9,656대 ③ 10,324대
④ 11,129대 ⑤ 11,768대

10 다음은 서울시의 주요 공원수와 각 공원별 시설면적에 대한 자료이다. 주어진 정보를 해석한 내용 중 옳지 않은 것을 고르시오.

〈표〉 서울시 주요 공원별 시설수와 면적

(단위: 개소, ㎢)

공원 구분	항목	2017년	2018년	2019년	2020년
도시자연공원	시설수	20	20	20	20
	면적	90,744	88,041	88,041	88,041
소공원	시설수	399	399	398	400
	면적	1,522	1,533	1,500	1,524
어린이공원	시설수	1,201	1,196	1,209	1,207
	면적	3,181	3,193	3,191	3,216
근린공원	시설수	421	424	419	418
	면적	41,167	42,965	40,453	39,642
역사공원	시설수	12	12	10	10
	면적	355	353	301	301

① 2019년 역사공원 1개소당 면적은 전년 대비 감소하였다.
② 조사기간 4개년 동안 시설수의 변화가 없었던 공원은 도시자연공원이 유일하다.
③ 2019년 대비 2020년에 신설된 소공원의 1개소당 면적은 10㎢ 이상이었다.
④ 2018년 어린이공원 1개소당 면적은 전년 대비 증가하였다.
⑤ 매년 타 공원 대비 도시자연공원의 공원 1개소당 면적이 가장 넓었다.

11 다음은 최근 5년 동안의 육아휴직 이용자 현황을 조사한 자료이다. 조사기간 동안 전년 대비 남성 육아휴직자 증가율이 가장 높았던 해의 전년 대비 전체 육아휴직자 증가율을 구하시오.(단, 소수점 둘째자리에서 반올림한다)

〈표〉 연간 육아휴직자 현황

(단위: 명, %)

	2018년	2019년	2020년	2021년	2022년
전체	7,993	8,093	8,372	9,154	9,971
남성	1,269	1,528	1,885	2,652	3,384
남성 비중	15.9	18.9	22.5	29.0	33.9

① 8.9%　② 9.0%　③ 9.1%
④ 9.2%　⑤ 9.3%

12 다음은 국내 전국의 환경 개선 사업 지원건수에 대한 현황을 정리한 자료이다. 이를 해석한 내용 중 옳은 보기를 고르시오.

〈표〉 환경 개선 사업 지원 현황

(단위: 건)

구분	2018년	2019년	2020년	2021년	2022년
공공시설	1,433	1,565	1,934	1,988	2,034
위탁시설	931	1,264	1,486	1,623	1,532
공원 환경	661	734	765	801	823
교육시설	813	814	823	874	921

ㄱ. 네 종류의 개선사업 중 교육시설 개선 건수의 비중은 매년 공공시설의 절반 이하이다.
ㄴ. 조사기간 중 네 종류 개선사업 중 위탁시설 개선 건수의 비중은 매년 증가하였다.
ㄷ. 네 종류 개선사업 중 위탁시설을 제외한 나머지 사업 지원 건수는 매년 증가하였다.

① ㄱ　② ㄴ　③ ㄷ
④ ㄱ, ㄴ　⑤ ㄴ, ㄷ

13~14 다음은 고용노동부 관리하에 실시된 2021년 과정평가형 국가기술자격 접수 및 합격 현황에 대한 자료이다. 이를 활용하여 주어진 각 문항의 물음에 답하시오.

〈그래프〉 2021년 과정평가형 국가기술자격 응시율 및 합격률

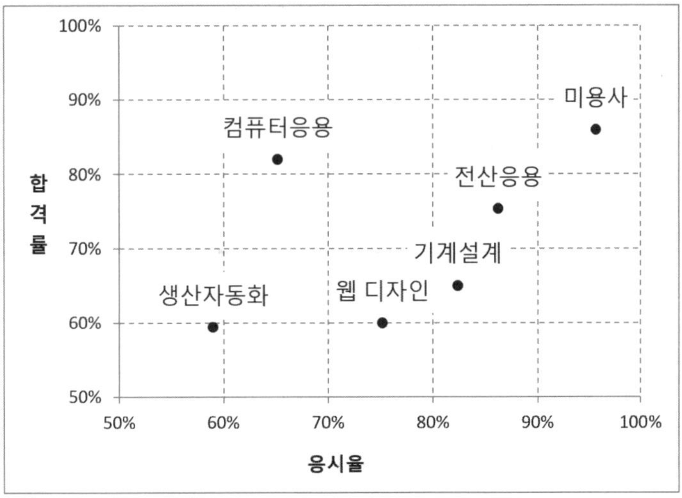

〈표〉 2021년 과정평가형 국가기술자격 평가 및 취득 현황

(단위: 명)

종목별	접수자	응시자	합격자
과정 전체	1,770	1,411	976

* 합격률(%) = 합격자 수 ÷ 응시자 수 × 100
* 응시율(%) = 응시자 수 ÷ 접수자 수 × 100

13

주어진 정보를 해석한 내용 중 올바른 것을 고르시오.

① 6개 과정의 응시율과 합격률 순위는 동일하다.

② 6개 과정 모두 각각의 응시율이 합격률보다 높다.

③ 6개 과정 중 2021년 과정 전체 평균보다 응시율이 높은 과정은 2개이다.

④ 6개 과정 중 2021년 과정 전체 평균보다 합격률이 높은 과정은 4개이다.

⑤ 6개 과정 중 응시율이 가장 낮은 과정과 가장 높은 과정의 차이는 30%p 이상이다.

14

2022년 전체 접수자와 합격자 인원이 2021년과 동일한 상황에서 응시율이 60%로 하락하였다면, 2022년 전체 합격률은 2021년 대비 약 몇 %p 상승되는가? (소수점 이하 반올림한다)

① 19%p　② 20%p　③ 21%p

④ 22%p　⑤ 23%p

15 다음은 A시의 학교급별 교육여건에 대한 자료이다. 이를 해석한 내용으로 옳지 않은 것을 고르시오.

〈표〉 A시의 학교급별 교육여건

(단위: 개별 표기)

	초등학교	중학교	고등학교
학교(개소)	150	70	60
학교 1개소당 학급수(개)	30	36	33
학급당 일주일 평균 수업 시간(시간)	38	34	35
학급당 학생 수(명)	32	35	32
학급당 교직원 수(명)	1.3	1.8	2.1
교직원 1인당 학생 수(명)	25	19	15

① 학교급이 상승할수록 학급당 교직원 수는 증가한다.

② 초등학교 교직원 1인당 일주일 평균 수업시간은 30시간 이상이다.

③ 고등학교의 총 학급 수는 2,000개 이하이다.

④ 학교 1개소당 교직원 수는 학교급이 상승할수록 증가한다.

⑤ 중학교 1개소당 평균 학생 수는 1,000명 이상이다.

16 다음은 2022년 만 7세 이상을 대상으로 스마트폰을 활용한 콘텐츠 이용 정도를 조사한 결과이다. 주어진 자료를 분석한 내용 중 옳은 내용으로만 구성된 보기를 고르시오.

〈그래프〉 남녀별 스마트폰 주 이용 콘텐츠 점수화 평가

(단위: 점)

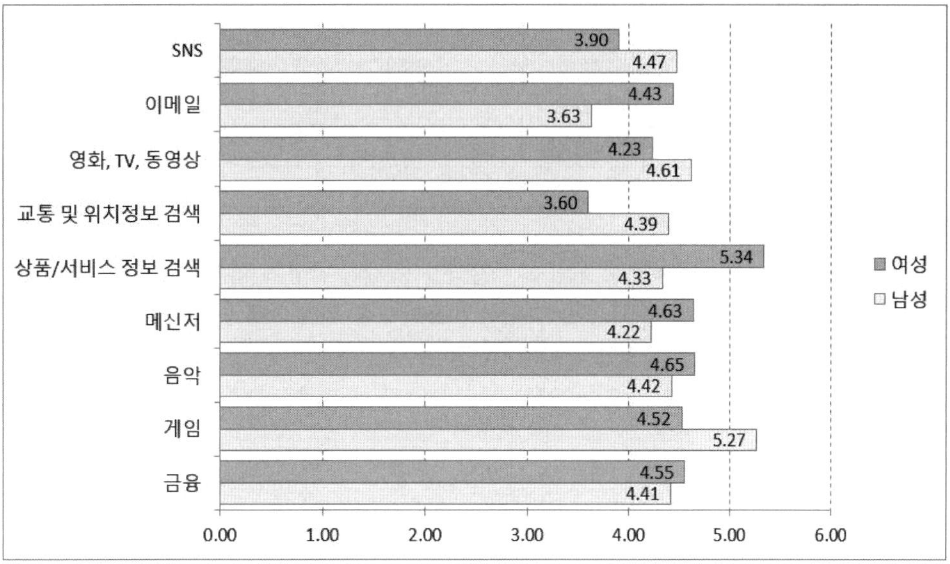

* 각 항목별 점수는 0~7점으로 응답한 결과의 평균값이며, 점수가 높을수록 사용 빈도수가 높다.

a. 주어진 9개 콘텐츠 종류 중 여성보다 남성의 사용 빈도수가 높은 콘텐츠 종류가 더 많다.
b. 각 성별을 기준으로 빈도수가 높은 콘텐츠를 순서대로 정렬했을 때, 순위가 같은 콘텐츠는 없다.
c. 주어진 9개 콘텐츠 중 성별 빈도수 점수의 차이가 1점 이상인 콘텐츠는 없다.

① a ② b ③ c
④ a, b ⑤ b, c

17 다음은 흡연 여부에 따른 폐암 발생 현황을 조사한 결과이다. 아래 수치 계산 항목을 활용하여 흡연의 폐암 발생 영향률을 구하시오.

〈표〉 흡연 여부에 따른 폐암 발생 여부

(단위: 명)

구분		흡연 여부		합계
		흡연	비흡연	
발암 여부	폐암 발생	15	5	20
	폐암 미발생	45	495	540
합계		60	500	560

- A = 흡연자의 폐암 발생률(%) = 흡연자 중 폐암 발생 ÷ 흡연자 전체 × 100
- B = 비흡연자의 폐암 발생률(%) = 비흡연자 중 폐암 발생 ÷ 비흡연자 전체 × 100
- 흡연의 폐암 발생 영향률(%) = (A−B) ÷ A × 100

① 93% ② 94% ③ 95%
④ 96% ⑤ 97%

18 장비 업체 L에서는 입사 후 매년 연봉을 재계약하며, 인사과에서는 입사 연차(x)에 따른 연봉 상승률(y%)의 기준을 $y = 18 - \frac{(x-12)^2}{8}$ 로 설정하고 있다. 인사과의 협상 기준을 따를 경우 입사 A년차에 가장 높은 연봉 인상이 이루어지며, 입사 B년차에는 임금이 동결되어 이후에는 연봉이 삭감됨을 알 수 있다. 주어진 보기 중 B − A를 유추한 값으로 옳은 것을 고르시오. (입사 한 해에 입사 1년차가 된다)

① 10 ② 11 ③ 12
④ 13 ⑤ 14

19 **다음은 A 기업의 연간 부채 변화에 대한 자료이다. 이를 통해 전년 대비 부채 변화율을 나타낸 그래프로 옳은 것을 고르시오.**

〈표〉 A 기업의 연간 부채 변화

(단위: 억 원)

구분	2015년	2016년	2017년	2018년	2019년	2020년	2021년	2022년
부채	295.6	141.3	217.5	490.0	256.7	496.6	654.8	592.0

① A 기업의 전년 대비 부채금액 변화

(단위: 억 원)

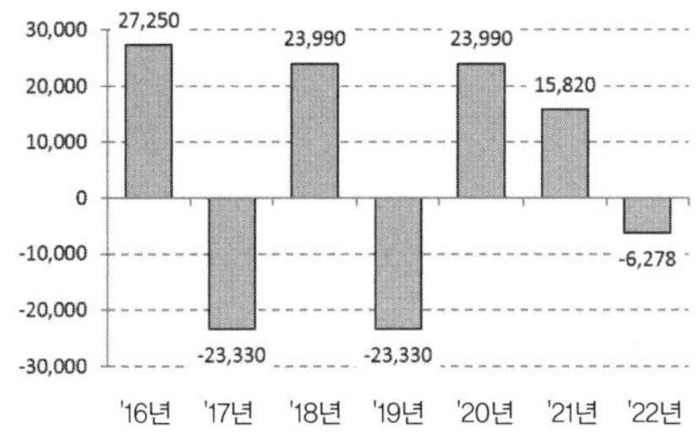

② A 기업의 전년 대비 부채금액 변화

(단위: 억 원)

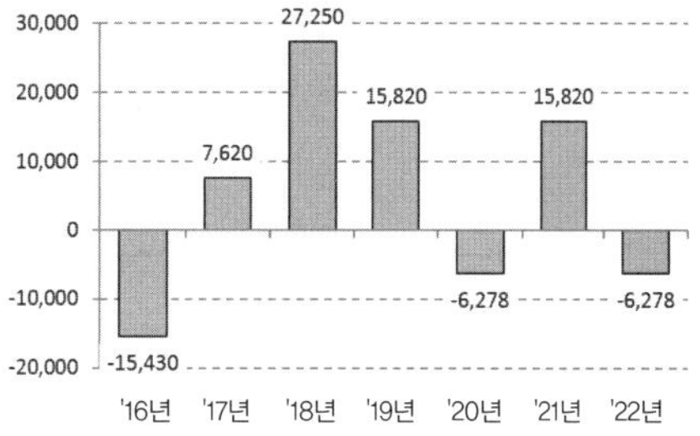

③ A 기업의 전년 대비 부채금액 변화

(단위: 억 원)

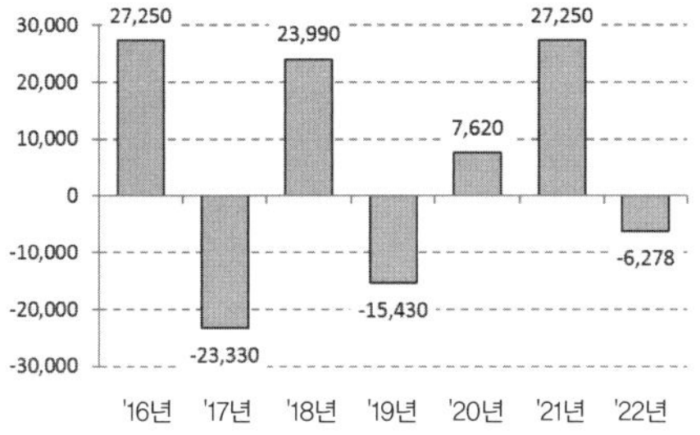

④ A 기업의 전년 대비 부채금액 변화

(단위: 억 원)

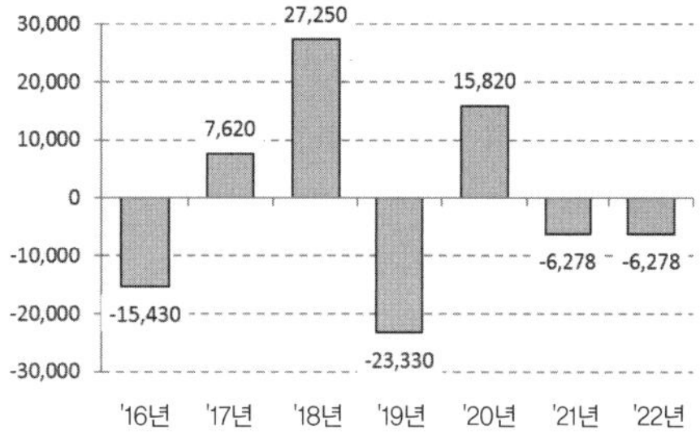

⑤ A 기업의 전년 대비 부채금액 변화

(단위: 억 원)

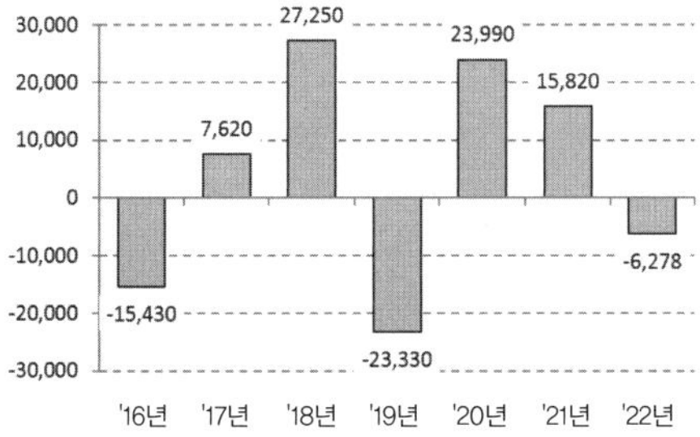

20 대형 수조에 새우와 물고기를 함께 양식하고 있다. 새우는 별도의 사육용 먹이를 제공하며 하루에 기존 개체수의 2배로 늘어난다고 한다. 물고기는 별도의 먹이를 제공하지 않고 하루에 새우 한 마리를 먹으며 번식한다고 한다. 초기 투입 후 5일 동안 매일 같은 시간에 개체 수를 관찰한 결과가 아래와 같을 때, 10일 차의 새우와 물고기 개체수 차이를 산출한 것으로 옳은 보기를 고르시오.

(단위: 마리)

관찰 시점	새우	물고기
초기 투입	24	10
1일 차	28	11
2일 차	34	13
3일 차	42	16
4일 차	52	20
5일 차	64	25

① 56마리　② 66마리　③ 77마리
④ 89마리　⑤ 102마리

Chapter 02 추리

문항수 30문항 | 제한시간 30분

해설 p.34

01 **다음 중 결론을 항상 참으로 만드는 [전제1]을 고르시오.**

[전제1] ( )
[전제2] SW개발을 담당하는 모든 사원은 스마트 데스크에서 근무한다.
[결　론] SW개발을 담당하는 모든 사원은 무선사업부 소속이다.

① 무선사업부 소속인 모든 사원은 스마트 데스크에서 근무한다.
② 무선사업부 소속이 아닌 어떤 사원은 스마트 데스크에서 근무한다.
③ 무선사업부 소속인 어떤 사원은 스마트 데스크에서 근무한다.
④ 스마트 데스크에서 근무하는 모든 사원은 무선사업부 소속이다.
⑤ 무선사업부 소속이 아닌 모든 사원은 스마트 데스크에서 근무한다.

02 **다음 중 항상 참인 결론으로 적절한 것을 고르시오.**

[전제1] 명함을 준비한 어떤 사원은 회의에 참석한다.
[전제2] 명함을 준비한 모든 사원은 출장을 간다.
[결　론] ( )

① 출장을 가는 모든 사원은 회의에 참석한다.
② 회의에 참석하는 모든 사원은 출장을 가지 않는다.
③ 출장을 가지 않는 어떤 사원은 회의에 참석한다.
④ 출장을 가는 어떤 사원은 회의에 참석한다.
⑤ 회의에 참석하는 모든 사원은 출장을 간다.

03 **다음 중 결론을 항상 참으로 만드는 [전제2]를 고르시오.**

> [전제1] 통근버스를 타는 모든 직원은 설계팀 소속이다.
> [전제2] (   )
> [결 론] 설계팀 소속인 어떤 직원은 자전거를 좋아한다.

① 자전거를 좋아하지 않는 어떤 직원은 통근버스를 타지 않는다.
② 통근버스를 타는 모든 직원은 자전거를 좋아하지 않는다.
③ 통근버스를 타는 어떤 직원은 자전거를 좋아한다.
④ 자전거를 좋아하지 않는 모든 직원은 통근버스를 탄다.
⑤ 통근버스를 타는 어떤 직원은 자전거를 좋아하지 않는다.

04 **A, B, C, D, E가 일렬로 줄을 선다. 〈보기〉를 참고하여 세 번째로 줄을 설 가능성이 있는 사람이 모두 몇 명인지 고르시오.**

〈 보 기 〉

- C는 E보다 앞쪽에 줄을 선다.
- A와 B는 서로 이웃하지 않게 줄을 선다.
- D는 C 바로 뒤에 줄을 선다.

① 1명 ② 2명 ③ 3명
④ 4명 ⑤ 5명

05 **A, B, C, D, E, F가 게이트인 X, Y, Z 중 1곳을 이용한다. 아무도 이용하지 않는 게이트는 없다고 할 때 〈보기〉를 참고하여 항상 참인 것을 고르시오.**

〈 보 기 〉

- B는 Z게이트를 이용하지 않는다.
- C가 이용하는 게이트는 아무도 이용하지 않는다.
- A는 X게이트를 이용한다.
- D와 E는 같은 게이트를 이용한다.
- F가 이용하는 게이트는 F를 포함하여 3명이 이용한다.

① D는 F와 같은 게이트를 이용한다. ② E는 B와 같은 게이트를 이용한다.
③ F는 A와 같은 게이트를 이용한다. ④ A는 E와 같은 게이트를 이용한다.
⑤ B는 A와 같은 게이트를 이용한다.

06 A, B, C, D, E, F, G, H가 한 칸에 2개씩 우산을 꽂을 수 있는 우산꽂이 4칸을 사용한다. 우산꽂이의 4칸이 일렬로 나란하게 놓였다고 할 때 〈보기〉를 참고하여 항상 참인 것을 고르시오.

〈 보 기 〉

- D와 E는 같은 칸에 우산을 꽂는다.
- G는 맨 앞의 칸에 우산을 꽂는다.
- E는 H보다 앞쪽의 칸에 우산을 꽂는다.
- A는 B와 F보다 뒤쪽의 칸에 우산을 꽂는다.

① D는 앞에서 두 번째 칸에 우산을 꽂는다.
② A는 맨 뒤의 칸에 우산을 꽂는다.
③ H는 앞에서 세 번째 칸에 우산을 꽂는다.
④ B는 맨 앞의 칸에 우산을 꽂는다.
⑤ C는 앞에서 두 번째 칸에 우산을 꽂는다.

07 A, B, C, D, E, F, G, H는 원형 테이블에 일정한 간격으로 앉아 누군가를 마주보고 앉는다. 〈보기〉를 참고하여 항상 거짓인 것을 고르시오.

〈 보 기 〉

- C와 H는 마주보고 앉는다.
- E는 G와 서로 이웃하게 앉는다.
- B와 F는 마주보고 앉는다.
- A는 C의 왼쪽이며 C와 이웃한 자리에 앉는다.

① F는 A와 서로 이웃하게 앉는다.
② D는 B와 서로 이웃하게 앉는다.
③ G는 F와 서로 이웃하게 앉는다.
④ E는 H와 서로 이웃하게 앉는다.
⑤ H는 F와 서로 이웃하게 앉는다.

08 3행 3열로 배치된 9개의 점 중 5개를 연결하는 휴대전화 잠금 패턴을 만든다. 각 점을 최대 1번까지 사용하며 대각선으로 연결하지 않는다고 할 때 〈보기〉의 조건을 만족하는 잠금 패턴이 모두 몇 가지인지 고르시오.

〈 보 기 〉

- 패턴의 시작은 1행에 놓인 점이다.
- 2행 2열의 점을 패턴에 사용한다.
- 1행에 놓인 3개의 점 중 2개를 패턴에 사용한다.
- 2열에 놓인 3개의 점 중 2개를 패턴에 사용한다.

① 1가지　② 2가지　③ 3가지
④ 4가지　⑤ 5가지

09 1부터 9까지의 숫자를 활용하여 4자리의 비밀번호를 만든다. 각 자리의 숫자를 왼쪽부터 A, B, C, D라 명명할 때 〈보기〉를 참고하여 항상 거짓인 것을 고르시오.

〈 보 기 〉

- A와 B는 짝수이다.
- A와 D의 합은 B와 C의 곱과 같다.
- A, B, C, D는 서로 다르며 D가 가장 크다.

① C는 2이다.
② B는 4이다.
③ D는 6이다.
④ B는 6이다.
⑤ A는 4이다.

10 **A, B, C, D, E는 휴대전화를 1대씩 사용한다. 이들이 사용하는 휴대전화의 용량은 64GB, 128GB, 256GB, 512GB라고 할 때 〈보기〉를 참고하여 항상 참인 것을 고르시오.**

〈 보 기 〉

- C가 사용하는 휴대전화의 용량은 256GB가 아니다.
- E와 B가 사용하는 휴대전화의 용량은 같다.
- D가 사용하는 휴대전화의 용량은 128GB이다.

① B가 사용하는 휴대전화의 용량이 64GB라면 A가 사용하는 휴대전화의 용량은 256GB이다.
② C가 사용하는 휴대전화의 용량이 64GB라면 E가 사용하는 휴대전화의 용량은 512GB이다.
③ A가 사용하는 휴대전화의 용량이 256GB라면 C가 사용하는 휴대전화의 용량은 64GB이다.
④ E가 사용하는 휴대전화의 용량이 256GB라면 A가 사용하는 휴대전화의 용량은 512GB이다.
⑤ C가 사용하는 휴대전화의 용량이 512GB라면 A가 사용하는 휴대전화의 용량은 256GB이다.

11 **A, B, C, D, E 중 2명이 성과급을 받았다. 성과급을 받은 2명만 진실을 말하고 나머지 3명은 거짓을 말한다고 할 때 반드시 거짓을 말하는 사람을 고르시오.**

〈 보 기 〉

A: B와 C는 성과급을 받지 않았다.
B: C 또는 D가 성과급을 받았다.
C: B가 성과급을 받았다.
D: B와 E는 성과급을 받지 않았다.
E: B는 성과급을 받지 않았다.

① A　② B　③ C
④ D　⑤ E

12 A, B, C가 월요일부터 수요일까지 하루에 빵을 하나씩 먹는다. 이들이 먹는 빵의 종류는 단팥빵, 크림빵, 식빵이며 3명 모두 3일간 세 종류의 빵을 모두 먹는다고 할 때 〈보기〉를 참고하여 반드시 거짓인 것을 고르시오.

〈 보 기 〉

- A, B, C가 월요일에 먹는 빵은 다르다.
- C는 월요일에 식빵을 먹지 않는다.
- B와 C는 화요일에 단팥빵을 먹는다.
- A와 C는 같은 날에 같은 빵을 먹지 않는다.

① A는 수요일에 식빵을 먹는다.
② A는 월요일에 단팥빵을 먹는다.
③ B는 월요일에 식빵을 먹는다.
④ B는 수요일에 크림빵을 먹는다.
⑤ C는 월요일에 크림빵을 먹는다.

13 A, B, C, D는 자가용, 비행기, 버스, 기차 중 2가지 교통수단을 이용한다. 4가지 교통수단 중 아무도 이용하지 않는 교통수단은 없다고 할 때 〈보기〉를 참고하여 항상 참인 것을 고르시오.

〈 보 기 〉

- B는 자가용을 이용하지 않으며 버스를 이용한다.
- C가 이용하는 교통수단과 A가 이용하는 교통수단은 겹치지 않는다.
- D와 C는 비행기를 이용한다.
- 자가용을 이용하는 인원은 기차를 이용하는 인원보다 많다.

① A는 자가용을 이용한다.
② C는 버스를 이용한다.
③ B는 비행기를 이용한다.
④ C는 기차를 이용한다.
⑤ D는 버스를 이용한다.

14 A, B, C, D, E는 차를 한 대씩 보유한다. 경차를 보유한 사람이 2명, 중형차를 보유한 사람이 2명, 대형차를 보유한 사람이 1명이며 중형차를 보유한 2명만 거짓을 말한다고 할 때 〈보기〉를 참고하여 반드시 경차를 타는 사람을 고르시오.

〈 보 기 〉

A: B는 중형차를 보유한다.
B: C는 경차를 보유한다.
C: A는 대형차를 보유한다.
D: E는 중형차를 보유하지 않는다.
E: B는 대형차를 보유하지 않는다.

① A ② B ③ C
④ D ⑤ E

15 다음 도형들은 일정한 규칙을 가지고 있다. 물음표에 들어갈 알맞은 도형을 고르시오.

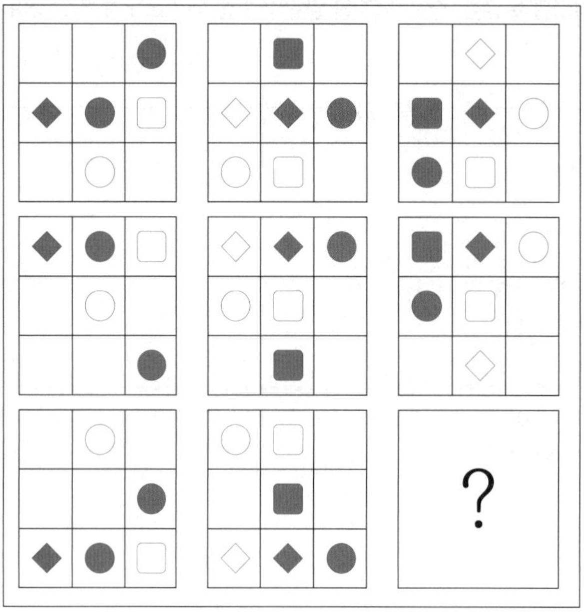

①
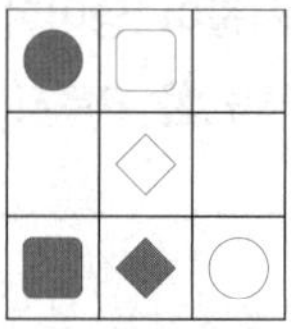

②
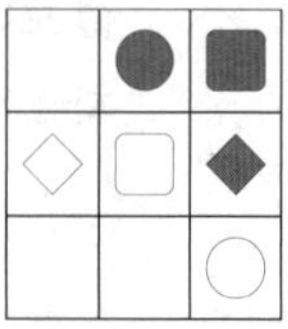

③
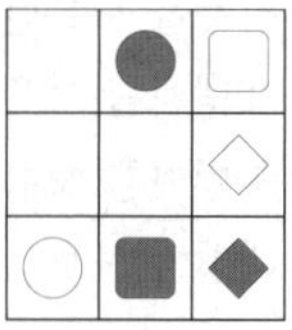

④
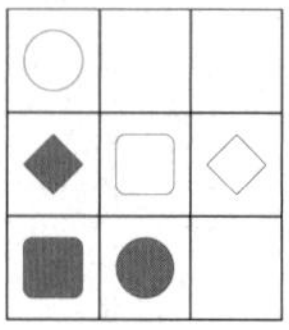

⑤
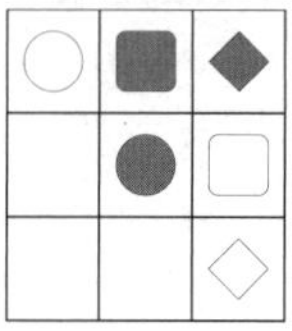

16 다음 도형들은 일정한 규칙을 가지고 있다. 물음표에 들어갈 알맞은 도형을 고르시오.

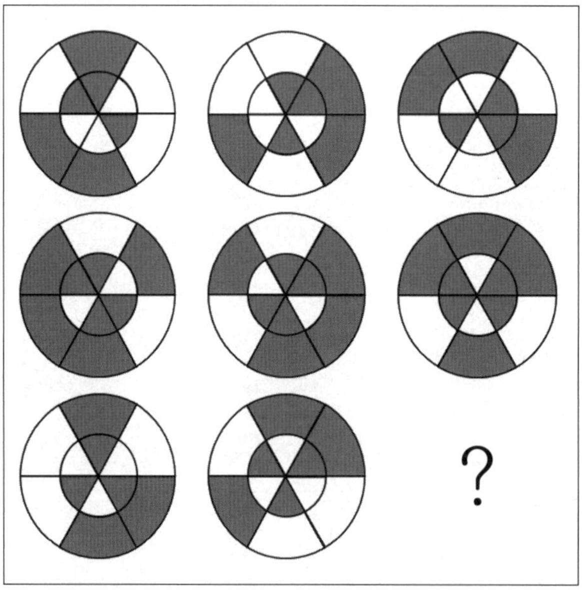

①
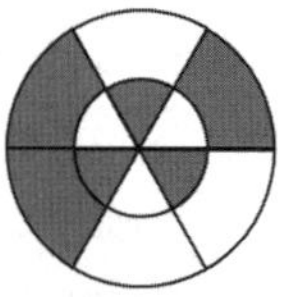

②
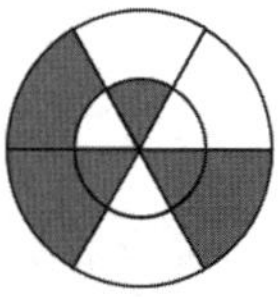

③
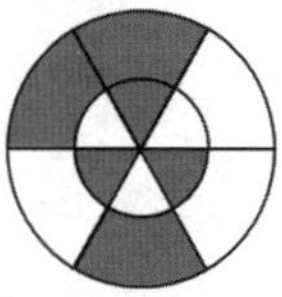

④
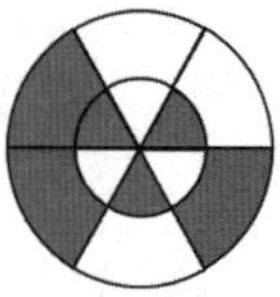

⑤
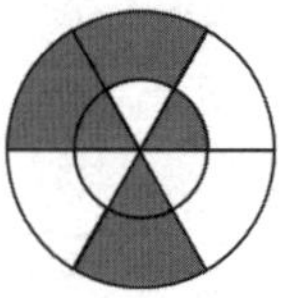

17 다음 도형들은 일정한 규칙을 가지고 있다. 물음표에 들어갈 알맞은 도형을 고르시오.

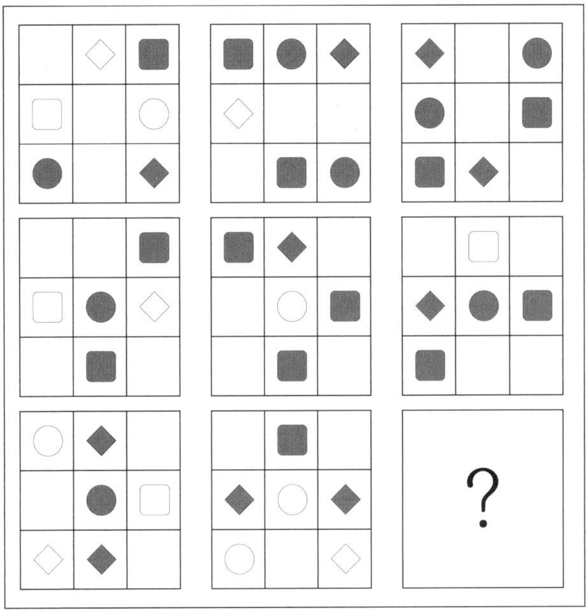

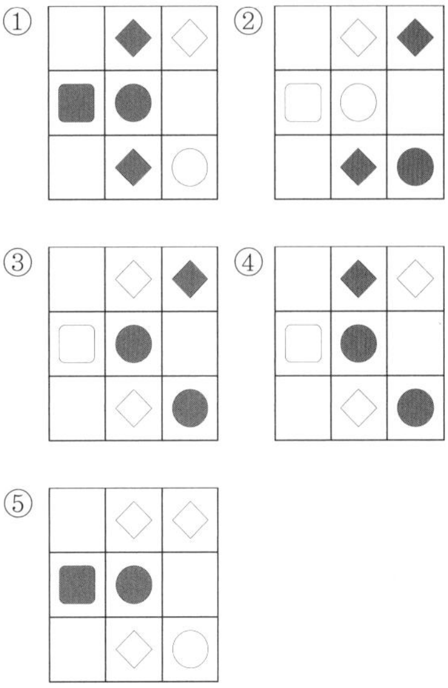

18~21 다음 문자와 도형의 흐름을 참고하여 물음에 답하시오.

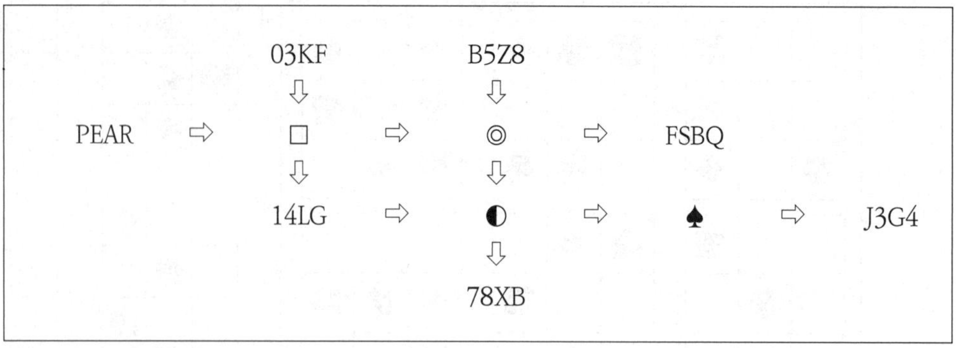

18 다음 중 물음표에 들어갈 문자로 알맞은 것을 고르시오.

9J7Y ⇨ ◎ ⇨ □ ⇨ ?

① K08Z ② 6X8I ③ XI86
④ ZK80 ⑤ KZ80

19 다음 중 물음표에 들어갈 문자로 알맞은 것을 고르시오.

J0H3 ⇨ ◐ ⇨ ♠ ⇨ ?

① JH30 ② JL30 ③ LF30
④ FL30 ⑤ FH30

20 다음 중 물음표에 들어갈 문자로 알맞은 것을 고르시오.

? ⇨ ♠ ⇨ ◐ ⇨ BWNR

① PBPW ② PZRW ③ WRDL
④ LDRW ⑤ WRZP

21 다음 중 물음표에 들어갈 문자로 알맞은 것을 고르시오.

? ⇨ ◐ ⇨ ◎ ⇨ ♠ ⇨ DTQO

① ODQT ② OTFO ③ OOVD
④ BTQQ ⑤ FTMQ

22 **다음 글의 내용 흐름상 가장 적절한 문단배열 순서를 고르시오.**

(A) 초기 백신 기술은 병원체의 일부를 이용해 면역 반응을 유도하는 방식이 일반적이었다. 한편 mRNA 백신은 유전정보를 통해 체내 세포가 항원을 스스로 생성하도록 유도한다는 점에서 방식에 차이가 있다. 이 접근은 감염 위험을 줄이는 동시에 개발 속도와 대량 생산에 유리해, 급변하는 보건 환경에 효과적으로 대응할 수 있다는 평가를 받는다.

(B) 한동안 실험적 단계에 머물렀던 이 기술은 코로나19 백신을 계기로 실제 상용화되었고, 그 이후 다양한 질환에 대한 활용 가능성으로 주목받게 되었다. 감염병 외에도 일부 암이나 유전적 질환 등에서 mRNA 기술의 적용을 시도하려는 움직임이 이어지고 있다.

(C) 물론 한계도 존재한다. mRNA는 체내 안정성이 낮고 외부 환경에 민감하게 반응하는 특성이 있어, 전달체 기술의 보완이 반드시 요구된다. 또 보관과 유통 과정에서 일정한 조건이 유지되지 않으면 품질 확보가 어려워 상용화를 제약하는 요소로 작용한다는 우려도 나온다.

(D) 그럼에도 불구하고, 기업들은 여전히 mRNA 기술을 차세대 치료 플랫폼으로서 활용하려는 시도를 이어가고 있다. 특정 질환에 맞춘 항암백신 개발이나 희귀질환 치료 등으로의 적용 범위 확대가 모색되고 있으며, 바이오벤처와의 협업 또한 활발히 이루어지고 있다. 이와 같은 움직임은 기존 백신 기술의 경계를 넘어서는 방향을 가리킨다.

① (A)-(B)-(C)-(D)
② (A)-(B)-(D)-(C)
③ (A)-(C)-(B)-(D)
④ (B)-(A)-(D)-(C)
⑤ (B)-(C)-(D)-(A)

23 **다음 글의 내용 흐름상 가장 적절한 문단배열 순서를 고르시오.**

(A) 리튬 메탈은 이론상 매우 높은 용량을 지닌 차세대 이차전지의 유력한 음극 재료로 주목받는다. 기존 흑연 음극보다 에너지 밀도가 높아, 전기차의 주행 거리 향상이나 배터리 소형화 측면에서 장점이 크다. 하지만 이론적인 성능만으로는 실질적인 상용화 가능성을 판단하기 어렵다.

(B) 한편, 이런 단점을 극복하기 위한 시도 중 하나로 전고체 배터리가 부상하고 있다. 고체전해질은 리튬 메탈과의 직접 반응을 제어하고 덴드라이트 생성을 억제할 수 있어, 구조적 안전성을 높일 수 있다는 평가를 받는다. 전기화학적 안정성과 효율을 동시에 추구할 수 있는 대안으로 연구가 활발하다.

(C) 음극 표면에 리튬이 고르게 석출되지 않으면, 덴드라이트라 불리는 수지상이 자라 내부 단락을 일으킬 수 있다. 이는 화재나 폭발로 이어질 수 있으며, 배터리 수명도 크게 감소시킨다. 이러한 안정성 문제는 리튬 메탈 배터리 상용화를 지연시키는 중요한 요인으로 지적된다.

(D) 더불어 일부 기업들은 고체전해질 외에도 다양한 접근을 시도하고 있다. 금속 복합화, 표면 코팅, 고분자 필름 삽입 등의 기술은 각각 다른 방식으로 수명과 안전성을 개선하려 한다. 궁극적으로는 기술 융합을 통해 상용화 장벽을 넘으려는 움직임이 계속되고 있다.

① (A)-(B)-(C)-(D)
② (A)-(C)-(B)-(D)
③ (A)-(C)-(D)-(B)
④ (C)-(D)-(A)-(B)
⑤ (C)-(D)-(B)-(A)

24 다음 글을 읽고 반드시 옳지 않은 것을 고르시오.

> 플라즈마는 고체, 액체, 기체와는 다른 제4의 물질 상태로, 높은 에너지를 받은 기체가 이온화되며 생성된다. 반도체 제조 공정에서는 주로 식각, 증착, 클리닝 공정 등에서 플라즈마가 활용되며, 이때의 플라즈마는 전기적 신호로 제어된다.
>
> 플라즈마는 높은 반응성과 방향성을 갖고 있어 미세한 패턴을 정밀하게 가공하는 데 유리하며, 특히 건식 식각(Dry Etching)에서 널리 사용된다. 플라즈마 식각은 반응성 기체를 이용해 원하는 재료만 제거할 수 있어 공정 정밀도를 향상시킨다.
>
> 또한 플라즈마는 PECVD(Plasma Enhanced Chemical Vapor Deposition) 방식에서도 활용되며, 낮은 온도에서도 증착이 가능해 열에 민감한 소재의 공정에 적합하다. 플라즈마의 특성상 공정 조건을 정밀하게 제어해야 하며, 전자밀도, 이온 에너지, 가스 조성 등의 변화에 따라 공정 결과에 큰 영향을 미친다.
>
> 플라즈마 공정의 정밀한 구현을 위해서는 장비 내의 전원 공급 방식과 챔버 내 균일한 플라즈마 분포를 확보하는 것이 매우 중요하다. 균일하지 않은 플라즈마 분포는 패턴의 손상, 증착막의 두께 불균일 등 공정 결함을 유발할 수 있다. 따라서 플라즈마 상태를 실시간으로 모니터링할 수 있는 진단 장비(OES, Langmuir Probe 등)를 통해 전자밀도, 온도, 이온 에너지 등을 정밀하게 측정하고, 이를 기반으로 공정을 안정화시키는 기술이 병행된다.

① 플라즈마는 높은 반응성과 방향성을 갖고 있어 미세 공정에 적합하다.

② 플라즈마는 높은 에너지를 받은 기체가 이온화되면서 형성된다.

③ PECVD는 플라즈마를 이용해 낮은 온도에서도 박막 증착이 가능하다.

④ 플라즈마 식각은 선택적 식각이 가능하여 정밀도가 높은 가공이 가능하다.

⑤ 플라즈마 상태는 공정 전 설정된 값만으로 충분히 제어되므로, 별도의 진단 장비는 필요하지 않다.

25 **다음 글을 읽고 반드시 옳은 것을 고르시오.**

> 나노섬유는 지름이 수십에서 수백 나노미터(nm)에 불과한 극미세 섬유로, 기존의 마이크로 섬유보다 훨씬 더 가늘고 가벼우면서도 넓은 표면적을 가진다. 이러한 특성은 나노섬유를 공기 정화, 방수·투습, 바이오 센서, 의약품 전달 등 다양한 분야에서 사용할 수 있도록 한다. 특히 나노섬유는 기공률이 높아 미세 입자나 바이러스까지 차단할 수 있으며, 동시에 공기의 흐름은 유지할 수 있어 고성능 필터 소재로 주목받는다. 또한 표면에 기능성 물질을 코팅하거나 내재화함으로써 항균성, 자외선 차단, 정전기 방지 등의 부가 기능도 구현 가능하다.
>
> 최근에는 나노섬유를 3D 프린팅, 친환경 에너지 소재, 웨어러블 전자기기에도 적용하려는 시도가 이어지고 있다. 특히 전기전도성 고분자나 탄소 나노물질과 결합할 경우, 신축성과 전도성을 동시에 갖춘 스마트 섬유 제작도 가능하다. 이처럼 나노섬유는 소재 자체의 특성과 공정 기술의 발달이 맞물려, 차세대 기능성 융복합 재료로 각광받고 있다.
>
> 나노섬유는 주로 전기방사(Electrospinning)라는 공정을 통해 생산된다. 이 방식은 고분자 용액에 전압을 인가해 섬유를 뽑아내는 기술로, 섬유의 두께, 배열, 밀도 등을 미세하게 조절할 수 있어 고정밀 공정에 적합하다. 또한 다양한 구조(코어-쉘, 다층구조 등)로 제작이 가능해, 용도에 따라 맞춤형 기능을 구현할 수 있다는 장점이 있다. 최근에는 용매를 사용하지 않는 친환경 방사 방식, 대면적 생산을 위한 롤투롤(Roll-to-Roll) 기술 등도 함께 개발되고 있다.

① 나노섬유는 전기전도성 고분자나 탄소계 물질과 결합하여 스마트 섬유로 활용될 수 있다.
② 나노섬유는 고분자 용액에 열을 가해 섬유를 뽑아내는 용융방사 방식이 주로 사용된다.
③ 나노섬유는 높은 기공률과 유연성 덕분에 바이러스 차단 마스크에 주로 사용된다.
④ 나노섬유는 섬유 표면에 코팅이 어렵기 때문에 항균 기능이나 UV 차단 기능은 구현되지 않는다.
⑤ 나노섬유는 대량 생산이 어려워 필터나 의약 분야에는 거의 적용되지 않는다.

26 **다음 글의 핵심 주장을 비판하는 것으로 가장 적절하지 않은 것을 고르시오.**

> 최근 다양한 산업에서 AI 에이전트가 주목받고 있다. 단순한 챗봇이나 음성 인식 기능을 넘어, AI 에이전트는 개인화된 학습, 업무 지원, 고객 응대, 심지어 정서적 교감까지 담당하는 존재로 진화하고 있다. 특히 반복적이고 정형화된 업무는 물론, 복잡한 의사결정 보조까지 수행할 수 있게 되면서, 효율성과 생산성을 동시에 끌어올릴 수 있다는 기대를 받고 있다.
>
> AI 에이전트는 단순한 도구가 아니라, 사용자와 상호작용하며 지속적으로 학습하고 맞춤형 피드백을 제공한다는 점에서 차별화된다. 이로 인해 기존의 자동화 시스템이나 단순 알고리즘 기반 AI와 구별되며, 실질적인 협업 파트너로 여겨지기도 한다.
>
> 이러한 AI 에이전트의 발전은 교육, 의료, 금융 등 사람 중심의 산업에서도 더욱 두드러지고 있다. 예를 들어, AI는 학습자의 성향에 맞춘 교육 콘텐츠를 실시간으로 제공하거나, 환자의 건강 정보를 분석해 맞춤형 진료 가이드를 제시하는 데 활용된다. 나아가 일부 조직에서는 AI가 팀 구성원 간 갈등을 조율하는 역할을 시도하기도 하며, 감정 분석을 통해 인간 심리의 흐름까지 포착하려는 실험이 이어지고 있다.
>
> 따라서 조직이나 개인은 AI 에이전트를 단순한 기술로 바라보는 것을 넘어서, 장기적인 관계를 형성할 수 있는 디지털 동료로 인식할 필요가 있다. 미래에는 이러한 인간-에이전트 협업 구조가 경쟁력을 좌우하는 핵심 요소가 될 것이다.

① AI 에이전트는 여전히 예외 상황에서 오류가 발생하기 쉽고, 인간의 직관적 판단을 완전히 대체할 수 없다.

② 많은 사용자들은 AI를 도구로 인식할 뿐, 관계를 형성하거나 정서적 교감을 기대하지 않는다.

③ AI 에이전트는 반복 업무 자동화에 적합하나, 인간과의 협업 구조를 구축하기엔 기술적 한계가 뚜렷하다.

④ AI의 반복 업무·의사결정 보조 능력은 실제 능력보다 과장된 측면이 있다.

⑤ AI 에이전트는 인간이 보다 창의적이고 전략적인 업무에 집중할 수 있게 한다.

27 **다음 글을 읽고 반드시 옳지 않은 것을 고르시오.**

> 노코딩(Non-coding) 기술은 프로그래밍 언어나 복잡한 코드 작성 없이도 앱, 웹사이트, 데이터 시각화 등을 구현할 수 있도록 돕는 플랫폼 또는 도구를 의미한다. 이러한 노코딩 도구들은 사용자가 시각적 인터페이스에서 요소를 끌어다 놓거나, 미리 설계된 컴포넌트를 조합하는 방식으로 손쉽게 결과물을 제작할 수 있도록 설계되었다.
>
> 노코딩이 각광받는 배경에는 빠른 프로토타입 제작과 비전문가의 개발 참여 확대가 있다. 특히 스타트업이나 소규모 팀에서는 개발자 없이도 아이디어를 빠르게 구현할 수 있어 시간과 비용 면에서 큰 장점을 지닌다. 그러나 복잡한 로직 구현, 고급 사용자 정의, 보안 수준 등에서는 한계가 있기 때문에, 특정 기능을 개발하기 위해서는 여전히 텍스트 기반 코딩이 필요한 경우가 많다.
>
> 텍스트 코딩은 여전히 높은 수준의 유연성과 제어권을 제공하는 반면, 초심자에게는 진입 장벽이 존재한다. 다양한 프로그래밍 언어의 문법을 이해하고, 로직을 직접 구현해야 하기 때문에 학습 곡선이 가파르지만, 그만큼 세밀한 기능 조작과 최적화가 가능하다는 강점을 갖는다. 반면 노코딩은 직관적인 사용성과 빠른 결과 도출이 장점이지만, 플랫폼의 제약을 벗어나기 어려운 구조적 한계를 동반한다.

① 노코딩 도구는 개발자 없이도 결과물을 제작할 수 있도록 직관적인 시각 인터페이스를 제공한다.

② 텍스트 코딩은 다양한 기능을 세밀하게 구현할 수 있지만, 진입 장벽이 비교적 높은 편이다.

③ 노코딩은 복잡한 보안 설정이나 로직 구현에는 한계가 있어, 모든 개발 상황에 적합하다고 보기는 어렵다.

④ 텍스트 코딩은 플랫폼에 따라 제약이 많아 자유도가 낮다.

⑤ 노코딩 도구는 빠르게 프로토타입을 제작할 수 있어 스타트업 환경에서 선호된다.

28 다음 글을 읽고 반드시 옳은 것을 고르시오

> 이차전지의 성능을 결정짓는 핵심 요소 중 하나는 음극재다. 음극재는 배터리의 충전과 방전 과정에서 리튬 이온을 저장하고 내보내는 역할을 하며, 배터리 용량과 출력, 수명에 직접적인 영향을 미친다. 따라서 고성능 음극재의 개발은 전기차나 에너지 저장장치(ESS) 등의 성능 향상과 직결된다.
>
> 현재 가장 널리 사용되는 음극재는 천연 흑연과 인조 흑연이다. 천연 흑연은 채굴된 광물을 정제하여 사용하는 방식으로, 상대적으로 가격이 저렴하고 에너지 효율이 높지만, 구조적 결함이 많아 수명과 출력에서 한계가 있다. 반면 인조 흑연은 석유계 코크스를 열처리하여 제작되며, 균일한 구조로 인해 높은 수명과 출력 특성을 보이지만, 제조 비용과 에너지 소모가 크다는 단점이 있다.
>
> 최근에는 흑연에 실리콘을 복합하는 방식으로 고용량 음극재 개발이 활발히 이뤄지고 있다. 실리콘은 흑연 대비 약 10배 이상의 리튬 저장 능력을 가지지만, 충·방전 시 부피 팽창이 커서 소재의 안정성과 수명 확보가 주요 과제다. 이에 따라 흑연과 실리콘의 복합 비율, 입자 구조 제어, 나노 기술 등을 활용한 연구가 꾸준히 이어지고 있다.

① 음극재는 이차전지의 배터리 용량에 영향을 미치는 주요 소재이다.

② 천연 흑연은 인조 흑연보다 출력 특성이 우수하며 제조 비용이 높은 편이다.

③ 실리콘은 흑연보다 리튬 저장 용량이 크지만, 부피가 과도하게 줄어드는 문제가 있다.

④ 현재 가장 널리 사용되는 음극재는 천연 흑연과 실리콘이다.

⑤ 흑연과 실리콘의 복합 음극재는 부피 변화가 거의 없다.

29 **다음 글을 바탕으로 〈보기〉의 내용을 이해한 것으로 옳은 것을 고르시오.**

> 인디아카는 독일에서 개발된 뉴스포츠로, 라켓이나 배트 없이 손으로 공을 타격해 네트를 넘기는 경기이다. 사용되는 공은 긴 깃털이 달린 특수 공으로, 공기 저항이 커서 속도가 느리고 방향성이 안정적이다. 인디아카는 경기 방식이 단순하고 신체 부담이 적어, 남녀노소 누구나 참여할 수 있는 생활 체육 종목으로 널리 활용되고 있다. 특히 개인의 순발력보다는 팀워크와 지속적인 움직임이 강조되며, 강한 힘보다는 협동과 리듬을 통한 경기 운영이 중요한 스포츠이다.
>
> 또한 인디아카는 정해진 규격의 코트와 네트를 사이에 두고 진행되며, 서브와 리시브, 터치 횟수 제한 등 기본적인 경기 규칙이 배드민턴이나 배구와 유사하다. 네트를 넘겨야 득점이 가능한 구조이기 때문에 일정한 타점과 정확성이 요구되며, 꾸준한 반복 동작을 통해 전신 근육을 고르게 사용하는 운동 효과도 있다. 이러한 특징은 배드민턴과 혼동될 수 있지만, 인디아카는 속도보다 지속성, 경쟁보다 참여 중심의 경기로 평가된다.

〈 보 기 〉

> 배드민턴은 라켓을 이용해 셔틀콕을 타격하는 경기로, 공기 저항이 큰 셔틀콕의 특성상 빠르게 속도가 줄어들고 회전 반응이 민감하다. 이러한 특성 때문에 배드민턴은 경기 템포가 매우 빠르고, 순간적인 판단과 민첩한 움직임이 경기력에 큰 영향을 준다. 특히 단식 경기에서는 짧은 시간 안에 강한 스매시와 순발력 있는 대응이 반복되기 때문에 높은 체력 소모가 요구된다.

① 배드민턴과 달리 인디아카는 경기 템포가 빠르지 않지만, 반복적인 스매시와 개인 반응 속도를 중시한다.

② 인디아카는 규칙과 코트가 명확히 정해져 있으며, 네트를 기준으로 한 타점과 정확성이 요구된다.

③ 배드민턴은 협동과 리듬을 중시하며, 장비 없이 손으로 공을 다루는 생활 체육으로 알려져 있다.

④ 인디아카는 라켓을 사용하는 점에서는 배드민턴과 유사하지만, 셔틀콕이 아닌 공을 사용한다.

⑤ 배드민턴은 셔틀콕의 특성상 속도가 빠르고 회전 반응이 민감해 정밀한 타점 훈련에 유리하다.

30 다음 글을 바탕으로 〈보기〉의 내용을 이해한 것으로 옳지 않은 것을 고르시오.

> CMM-D(Communication Model for Manufacturing - Digital)는 제조 환경에서의 디지털 기반 데이터 통신 모델로, 생산 장비 간 또는 장비와 소프트웨어 간의 데이터 교환을 표준화하기 위해 설계된 구조이다. 주로 반도체, 디스플레이, 전자부품 산업 등 자동화된 공정에서 활용되며, 장비 상태, 경보, 공정 정보 등의 데이터를 구조화된 메시지로 전송한다. CMM-D는 SECS/GEM 통신 방식과 연동되어 장비 제어 및 모니터링을 효율화하며, 특정 장비의 동작 조건이나 상태 변화를 실시간으로 확인하고, 이를 기반으로 고장 예측이나 공정 최적화에 활용할 수 있다. 또한 디지털 트윈 및 MES(Manufacturing Execution System)와의 연계를 통해 스마트팩토리 구현의 핵심 요소로 자리잡고 있다.

〈 보 기 〉

> PMM(Process Module Monitoring)은 개별 공정 모듈 단위에서 수집되는 데이터를 실시간으로 감시하고 분석하는 기술이다. 이는 공정 중 발생하는 이상 신호나 품질 편차를 조기에 감지하는 데 유리하며, 데이터를 기반으로 공정 조건을 자동으로 보정하거나 경고를 생성하는 기능을 포함한다. PMM은 일반적으로 각 장비 내에 센서나 모니터링 장치를 장착해 온도, 압력, 플라즈마 상태 등 주요 공정 변수를 수집하고 이를 해석하는 시스템으로 구성된다. 따라서 PMM은 데이터 수집 및 진단 기능을 중심으로 하며, 공정 안정성과 수율 향상에 기여하는 예방적 관리 방식으로 이해할 수 있다.

① CMM-D는 디지털 기반의 데이터 교환 구조를 표준화함으로써 장비 간 통신을 효율화한다.
② PMM은 개별 장비의 공정 조건을 실시간으로 제어하고 자동으로 조정하는 기능을 갖는다.
③ CMM-D는 공정 데이터를 수집하여 이상을 판단하기보다는 통신 구조의 정형화에 초점을 둔다.
④ PMM은 공정 변수에 대한 감시와 조기 진단을 통해 품질 편차를 사전에 방지하는 데 기여한다.
⑤ CMM-D는 공정 데이터를 분석하여 이상 신호를 직접 진단하고 품질 편차를 보정하는 기능을 담당한다.

memo

memo

LEtuin

2025
하반기

삼성직무적성검사

제04회

기출변형 모의고사

영역	문항 수	시간
수리	20	30분
추리	30	30분

※ 2025년 상반기 기준 출제 문항 수와 시험 응시 시간입니다.

삼성 취업은 렛유인

Chapter 01 수리

문항수 20문항 | 제한시간 30분

해설 p.45

01 A사의 경영관리부서는 인사, 기획, 총무, 회계의 4개 팀으로 이루어져 있으며 각 팀별 인원은 순서대로 2명, 3명, 5명, 3명이다. 경영관리부서에서는 매년 사업계획을 위해 5명의 태스크팀을 구성하고 있으며, 전년도에 태스크팀 업무를 수행했던 인원은 당해 연도 대상에서 제외된다고 한다. 작년 태스크팀 구성 인원은 인사 1명, 기획 1명, 총무 2명, 회계 1명이었다고 할 때, 올해 태스크팀 5명을 순서대로 뽑을 때, 회계팀 인원이 포함되지 않을 경우의 수는 얼마인가?(태스크팀 명단은 대상 인원에서 한 명씩 순서대로 선출된다)

① 120 ② 240 ③ 480
④ 720 ⑤ 960

02 드레스 A를 정상 가격으로 판매 시 이익률은 원가 대비 40%이다. 재고 소진을 위해 정가에서 20%를 할인하여 판매 중이라고 한다. 할인 가격으로 20벌 판매하여 발생된 총 이익금은 정상 가격으로 몇 벌을 판매했을 때의 총 이익금과 같은가?

① 5벌 ② 6벌 ③ 7벌
④ 8벌 ⑤ 9벌

03 다음은 중국 시장 내 휴대폰 기업의 각 점유율을 나타낸 자료이다. 이를 해석한 내용으로 옳은 것을 고르시오.

〈표〉 중국 시장 내 휴대폰 판매량 점유율(상위 5개 업체)

(단위: %)

	'22.1Q	'22.2Q	'22.3Q	'22.4Q	'23.1Q
S사	23.0	22.7	21.8	18.8	21.1
H사	18.9	17.6	18.6	15.2	17.8
A사	11.8	10.1	13.0	20.0	13.3
M사	8.9	9.7	9.1	8.9	10.7
O사	7.4	8.9	8.7	8.3	8.2

① '23년 1사분기 점유율이 전년 동기 대비 증가했던 업체는 2곳이다.
② '23년 1사분기 점유율이 전분기 대비 증가했던 업체는 2곳이다.
③ 조사기간 동안 A사와 O사의 전분기 대비 점유율의 증감 변화는 서로 반대의 경향을 보였다.
④ S사는 조사기간 동안 지속 점유율 1위를 유지하였다.
⑤ 조사기간 동안 상위 3개 업체의 점유율은 전체 시장의 50% 이상을 차지하였다.

04 다음은 A 기업의 조직별 인건비 지출 현황을 정리한 자료이다. 이를 해석한 내용으로 옳은 것을 고르시오.

〈표〉 A 기업의 조직별 인건비 지출 비중

(단위: %)

구분	2019년	2020년	2021년	2022년
기획팀	13.3	16.0	12.4	8.0
총무팀	5.9	6.2	9.9	7.2
마케팅팀	21.7	22.3	23.8	23.1
영업팀	31.2	27.2	28.3	30.5
인사팀	27.9	28.3	25.6	31.2
전체	100.0	100.0	100.0	100.0

① 영업팀의 인건비 비중이 매년 가장 높았다.

② 마케팅팀의 인건비 지출은 매년 총무팀의 3배 이상이었다.

③ 기획팀의 인건비 비중이 전년 대비 감소했던 해에 영업팀의 인건비 비중은 전년 대비 증가하였다.

④ 영업팀과 마케팅팀의 인건비 비중 합은 매년 전체 비중의 절반 이상이었다.

⑤ 2022년 인건비 총 금액이 2020년 대비 절반으로 줄어들었다면, 2022년 기획팀의 인건비 지출액 역시 2020년 대비 절반이었을 것이다.

05 다음은 2022년 연령대별 이혼 건수를 정리한 자료이다. 이를 분석한 내용 중 옳은 것으로만 구성된 보기를 고르시오.

〈표〉 2022년 연령대별 이혼 건수

(단위: 건)

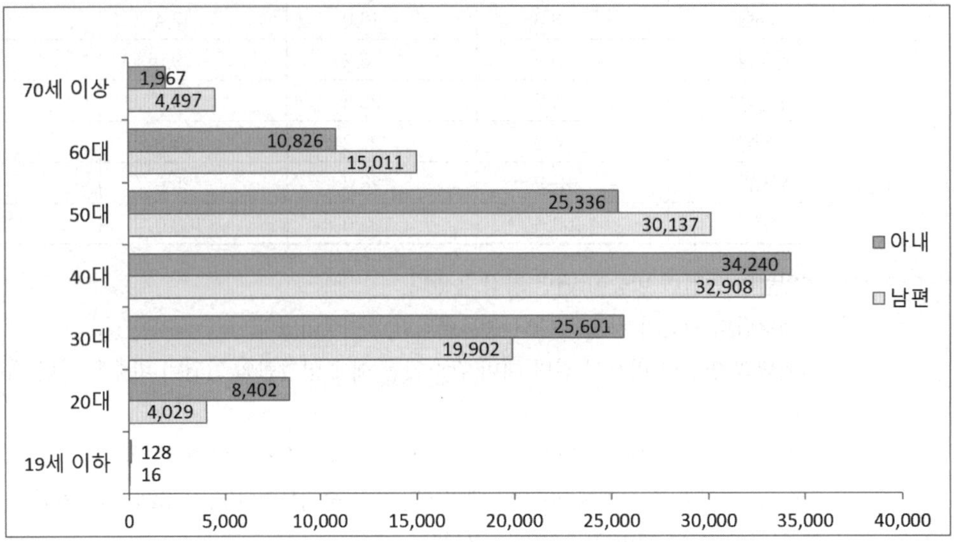

ㄱ. 이혼의 비중이 가장 높았던 연령대는 남편과 아내가 동일하다.
ㄴ. 20대 아내의 이혼 비중은 전체 아내 중 10% 이상을 차지하였다.
ㄷ. 30~49세 남편의 이혼 비중은 30~49세 아내의 이혼 비중보다 높다.

① ㄱ　　② ㄴ　　③ ㄷ
④ ㄱ, ㄴ　　⑤ ㄱ, ㄷ

06~07 다음은 A의 연간 생활비 지출 내역과 A를 포함한 성인 5인의 2020년 생활비 지출 비중을 정리한 자료이다. 이를 활용하여 각 문항의 물음에 답하시오.

〈표 1〉 A의 연간 항목별 생활비 지출 내역

(단위: 천 원, %)

구분		2015	2016	2017	2018	2019	2020
금액	식음료	6,902	7,231	8,732	10,009	11,188	12,336
	의류, 교통	2,848	3,065	3,370	4,076	3,764	3,974
	기타	1,585	1,625	1,746	2,025	2,373	2,758
비중	식음료	60.9	60.7	63.1	62.1	64.6	64.7
	의류, 교통	25.1	25.7	24.3	25.3	21.7	20.8
	기타	14.0	13.6	12.6	12.6	13.7	14.5

〈표 2〉 2020년 성인 5인의 항목별 생활비 지출 비중

(단위: %)

구분	A	B	C	D	E
식음료	64.7	62.6	62.8	30.0	48.7
의류, 교통	20.8	21.1	23.6	52.2	27.5
기타	14.5	16.3	13.6	17.8	23.8

06 주어진 자료를 분석한 내용 중 옳은 것으로만 구성된 보기를 고르시오.

a. 조사기간 동안 A의 '식음료'와 '의류, 교통' 비용은 매년 증가하였다.
b. 매년 A의 '식음료' 지출 비중은 나머지 항목들의 합보다 1.5배 이상 높았다.
c. D의 2020년 연간 '식음료' 지출 비용이 B보다 많았다면, D의 연간 생활비 총액은 B의 2배 이상이다.

① a ② b ③ c
④ a, b ⑤ b, c

07 조사 대상 다섯 명 중 D를 제외한 나머지 네 명의 2020년 연간 생활비 금액은 동일했으며, D의 연간 생활비 총액은 A와 B의 생활비 합과 같다고 할 때, 5인 전체의 항목별 평균 비중을 산출하시오.

	식음료	의류, 교통	기타
①	53.8	28.9	17.3
②	49.8	32.9	17.3
③	53.8	32.9	13.3
④	49.8	28.9	21.3
⑤	53.8	32.9	13.3

08 다음은 행정안전부가 조사한 전국의 자전거 도로 노선 수 및 총 연장 현황을 조사한 자료이다. 이를 해석한 내용으로 옳은 것을 고르시오.

〈표〉 자전거도로 노선 수 및 총 연장

(단위: 개소, km)

구분	자전거 전용도로		자전거 전용차로		자전거 우선도로	
	노선 수	연장	노선 수	연장	노선 수	연장
2017년	1,001	3,099	251	613	186	1,093
2018년	977	2,971	313	792	334	1,193
2019년	1,182	2,705	361	885	415	1,221
2020년	1,291	3,198	392	896	498	1,321
2021년	1,292	3,205	392	799	520	1,517
2022년	1,434	3,443	369	820	481	1,362

① 2017년 노선당 연장이 가장 길었던 도로는 자전거 전용도로이다.
② 자전거 우선도로의 노선 수는 제시된 기간 동안 지속 증가하였다.
③ 2019년 자전거 전용도로의 1개 노선당 연장은 전년 대비 증가하였다.
④ 2021년 자전거 전용차로의 1개 노선당 연장은 전년 대비 감소하였다.
⑤ 자전거 전용도로의 노선 수는 매년 전용차로와 우선도로의 노선 수를 합한 것보다 2배 이상 많았다.

09 다음은 2015년 1인 창업자 현황과 창업 사유에 대한 조사 결과이다. 이를 설명한 내용 중 옳은 것을 고르시오.

〈표〉 2015년 연령대별 1인 창업자 현황 및 창업 사유 (복수응답)

(단위: 개, %)

중분류	사업체수	적성과 능력 발휘	생계유지	높은 소득	정부정책	기타
39세 이하	42,473	85.3	50.9	18.0	7.3	0.4
40~49세	76,636	75.7	48.3	29.6	3.8	0.0
50~59세	81,371	67.3	45.1	41.3	2.3	0.1
60~69세	46,482	54.9	35.9	55.1	1.1	1.3
70세 이상	14,454	58.6	34.1	50.7	0.5	3.2

① 전 연령대에서 1인 창업의 사유 중 적성과 능력 발휘의 비중이 가장 높았다.
② 정부정책의 사유로 창업했던 인원이 가장 많았던 연령대는 39세 이하이다.
③ 높은 소득의 사유로 창업하는 비중은 연령대가 높아질수록 증가한다.
④ 2015년 1인 창업자 전체 중 50% 이상은 생계유지를 위해 창업하였다.
⑤ 연령대가 증가할수록 적성과 능력 발휘의 사유 비중은 감소하였다.

10 다음은 2022년 월별 국내에서 발생된 육계의 도축량을 나타낸 그래프이다. 이를 활용하여 2022년 중 전년 대비 증감률이 가장 높았던 달의 전년도(2021년) 도축량 A와 2022년 중 월별 도축량이 가장 많았던 달의 전년도(2021년) 도축량 B를 각각 구하시오. (소수점 둘째자리 반올림한다)

〈그래프〉 2022년 월별 국내 육계 도축량

(단위: 백만 수, %)

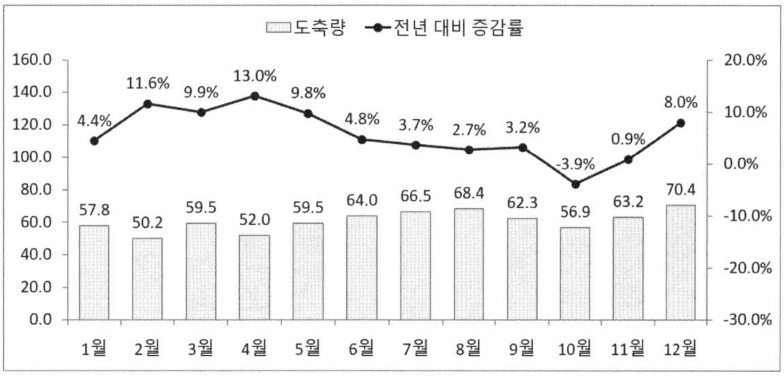

	A(백만 수)	B(백만 수)
①	46.0	66.0
②	46.0	65.2
③	46.0	64.8
④	45.2	65.2
⑤	45.2	64.8

11 다음은 국내 주요 자전거길 이용 현황과 관련된 자료이다. 이를 해석한 내용으로 옳은 것을 고르시오.

〈표〉 국내 자전거길 이용 현황

(단위: km, 명, km/명)

구분	2018년			2019년		
	구간 길이	이용 인원	1인당 평균 주행거리	구간 길이	이용 인원	1인당 평균 주행거리
4대강 종주	856	4,239	193.8	860	5,780	119.0
국토 종주	633	9,597	176.0	633	10,543	160.0
낙동강	385	5,519	119.4	389	6,713	141.8
동해안(강원)	242	4,010	115.9	242	7,619	85.9
제주환상	234	11,143	42.0	234	10,523	44.5
한강	192	7,162	40.2	192	8,059	23.8

① 2018년 대비 2019년 구간의 길이가 증가했던 자전거길은 총 3군데이다.

② 2019년 국토 종주 자전거길 1인당 평균 주행거리는 전년 대비 10% 감소하였다.

③ 2018년 대비 이용 인원의 증가율이 가장 높았던 구간은 동해안(강원) 구간이었다.

④ 2018년 자전거길 1km당 이용 인원이 가장 많았던 구간은 한강이었다.

⑤ 2019년 자전거 이용 인원은 모든 구간에서 2018년 대비 증가하였다.

12 **다음은 자영업자를 대상으로 사업운영 장소에 대해 조사한 결과이다. 이를 통해 유추할 수 있는 내용으로 옳은 것을 고르시오.**

〈그래프〉 자영업자의 사업운영 장소의 비중 (단위 : %)

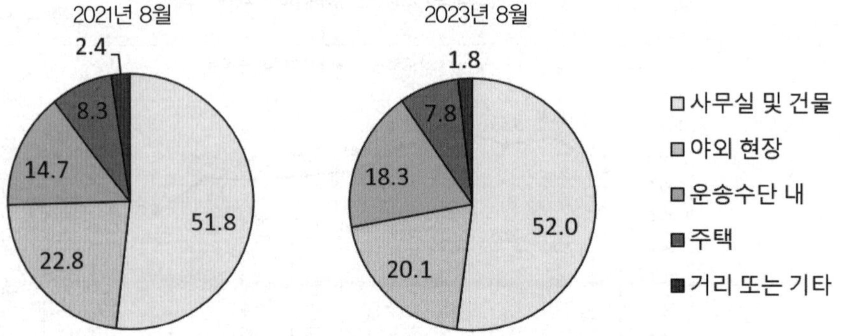

① 2023년 8월 사무실 및 건물에서 사업을 운용하는 자영업자의 수는 2년 전 대비 증가하였다.

② 2021년 8월 자영업자 수가 1만 명이었으며 2년 뒤 20% 증가했다면 야외 현장의 자영업자 수는 150명 이상 증가하였다.

③ 기타를 제외하면 2021년 8월 대비 2023년 8월 사업운영 장소의 비중이 증가한 곳은 '운송수단 내'가 유일하다.

④ 조사 시점 상위 두 종류의 장소 비중은 전체의 3/4 이상이었다.

⑤ 2021년 8월 자영업자 수가 1만 명이었으며 2년 뒤 20% 증가했다면 주택에서 사업을 운영하는 자영업자의 수는 100명 이상 증가하였을 것이다.

13 랩탑 PC 구매를 위해 온라인 쇼핑몰을 기준으로 각 후기를 정리하여 항목별로 점수화하였다. 각 항목별로 중요하게 생각하는 가중치를 고려했을 때, 구매 매력도가 가장 높은 제품은 무엇인가?

〈표 1〉 제품별 후기 점수 환산

(단위: 점/5점 만점)

구분	제품 A	제품 B	제품 C	제품 D	제품 E
가격	3	3	2	4	5
디자인	4	4	3	2	2
무게	3	2	3	5	4
성능	3	4	4	3	3
브랜드	5	2	4	2	1

〈표 2〉 항목별 가중치

(단위 : %)

구분	가격	디자인	무게	성능	브랜드
가중치	35	25	15	15	10

① 제품 A ② 제품 B ③ 제품 C
④ 제품 D ⑤ 제품 E

14 다음은 정부산하 사업과제를 진행 중인 연구원에 대한 자료이다. 이를 해석한 내용 중 옳은 것으로만 구성된 보기를 고르시오.

〈표〉 최종학력 전공별 연구원 현황

(단위 : 명, %)

연구원 최종학력 전공	연구원 수			연구원 비중		
	성별 합	남성	여성	성별 합	남성	여성
전체	22,992	19,134	3,858	100	100	100
공학	13,334	11,680	1,654	58.0	61.0	42.9
이학	3,697	2,833	864	16.1	14.8	22.4
인문사회학	2,820	1,869	951	12.3	9.8	24.7
의학	1,361	1,148	213	5.9	6.0	5.5
농학	1,398	1,300	98	6.1	6.8	2.5
기타	382	304	78	1.7	1.6	2.0

a. 성별에 관계없이 전공별 비중은 공학의 비중이 가장 높으며, 다음은 이학이다.
b. 인문사회학 전공 연구원 중 여성 연구원의 비중은 33.3% 이상이다.
c. 농학 전공 연구원은 전체 연구원 중 6% 이상의 비중을 차지한다.
d. 전공자의 비중이 높은 상위 3개 전공자의 비중은 성별에 관계없이 87% 이상을 차지한다.

① a, b ② b, c ③ c, d
④ a, b, c ⑤ b, c, d

15~16 주어진 자료는 각 지역별 노인복지 파견 인원에 대한 조사 자료이다. 이를 활용하여 이어지는 각 문항의 물음에 답하시오.

〈표〉 지역별 연간 노인복지 파견 인원

(단위: 명)

구분	A시	B시	C시	D시	E시
2015년	382	274	193	8	71
2016년	410	292	98	6	54
2017년	473	365	193	47	211
2018년	579	435	242	21	217
2019년	815	428	843	51	172
2020년	906	482	574	73	297

〈그래프〉 2020년 지역별 노인복지 파견 인원 비중

(단위: %)

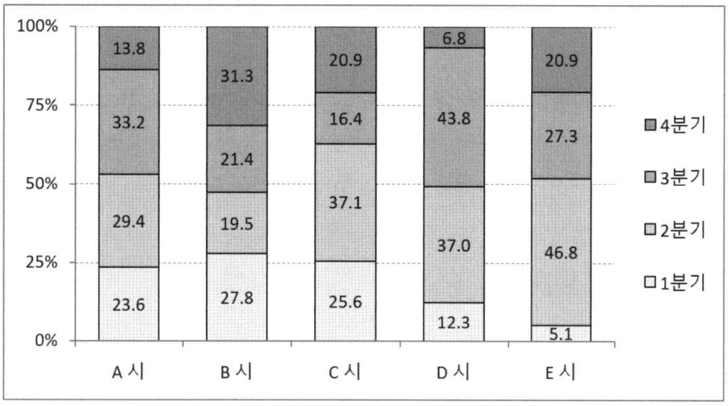

15 주어진 정보를 해석한 내용 중 옳은 것을 고르시오.

① 매년 노인복지 파견 인원이 가장 많았던 도시는 동일하다.
② E시에서 파견된 노인복지 인원은 매년 D시보다 4배 이상 많았다.
③ 주어진 기간 동안 노인복지 파견 인원이 매년 증가했던 도시는 두 곳이다.
④ 2020년 노인복지 파견 인원이 가장 적었던 도시에서는 1분기의 파견 인원이 가장 적었다.
⑤ 2020년의 전체 노인복지 파견 인원은 상반기가 하반기보다 많았다.

16 2020년 E시에서 4분기에 파견되었던 노인복지 인원과 D시에서 2분기에 파견되었던 인원의 차이를 구하시오.

① 29명 ② 31명 ③ 33명
④ 35명 ⑤ 37명

17 다음은 국내 가구의 소득분위별 부채 유형을 나타낸 자료이다. 이를 해석한 내용 중 틀린 것을 고르시오.

〈표〉 국내 가구의 소득분위별 부채 현황

(단위: 만 원/가구)

구분	일반 부채	금융부채					임대보증금
			담보대출	신용대출	신용카드 관련 대출	기타	
전체 평균	7,022	4,998	4,056	776	56	110	2,024
1분위	1,365	899	646	191	42	20	466
2분위	3,586	2,412	1,816	456	68	72	1,174
3분위	5,720	4,350	3,453	711	69	117	1,370
4분위	8,434	6,247	5,112	933	60	141	2,187
5분위	16,002	11,082	9,252	1,588	41	200	4,921

※ '소득분위'란 소득을 일정한 기준에 따라 나눈 등급으로, 분위의 수치가 증가할수록 소득수준 역시 증가함.

① 국내 전체 가구당 금융부채의 비중이 가장 높은 부채는 담보대출이다.
② 소득분위가 가장 낮은 가구의 평균 임대보증금은 국내 전체 가구의 평균 임대보증금의 25% 이하이다.
③ 소득수준이 높을수록 가구당 신용대출의 금액도 높다.
④ 모든 소득분위에서 가구당 일반부채는 임대보증금의 3배 이상이다.
⑤ 가구당 소득수준이 감소할수록 일반부채의 금액 역시 감소한다.

18 다음은 음식점에서 판매 중인 두 가지 메뉴에 대한 구성과 가격을 나타낸 표이다. 동아리 회식을 위해 A 세트와 B 세트를 각각 구매하여 치킨은 총 30조각, 피자는 총 52조각임을 확인하였다면 회식에 사용된 비용은 얼마인가?

〈표〉 세트 메뉴별 내용 구성과 가격

(단위: 조각, 원)

구분	A세트	B세트
치킨	4	2
피자	6	4
가격	20,000	12,000

① 152,000원　② 160,000원　③ 164,000원
④ 184,000원　⑤ 192,000원

19 **다음은 2020년 7개 기업의 자기자본 비율과 부채구성 비율에 대한 자료이다. 이를 통해 각 기업의 2020년 부채비율을 그린 그래프로 옳은 것을 고르시오.**

〈표〉 2020년 7개 기업의 재무 현황

(단위: %)

구분	A	B	C	D	E	F	G
자기자본 비율	79.1	79.4	49.3	60.8	40.3	32.5	34.9
부채구성 비율	20.9	20.6	50.7	39.3	59.8	67.4	65.0

1) 부채비율(%) = 부채 ÷ 자기자본 × 100
2) 자기자본비율(%) = 자기자본 ÷ 총 자산 × 100
3) 부채구성비율(%) = 부채 ÷ 총 자산 × 100

① 2020년 7개 기업의 부채비율

(단위: %)

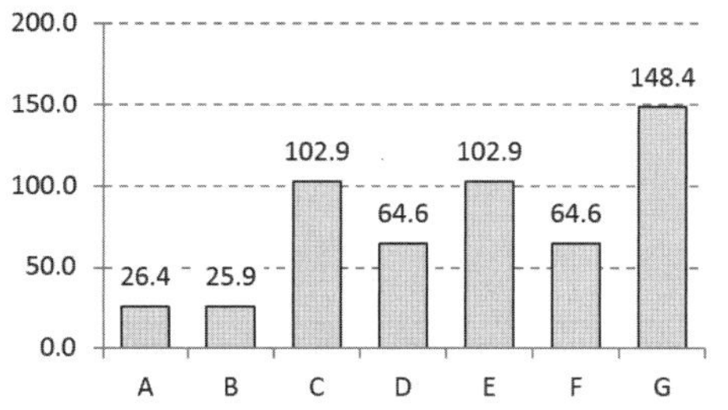

② 2020년 7개 기업의 부채비율

(단위: %)

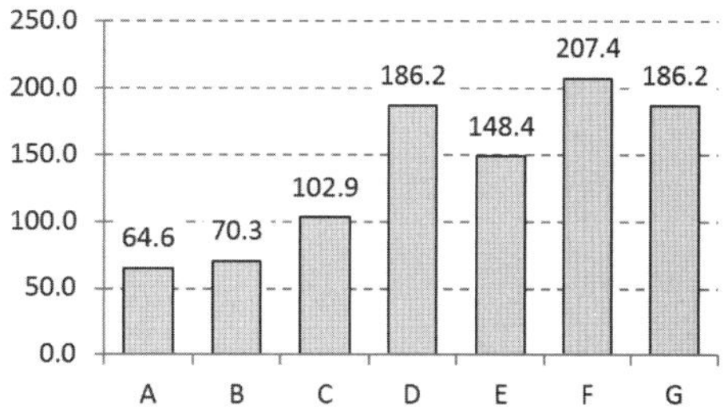

③ 2020년 7개 기업의 부채비율

(단위: %)

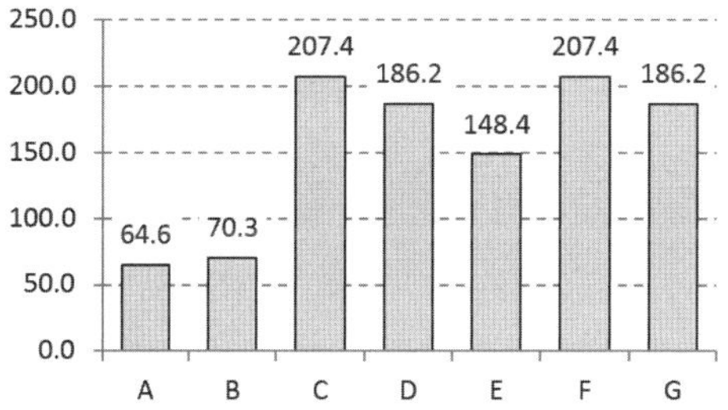

④ 2020년 7개 기업의 부채비율

(단위: %)

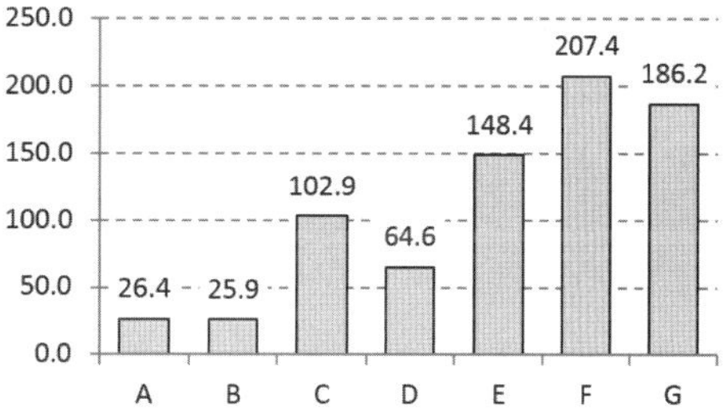

⑤ 2020년 7개 기업의 부채비율

(단위: %)

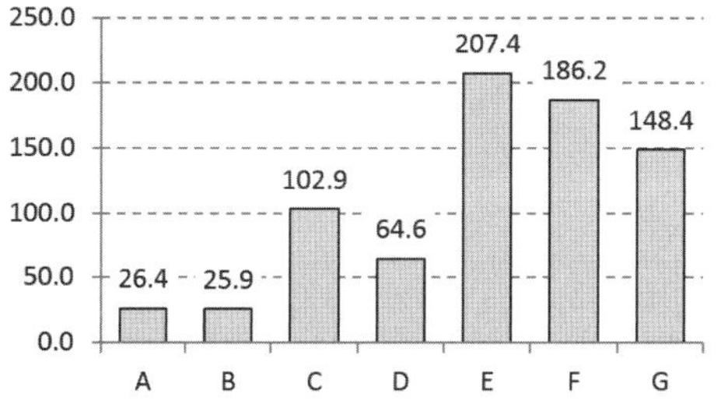

20 다음은 어느 양식장에서 사육 중인 어류의 개체수 변화량을 30일마다 관찰한 결과이다. 사육 환경을 동일하게 유지한다고 할 경우 200마리 이상의 개체수가 확인되는 시점은 언제인가?

(단위: 마리)

관찰 시점	개체수
1월	32
2월	38
3월	45
4월	54
5월	66

① 8월 ② 9월 ③ 10월
④ 11월 ⑤ 12월

Chapter 02 추리

문항수 30문항 | 제한시간 30분

해설 p.49

01 **다음 중 결론을 항상 참으로 만드는 [전제2]를 고르시오.**

> [전제1] 신입인 어떤 사원은 기숙사에 거주한다.
> [전제2] (   )
> [결 론] 신입인 어떤 사원은 도보로 출근한다.

① 도보로 출근하는 모든 사원은 기숙사에 거주한다.
② 기숙사에 거주하는 모든 사원은 도보로 출근한다.
③ 도보로 출근하는 어떤 사원은 기숙사에 거주하지 않는다.
④ 도보로 출근하는 어떤 사원은 기숙사에 거주한다.
⑤ 기숙사에 거주하는 모든 사원은 도보로 출근하지 않는다.

02 **다음 중 항상 참인 결론으로 적절한 것을 고르시오.**

> [전제1] 스마트링을 사용하는 모든 사람은 폴더블폰을 사용한다.
> [전제2] 스마트링을 사용하는 모든 사람은 무선이어폰을 사용한다.
> [결 론] (   )

① 무선이어폰을 사용하지 않는 어떤 사람은 폴더블폰을 사용하지 않는다.
② 폴더블폰을 사용하는 어떤 사람은 무선이어폰을 사용한다.
③ 무선이어폰을 사용하는 모든 사람은 폴더블폰을 사용한다.
④ 폴더블폰을 사용하는 어떤 사람은 무선이어폰을 사용하지 않는다.
⑤ 폴더블폰을 사용하는 모든 사람은 무선이어폰을 사용한다.

03 **다음 중 결론을 항상 참으로 만드는 [전제1]을 고르시오.**

[전제1] ( )
[전제2] 신입인 사원은 모두 댄스동호회에서 활동한다.
[결 론] 신입인 모든 사원은 방탈출동호회에서 활동한다.

① 방탈출동호회에서 활동하는 모든 사원은 댄스동호회에서 활동한다.
② 방탈출동호회에서 활동하는 모든 사원은 댄스동호회에서 활동하지 않는다.
③ 댄스동호회에서 활동하는 모든 사원은 방탈출동호회에서 활동한다.
④ 방탈출동호회에서 활동하는 어떤 사원은 댄스동호회에서 활동하지 않는다.
⑤ 댄스동호회에서 활동하는 어떤 사원은 방탈출동호회에서 활동한다.

04 **A, B, C, D, E의 키는 서로 다르다. 〈보기〉를 참고하여 반드시 거짓인 것을 고르시오.**

〈 보 기 〉

- C보다 키가 큰 사람은 1명뿐이다.
- A는 B보다 키가 크다.
- D와 키 차이가 가장 적게 나는 사람은 E이다.

① 키가 가장 큰 사람은 A이다.
② 키가 3번째로 큰 사람은 D이다.
③ 키가 3번째로 큰 사람은 B이다.
④ 키가 4번째로 큰 사람은 B이다.
⑤ 키가 가장 작은 사람은 E이다.

05 **A, B, C, D, E, F는 2명씩 짝을 지어 인당 1곳으로 출장을 간다. 이들이 출장을 가는 곳은 전주, 나주, 울주이고 아무도 출장을 가지 않는 곳은 없다고 할 때 〈보기〉를 참고하여 항상 참인 것을 고르시오.**

〈 보 기 〉

- B는 E와 같은 곳으로 출장을 간다.
- A는 전주로 출장을 간다.
- C는 울주로 출장을 가지 않는다.

① E가 울주로 출장을 간다면 C는 전주로 출장을 간다.
② C가 전주로 출장을 간다면 B는 울주로 출장을 간다.
③ B가 울주로 출장을 간다면 D는 나주로 출장을 간다.
④ D가 전주로 출장을 간다면 C는 나주로 출장을 간다.
⑤ C가 나주로 출장을 간다면 F는 전주로 출장을 간다.

06 공정인 가, 나, 다, 라, 마를 순서대로 진행한다. A, B, C, D가 각자 1개의 공정을 담당한다고 할 때 〈보기〉를 참고하여 A, B, C, D가 공정을 맡는 경우가 모두 몇 가지인지 고르시오.

〈 보 기 〉

- C와 D가 담당하는 공정의 진행 순서가 이웃한다.
- B는 라 공정을 담당한다.
- C는 다 공정을 담당하지 않는다.

① 2가지　② 3가지　③ 4가지
④ 5가지　⑤ 6가지

07 A, B, C, D, E, F는 2행 3열로 배치된 의자에 앉는다. 각 의자에 1부터 6까지 번호가 명명되어 있다고 할 때 〈보기〉를 참고하여 D가 앉을 수 없는 의자의 번호를 고르시오.

〈 보 기 〉

- B는 2번 의자에 앉는다.
- F와 D는 같은 열에 놓인 의자에 앉지 않는다.
- E가 앉는 의자의 번호보다 1이 작은 의자에 A가 앉는다.
- C는 3열에 놓인 의자에 앉는다.

	1열	2열	3열
1행	1	2	3
2행	4	5	6

① 1번　② 3번　③ 4번
④ 5번　⑤ 6번

08 A, B, C, D, E의 문서처리능력 등급은 '상', '중', '하' 중 하나이다. 〈보기〉를 참고하여 항상 참인 것을 고르시오.

〈 보 기 〉

- 문서처리능력 등급이 '하'인 사람은 1명이다.
- C와 B의 문서처리능력 등급은 같다.
- A의 문서처리능력 등급은 '중'이다.
- D의 문서처리능력 등급은 E의 문서처리능력 등급보다 높다.

① E의 문서처리능력 등급은 '하'이다.
② D의 문서처리능력 등급은 '중'이다.
③ B의 문서처리능력 등급은 '상'이다.
④ C의 문서처리능력 등급은 '중'이다.
⑤ D의 문서처리능력 등급은 '상'이다.

09 1부터 9까지 9개의 숫자 중 5개를 활용하여 5자리 비밀번호를 만든다. 같은 숫자를 중복하여 사용할 수 없다고 할 때 〈보기〉를 참고하여 항상 거짓인 것을 고르시오.

〈 보 기 〉

- 첫 번째 자리는 6이다.
- 두 번째 자리는 세 번째 자리 숫자에 2를 곱한 값이다.
- 세 번째 자리는 5보다 작다.
- 네 번째 자리는 세 번째 자리와 다섯 번째 자리 사이의 숫자다.
- 다섯 번째 자리는 세 번째 자리보다 4가 크다.

① 두 번째 자리에 2를 사용한다.
② 세 번째 자리에 1을 사용한다.
③ 네 번째 자리에 4를 사용한다.
④ 네 번째 자리에 7을 사용한다.
⑤ 다섯 번째 자리에 5를 사용한다.

10 월요일부터 금요일까지 하루에 한 번 상체운동, 하체운동, 휴식 중 한 가지를 할 계획이다. 5일간 상체운동을 하는 날은 1일, 하체운동을 하는 날은 2일이라고 할 때 〈보기〉를 만족하는 계획은 모두 몇 가지인지 고르시오.

〈 보 기 〉

- 같은 종류의 운동을 연달아 하지 않는다.
- 상체운동을 한 다음 날은 운동을 하지 않는다.
- 금요일에 하체운동을 한다.

① 1가지　② 2가지　③ 3가지
④ 4가지　⑤ 5가지

11 A, B, C, D, E 중 2명이 흰색을 고르고 나머지 3명은 파란색을 고른다. 흰색을 고르는 2명은 거짓을 말하고 파란색을 고르는 3명은 진실을 말한다고 할 때 〈보기〉를 참고하여 흰색을 고르는 2명을 알맞게 짝지은 것을 고르시오.

〈 보 기 〉

A: D는 진실을 말한다.
B: C 또는 D가 흰색을 고른다.
C: E가 흰색을 고른다.
D: C는 파란색을 고른다.
E: A가 흰색을 고른다.

① A, B　② A, D　③ B, E
④ C, D　⑤ D, E

12 A, B, C, D, E팀이 13시부터 19시까지의 시간 중 각 팀당 1시간씩 회의를 한다. 〈보기〉를 참고하여 항상 참인 것을 고르시오.

〈 보 기 〉

- D팀은 5팀 중 가장 마지막으로 회의한다.
- C팀은 16시 이후에 회의하지 않는다.
- A팀과 E팀 사이에 2팀이 회의한다.
- B팀은 C팀보다 먼저 회의한다.

① 15시에 회의하는 팀이 있다.
② C팀과 E팀 사이에 1팀이 회의한다.
③ B팀은 A팀보다 먼저 회의한다.
④ D팀은 18시에 회의한다.
⑤ 17시에 회의하는 팀이 있다.

13 3×3으로 나뉜 9개의 각 칸에 빨강, 파랑, 초록 중 1가지 색을 칠한다. 각 칸을 A, B, C, D, E, F, G, H, I라 일컬을 때 〈보기〉를 참고하여 항상 참인 것을 고르시오.

〈 보 기 〉

- 이웃한 칸에 같은 색을 칠하지 않는다.
- C, F, I에 빨강을 칠하지 않는다.
- A에 빨강을 칠한다.
- 빨강을 칠한 칸과 파랑을 칠한 칸은 이웃하지 않는다.

A	B	C
D	E	F
G	H	I

① F에 초록을 칠한다.
② G에 파랑을 칠한다.
③ I에 초록을 칠한다.
④ E에 빨강을 칠한다.
⑤ H에 빨강을 칠한다.

14 A, B, C, D, E는 상의와 하의를 입는다. 상의 색은 검정, 하양, 빨강이고 하의의 색은 검정과 하양이다. 상의와 하의 색 조합이 같은 사람은 없으며 상의와 하의 모두 하양으로 착용한 사람이 거짓을 말한다고 할 때 〈보기〉의 진술을 참고하여 거짓을 말하는 사람을 고르시오.

〈 보 기 〉

A: B는 빨간 상의를 입는다.
B: D는 검정 하의를 입는다.
C: E는 거짓을 말한다.
D: A는 하얀 하의를 입는다.
E: D는 검정 상의와 하얀 하의를 입는다.

① A ② B ③ C
④ D ⑤ E

15 다음 도형들은 일정한 규칙을 가지고 있다. 물음표에 들어갈 알맞은 도형을 고르시오.

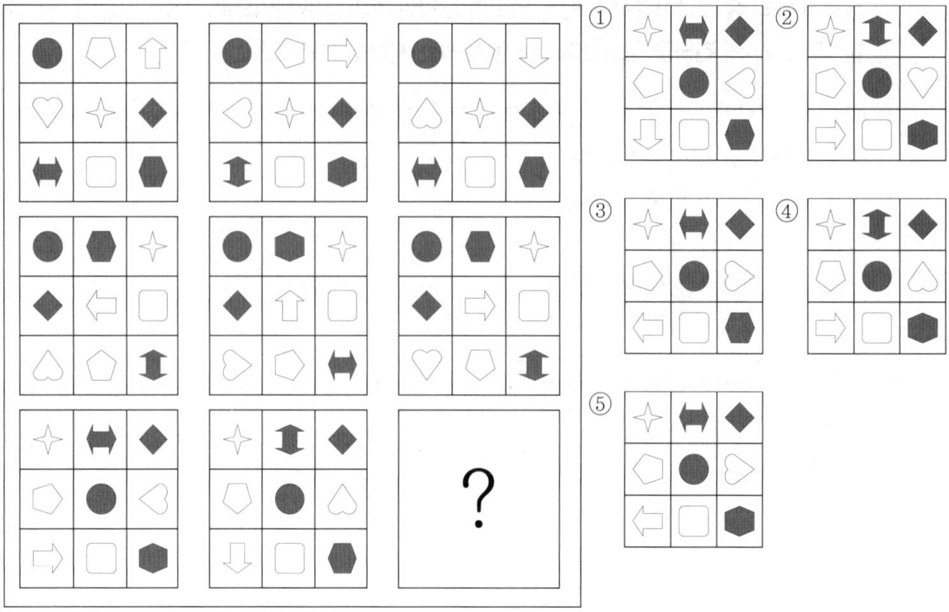

16 다음 도형들은 일정한 규칙을 가지고 있다. 물음표에 들어갈 알맞은 도형을 고르시오.

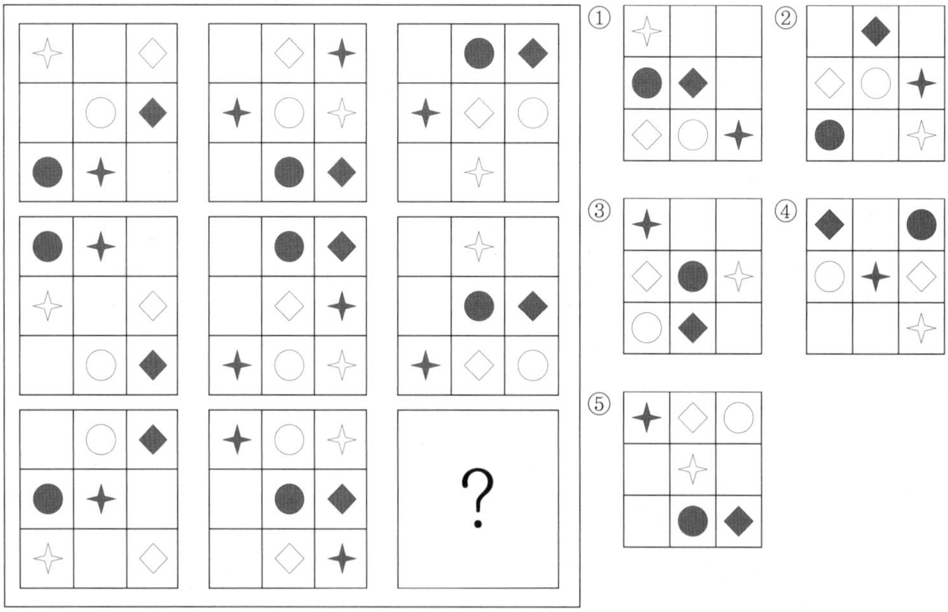

17 다음 도형들은 일정한 규칙을 가지고 있다. 물음표에 들어갈 알맞은 도형을 고르시오.

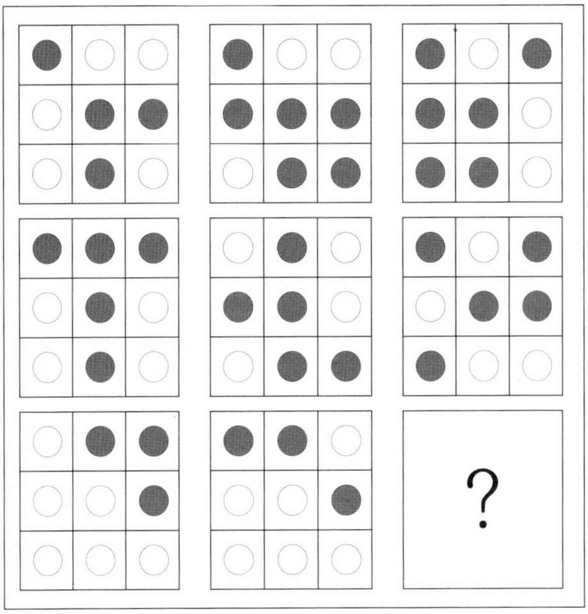

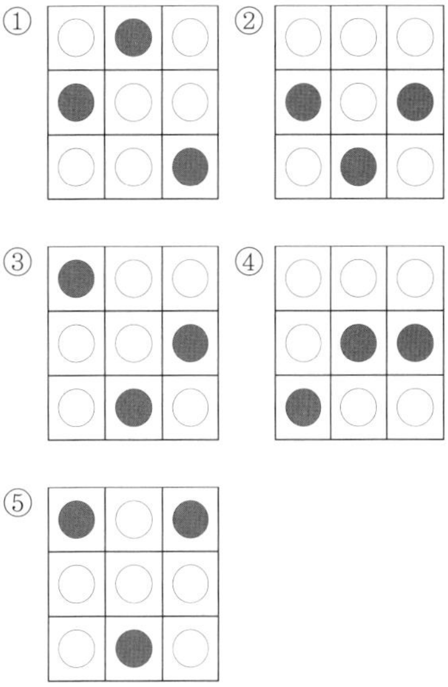

18~21 다음 문자와 도형의 흐름을 참고하여 물음에 답하시오.

		C83N				
		⇩				
BONY	⇨	♡	⇨	OBYN		
		⇩		⇩		
25RV	⇨	♠	⇨	◇	⇨	QU14
		⇩		⇩		
		7BM2		○		
				⇩		
				ALQZ		

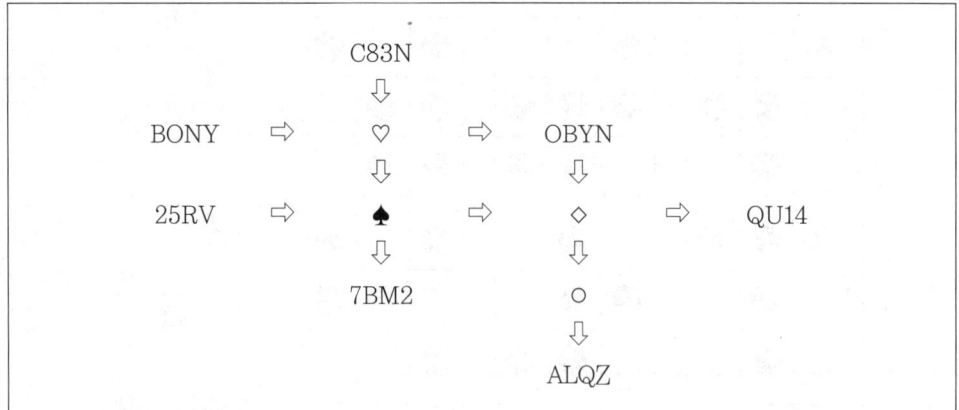

18 다음 중 물음표에 들어갈 문자로 알맞은 것을 고르시오.

E3F6 ⇨ ◇ ⇨ ♡ ⇨ ?

① 6F3E ② E63F ③ 3E6F ④ F3E6 ⑤ 6EF3

19 다음 중 물음표에 들어갈 문자로 알맞은 것을 고르시오.

3K5Z ⇨ ○ ⇨ ◇ ⇨ ?

① 7A5M ② 4Y2J ③ 6A3L ④ 3X1I ⑤ 7X5I

20 다음 중 물음표에 들어갈 문자로 알맞은 것을 고르시오.

? ⇨ ♠ ⇨ ○ ⇨ 42DM

① 59EJ ② 39CT ③ 35CP ④ 95YP ⑤ 13AN

21 다음 중 물음표에 들어갈 문자로 알맞은 것을 고르시오.

? ⇨ ♡ ⇨ ◇ ⇨ ○ ⇨ 8H6R

① T4J6 ② 0FP8 ③ P8F0 ④ J6T4 ⑤ J64T

22 **다음 글의 내용 흐름상 가장 적절한 문단배열 순서를 고르시오.**

(A) 하지만 재활용 공정은 기술적으로 단순히 회수율만으로 평가되기 어렵다. 고순도의 유가금속 확보 외에도 공정 단가, 처리 시간, 부산물 정제 등 다양한 요인이 복합적으로 작용하기 때문이다. 특히 전기차 폐배터리의 조성은 생산 공정과 사용 이력에 따라 달라, 통일된 방식으로 일괄 처리하기 어려운 구조다.

(B) 자원 순환의 관점에서 폐배터리 재활용은 산업적 필요를 넘어 전략적 선택이 되고 있다. 주요 광물의 공급 불안정성과 원자재 가격 급등이 지속되면서, 활용 가능한 자원의 회수율을 높이는 방식이 현실적인 대안으로 떠오르고 있다.

(C) 또한 일각에서는 재활용 공정에 대한 정책적 접근이 보다 유연할 필요가 있다는 지적도 나온다. 현행 제도는 회수율 기준이나 환경 규제 중심으로 짜여 있어 기술적 다양성을 반영하기 어렵고, 민간 기업의 경제성을 확보하기에도 한계가 있기 때문이다.

(D) 그럼에도 불구하고, 국내외적으로 재활용 기술의 산업화 가능성은 점차 현실로 다가오고 있다. 일부 기업은 후처리 기반 공정에 집중하며 수율 향상을 시도하고 있으며, 정부는 생산자책임재활용 제도를 비롯한 R&D 확대, 인프라 구축 지원을 통해 제도적 기반을 다지고 있다.

① (B)-(A)-(C)-(D)
② (A)-(C)-(B)-(D)
③ (C)-(B)-(A)-(D)
④ (B)-(C)-(A)-(D)
⑤ (A)-(B)-(C)-(D)

23 **다음 글의 내용 흐름상 가장 적절한 문단배열 순서를 고르시오.**

> (A) 다만 탄화규소(SiC) 기반 반도체는 제조 공정의 복잡성과 비용 문제로 인해 상용화에 어려움을 겪고 있다. 특히 단결정 SiC 웨이퍼의 성장 기술은 일정 수준 이상의 정밀도를 요구하고 있으며, 장비나 기술력 확보 역시 쉬운 편은 아니다.
>
> (B) 이를 해결하기 위해 정부는 탄화규소(SiC) 전력반도체를 전략기술 분야로 분류하며, 관련 산업의 경쟁력 강화를 위한 지원을 확대하고 있다. 민간 기업 역시 소재·부품 단계부터 양산 체계까지 기술 내재화를 추진 중이며, 그 과정에서 일부 성과가 가시화되고 있다는 분석도 있다. 전반적으로는 장기적 기술 자립의 기초를 마련하는 흐름으로 읽힌다.
>
> (C) 전력반도체는 전류의 흐름을 제어하고 변환하는 기능을 담당한다. 고출력과 고온 환경에서도 안정적으로 작동해야 하며, 전기차, 신재생에너지 시스템과 같이 고효율이 요구되는 분야에서 핵심 부품으로 쓰인다. 이에 따라 실리콘(Si) 기반 반도체 대신 탄화규소(SiC) 기반 반도체가 대표적인 대안으로 부각되고 있다.
>
> (D) 전기차 보급 확대나 탄소중립 달성 같은 산업 환경 변화 역시 탄화규소 기반 반도체 수요 증가에 영향을 주고 있다. 이 때문에 다수의 글로벌 기업들은 탄화규소 기반 반도체 기술 투자를 확대하고 있으며, 관련 시장은 일정 수준 이상의 성장세를 유지할 것으로 예상된다.

① (A)-(B)-(C)-(D)
② (A)-(D)-(B)-(C)
③ (A)-(D)-(C)-(B)
④ (C)-(D)-(A)-(B)
⑤ (C)-(D)-(B)-(A)

24 다음 글의 핵심 주장을 비판한 것으로 가장 적절한 것을 고르시오.

전기차 시장의 성장과 함께 이차전지 산업의 중요성도 날로 커지고 있다. 이차전지는 에너지를 저장하고 필요할 때 방출하는 장치로, 그 중에서도 전기차에 사용되는 리튬이온 배터리는 긴 주행거리와 빠른 충전 속도, 높은 안전성을 제공해야 한다. 이러한 수요에 대응하기 위해 많은 기업이 차세대 이차전지 개발에 투자하고 있으며, 특히 고용량·고출력·장수명 배터리를 목표로 기술 개발 경쟁이 치열하다.

이차전지 산업은 단순히 배터리 제조에 그치지 않고, 소재, 부품, 재활용에 이르기까지 광범위한 산업 생태계를 형성한다. 음극재·양극재·전해질 등 핵심 소재를 둘러싼 경쟁도 치열하며, 관련 광물 자원의 확보와 공급망 안정성 확보는 국가 차원의 전략적 과제로 떠오르고 있다.

따라서 이차전지 산업을 적극적으로 육성하는 것은 한 국가의 에너지 자립과 미래 제조 경쟁력 확보에 결정적이라고 할 수 있다. 이에 따라 우리나라도 관련 기술 개발, 광물 확보, 글로벌 공급망 구축 등을 전방위적으로 추진해야 한다. 이차전지 산업에 대한 선제적인 대규모 투자는 미래 산업 경쟁력 강화를 위한 필수 과제다.

① 이차전지 산업은 기술 개발만으로는 경쟁력을 확보하기 어렵고, 폐배터리 재활용 등의 후방 산업도 함께 육성되어야 한다.

② 이차전지 산업은 글로벌 시장에서 이미 한국이 압도적 점유율을 보유하고 있으므로, 추가적인 투자가 필요하지 않다.

③ 광물 자원의 확보보다 기술 자체의 국산화가 더욱 시급한 과제로 여겨지고 있다.

④ 에너지 자립은 이차전지 산업 외에도 원자력, 수소 등 다양한 에너지 기술의 균형적 발전이 함께 고려되어야 한다.

⑤ 이차전지 산업은 다양한 산업군과 연계되어 있어 자연스럽게 성장하고 있다.

25 **다음 글을 읽고 반드시 옳지 않은 것을 고르시오.**

> EUV 리소그래피(EUV Lithography)는 반도체 미세공정에서 활용되는 첨단 노광 기술로, 기존의 DUV(심자외선) 대비 훨씬 짧은 파장인 13.5나노미터(nm)의 극자외선을 사용한다. 짧은 파장을 이용하면 더 미세한 회로 패턴을 정밀하게 구현할 수 있어, 고집적 반도체 제조에 유리하다. EUV 기술의 도입으로 반도체 소자의 면적을 줄이면서도 성능과 효율은 더욱 향상되었으며, 이는 모바일 기기나 서버 등 고성능 컴퓨팅 분야에서 큰 장점으로 작용한다.
>
> EUV 리소그래피의 도입은 고성능·저전력 반도체 생산에 큰 기여를 하고 있다. 특히 5나노미터 이하의 초미세 공정에서는 EUV 없이는 경제성과 생산성을 확보하기 어렵다고 여겨질 정도다.
>
> 하지만 EUV 기술은 높은 정밀도를 요구하는 만큼, 막대한 비용과 복잡한 공정 관리가 수반된다. EUV 광원은 레이저를 이용해 주석(Sn) 플라즈마를 생성하고, 이를 통해 극자외선을 발생시키는 방식인데, 이 과정에서 막대한 에너지가 필요하고 장비 유지비용도 높다.
>
> EUV는 여전히 일부 공정에만 적용되고 있으며, 전체 공정에 걸쳐 사용되기에는 기술적 한계와 비용 부담이 존재한다. 이에 따라 DUV와 EUV를 혼용하는 방식이 현실적인 대안으로 활용되고 있다.

① EUV는 짧은 파장을 이용하여 기존보다 정밀한 반도체 회로 패턴을 구현할 수 있게 한다.
② EUV 광원은 레이저를 이용하여 주석 플라즈마를 만들어 극자외선을 발생시키는 방식이다.
③ EUV 리소그래피는 전 공정에 필수적으로 적용되며, DUV는 이제 더 이상 사용되지 않는다.
④ 초미세 공정에서 EUV는 고성능·저전력 반도체 생산에 유리한 기술로 간주된다.
⑤ EUV 기술은 고도화된 장비와 높은 에너지 소비, 복잡한 유지비용이 수반된다는 단점도 있다.

26 다음 글을 읽고 반드시 옳은 것을 고르시오.

> 자율주행 자동차는 차량 스스로 주변 환경을 인식하고 판단하여 주행을 제어하는 시스템으로, 이를 위해 다양한 센서 기술이 복합적으로 활용된다. 대표적으로 라이다(LiDAR), 레이더(Radar), 카메라, 초음파 센서 등이 사용되며, 이들 센서는 각기 다른 원리와 장점을 가지고 있어 상호보완적으로 작동한다.
>
> 라이다는 레이저 빛을 발사해 주변 물체까지의 거리와 위치를 고해상도로 측정할 수 있어, 정밀한 3D 환경 지도가 필요한 도심 주행에서 특히 유리하다. 반면 레이더는 전파를 사용하기 때문에 악천후나 야간에도 안정적인 물체 인식이 가능해 고속도로 주행이나 악조건 환경에서 강점을 보인다.
>
> 카메라는 도로 표지판, 차선, 보행자 신호 등을 시각적으로 인식할 수 있어 인지 판단의 핵심 정보를 제공한다. 초음파 센서는 가까운 거리의 장애물 탐지에 효과적이어서 주차 보조나 저속 주행 시 유용하다. 최근에는 이들 센서의 데이터를 통합하는 소프트웨어 알고리즘의 정밀도도 자율주행 기술 발전의 핵심 요소로 부상하고 있다.
>
> 이처럼 자율주행 자동차는 하나의 센서에 의존하지 않고, 센서 융합(Fusion) 기술을 통해 다양한 센서 정보를 통합·분석함으로써 주행 안정성과 정확성을 높이고 있다. 센서 기술의 고도화와 함께 연산 능력과 데이터 처리 속도를 향상시키는 하드웨어의 진보도 필수적이다.

① 라이다는 도심 환경에서의 정밀한 3D 지도 생성에 유리한 센서 기술이다.
② 레이더는 카메라에 비해 날씨 변화나 어두운 환경에 민감하다는 단점이 있다.
③ 초음파 센서는 장거리 고속 주행 중 전방 차량을 탐지하는 데 특화되어 있다.
④ 자율주행 차량은 주행 안정성을 위해 주로 하나의 고성능 센서를 집중적으로 활용한다.
⑤ 자율주행에 사용되는 센서들은 서로 대체 가능하여 센서 간 융합은 불필요하다.

27 다음 글을 읽고 반드시 옳은 것을 고르시오.

> 바이오시밀러는 이미 허가된 오리지널 바이오의약품(참조의약품)과 품질, 효능, 안전성이 동등함을 입증하고 판매되는 복제약이다. 일반적인 화학 합성 의약품 복제약과 달리, 바이오의약품은 생물학적 제조 과정의 복잡성으로 인해 완전히 동일한 복제는 어렵고, 유사성을 입증하는 절차가 핵심이다.
>
> 바이오시밀러는 오리지널 바이오의약품에 비해 개발 기간과 비용이 적게 들고, 가격도 낮아 환자의 접근성을 높이는 장점이 있다. 특히 특허 만료 이후 등장하는 바이오시밀러는 건강보험 재정 절감에도 기여하며, 글로벌 제약사들이 경쟁적으로 시장에 진입하고 있다. 최근에는 항암제, 자가면역질환 치료제 등 다양한 분야에서 바이오시밀러가 상용화되고 있으며, 국내 기업들도 유럽, 미국 등 주요 시장에서 점차 입지를 넓혀가고 있다.
>
> 그러나 바이오시밀러가 시장에 안착하기 위해서는 의사와 환자 모두의 신뢰 확보가 필수적이다. 동일한 효과와 안전성을 입증하더라도, 일부 의료진은 오리지널 의약품에 비해 신뢰도가 낮을 수 있다. 이에 따라 다국적 제약사는 실제 임상 데이터 확보, 병원과의 파트너십 구축 등으로 신뢰도를 높이기 위한 노력을 병행하고 있다.

① 우리나라의 경우 환자들은 바이오시밀러에 대한 신뢰도가 높지만, 의료진의 경우 그렇지 않다.

② 바이오시밀러는 개발 비용이 오리지널 바이오의약품보다 더 많이 소요된다.

③ 바이오시밀러는 일반적인 화학의약품 복제약처럼 완전히 동일한 구조를 가져야 한다.

④ 바이오시밀러의 등장은 환자의 약물 접근성은 낮추지만 의료 재정에는 긍정적인 영향을 줄 수 있다.

⑤ 바이오시밀러는 오리지널 바이오의약품과 동일한 품질과 효능을 입증해야 한다.

28 **다음 글을 읽고 반드시 옳지 않은 것을 고르시오.**

> BOPIS(Buy Online, Pick up In Store)는 고객이 온라인으로 상품을 구매한 후 오프라인 매장에서 직접 상품을 수령하는 쇼핑 방식이다. 이 시스템은 온라인의 편의성과 오프라인의 즉시 수령 가능성을 결합해, 최근 유통 업계에서 빠르게 확산되고 있다. 특히 배송 지연이나 부재 중 배송 실패 등의 문제를 줄일 수 있어, 소비자 만족도를 높이는 데 기여하고 있다.
>
> BOPIS의 도입은 기업 입장에서도 다양한 이점을 제공한다. 먼저, 매장 방문을 유도함으로써 추가 구매 가능성을 높이고, 재고 회전율을 개선할 수 있다. 또한 매장 내 픽업 과정에서 고객과의 직접적인 접점을 확보해 마케팅 기회를 창출하기도 한다. 단, 오프라인 매장의 재고 관리 시스템과 연동이 원활하지 않으면, 재고 부족이나 주문 오류로 인한 불편이 발생할 수 있어 주의가 필요하다.
>
> BOPIS는 팬데믹 이후 비대면 소비 문화가 확산되면서 더욱 주목받게 되었다. 특히 드라이브스루 픽업이나 매장 외부 수령함 등 다양한 형태로 진화하며, 고객의 비대면 수령 니즈를 충족시키고 있다. 이에 따라 대형 유통업체뿐 아니라 중소형 소매점도 BOPIS 서비스를 속속 도입하고 있으며, 향후 옴니채널 전략의 핵심 수단으로 자리 잡을 가능성이 크다.

① BOPIS는 고객의 비대면 수령 수요에 대응해 다양한 형태로 발전하고 있다.

② BOPIS는 온라인으로 구매한 상품을 집에서 편하게 받아볼 수 있다는 장점이 있다.

③ BOPIS는 매장 방문을 유도하여 추가적인 구매를 발생시킬 수 있다.

④ BOPIS와 재고 관리 시스템과의 연동이 미흡하면 고객 불편이 발생할 수 있다.

⑤ 대형 유통업체뿐 아니라 중소형 소매점도 BOPIS 도입에 나서고 있다.

29 **다음 글을 바탕으로 〈보기〉의 내용을 이해한 것으로 옳지 않은 것을 고르시오.**

> 알츠하이머병의 조기 진단을 위한 새로운 방법으로 베타 아밀로이드 단백질을 활용한 혈액 검사 기술이 주목받고 있다. 알츠하이머는 뇌 속에 베타단백질이 비정상적으로 축적되면서 신경세포를 파괴하는 퇴행성 질환이다. 하지만 증상이 나타난 후에는 치료가 어렵기 때문에, 질병이 진행되기 전 단계에서 정확하게 진단하는 것이 중요하다.
>
> 이러한 맥락에서 최근 개발된 혈액 기반 진단법은 간단한 채혈만으로도 베타 아밀로이드 농도를 분석할 수 있어, 비침습적이고 검사 비용이 낮으며 반복 검사가 가능하다는 장점을 가진다. 특히 임상 증상이 나타나기 이전에도 혈중 수치 변화를 감지할 수 있어 예방적 치료나 모니터링 수단으로도 활용 가치가 높다.

〈 보 기 〉

> PET-CT(양전자방출 단층촬영)는 알츠하이머 진단에 사용되는 영상 촬영 기법으로, 뇌에 방사성 동위원소를 주입해 아밀로이드 플라크의 분포나 뇌 기능 저하 여부를 시각적으로 확인할 수 있게 해준다. 이 방식은 비교적 정확한 진단 정보를 제공하지만, 검사 비용이 높고 환자의 방사선 노출에 대한 우려가 있으며, 전문 장비와 인력에 대한 의존도도 크다. 그럼에도 불구하고 현재까지는 가장 신뢰도 높은 진단법 중 하나로 사용되고 있다.

① 혈액 기반 진단법은 베타단백질 농도의 변화를 감지하여 알츠하이머 조기 진단에 활용될 수 있다.
② PET-CT는 알츠하이머의 주요 원인인 베타 아밀로이드 축적 여부를 영상으로 확인할 수 있다.
③ PET-CT는 방사선 노출이 없으며, 반복적으로 사용하기에 적합하다는 장점을 가진다.
④ 혈액 검사 기반 진단법은 기존 방식보다 저렴하고 비침습적이어서 의료 접근성이 높다.
⑤ 새로운 진단법은 임상 증상 발현 전 단계에서 질병을 예측할 수 있는 가능성을 제시한다.

30 **다음 글을 바탕으로 〈보기〉의 내용을 이해한 것으로 옳지 않은 것을 고르시오.**

TFF(탠젠셜 유동 여과, Tangential Flow Filtration)는 막 여과 방식 중 하나로, 액체가 필터 표면을 따라 수평 방향으로 흐르며 분리되는 방식이다. 유체는 막을 따라 탠젠셜(접선) 방향으로 흐르고, 여과액은 막을 통과하여 분리된다. 이 방식은 막 표면에 고형물이 쌓이는 것을 최소화하고, 막 내부 압력 손실도 적게 발생하여 장시간 안정적인 여과가 가능하다. 이러한 특성 덕분에 TFF는 단백질, 바이오 제제, 세포 배양액 등 고분자 물질의 농축 및 정제에 적합하며, 회수율이 높고 연속 공정에 용이해 바이오의약품 제조 과정에서 널리 활용되고 있다.

〈 보 기 〉

NFF(직류 유동 여과, Normal Flow Filtration)는 유체가 필터를 수직 방향으로 통과하면서 고형물과 액체를 분리하는 전통적인 여과 방식이다. 유체는 여과막을 직선 방향으로 통과하며, 고형물은 막 표면에 빠르게 축적된다. 이로 인해 막 오염이 쉽게 발생하고, 여과 효율이 점차 감소하는 단점이 있다. 하지만 구조가 단순하고 유지 보수가 용이하여 소형 장비나 일회성 여과 공정에 많이 사용된다. 특히 짧은 시간 내에 간단한 여과가 필요한 경우에는 여전히 실용적인 방식이다.

① TFF는 막 표면에 고형물이 덜 쌓이도록 설계되어 연속 공정에 유리하다.
② NFF는 구조가 단순하고 일회성· 소형 장비에 적합한 방식이다.
③ TFF는 NFF보다 막 오염이 더 빨리 발생하여 여과 효율이 떨어진다.
④ NFF는 유체가 막을 수직 방향으로 통과하면서 여과가 이루어진다.
⑤ TFF는 유체가 막을 따라 수평 방향으로 흐르며 막 표면에 대한 손상을 줄일 수 있다.

memo

memo

성명 : 수험번호 : **1회**

①

정답

②

정답

③

정답

④

정답

⑤

정답

성명 : 수험번호 : **1회**

⑥

정답

⑦

정답

⑧

정답

⑨

정답

⑩

정답

성명 : 수험번호 : 1회

⑪

정답

⑫

정답

⑬

정답

⑭

정답

⑮

정답

성명 : 수험번호 : 1회

⑯

정답

⑰

정답

⑱

정답

⑲

정답

⑳

정답

성명 : 수험번호 : 1회

추리

① 정답	② 정답
③ 정답	④ 정답
⑤ 정답	⑥ 정답
⑦ 정답	⑧ 정답

성명 : 수험번호 : 1회

추리

⑨

정답

⑩

정답

⑪

정답

⑫

정답

⑬

정답

⑭

정답

⑮

정답

⑯

정답

성명 : 수험번호 : 1회

⑰

정답

⑱

정답

⑲

정답

⑳

정답

㉑

정답

㉒

정답

㉓

정답

㉔

정답

성명 : 수험번호 : 1회

추리

㉕

정답

㉖

정답

㉗

정답

㉘

정답

㉙

정답

㉚

정답

성명 : 수험번호 : 2회

①

정답

②

정답

③

정답

④

정답

⑤

정답

성명 : 수험번호 : 2회

⑥

정답

⑦

정답

⑧

정답

⑨

정답

⑩

정답

성명 : 수험번호 : 2회

(11)

정답

(12)

정답

(13)

정답

(14)

정답

(15)

정답

성명 : 수험번호 : **2회**

⑯

정답

⑰

정답

⑱

정답

⑲

정답

⑳

정답

성명 : 수험번호 : 2회

① 정답	② 정답
③ 정답	④ 정답
⑤ 정답	⑥ 정답
⑦ 정답	⑧ 정답

성명 : 수험번호 : 2회

⑨

정답

⑩

정답

⑪

정답

⑫

정답

추 리

⑬

정답

⑭

정답

⑮

정답

⑯

정답

성명 : 수험번호 : 2회

⑰

정답

⑱

정답

⑲

정답

⑳

정답

㉑

정답

㉒

정답

㉓

정답

㉔

정답

성명 :　　　　　　　　수험번호 :　　　　　　　　**2회**

㉕ 정답	㉖ 정답
㉗ 정답	㉘ 정답
㉙ 정답	㉚ 정답

성명 :

수험번호 :

①

정답

②

정답

③

정답

④

정답

⑤

정답

성명 :

수험번호 :

⑥

정답

⑦

정답

⑧

정답

⑨

정답

⑩

정답

성명 : 수험번호 : 3회

11

정답

12

정답

13

정답

14

정답

15

정답

⑯

정답

⑰

정답

⑱

정답

⑲

정답

⑳

정답

성명 : 수험번호 : **3회**

①	②
정답	정답
③	④
정답	정답
⑤	⑥
정답	정답
⑦	⑧
정답	정답

성명 : 수험번호 : 3회

⑨ 정답	⑩ 정답
⑪ 정답	⑫ 정답
⑬ 정답	⑭ 정답
⑮ 정답	⑯ 정답

추 리

성명 : 수험번호 : **3회**

추리

⑰

정답

⑱

정답

⑲

정답

⑳

정답

㉑

정답

㉒

정답

㉓

정답

㉔

정답

성명 :

수험번호 :

3회

(25)

정답

(26)

정답

(27)

추리

정답

(28)

정답

(29)

정답

(30)

정답

성명 : 수험번호 : 4회

① 정답	② 정답
③ 정답	④ 정답
⑤ 정답	

성명 : 수험번호 : 4회

⑥

정답

⑦

정답

⑧

정답

⑨

정답

⑩

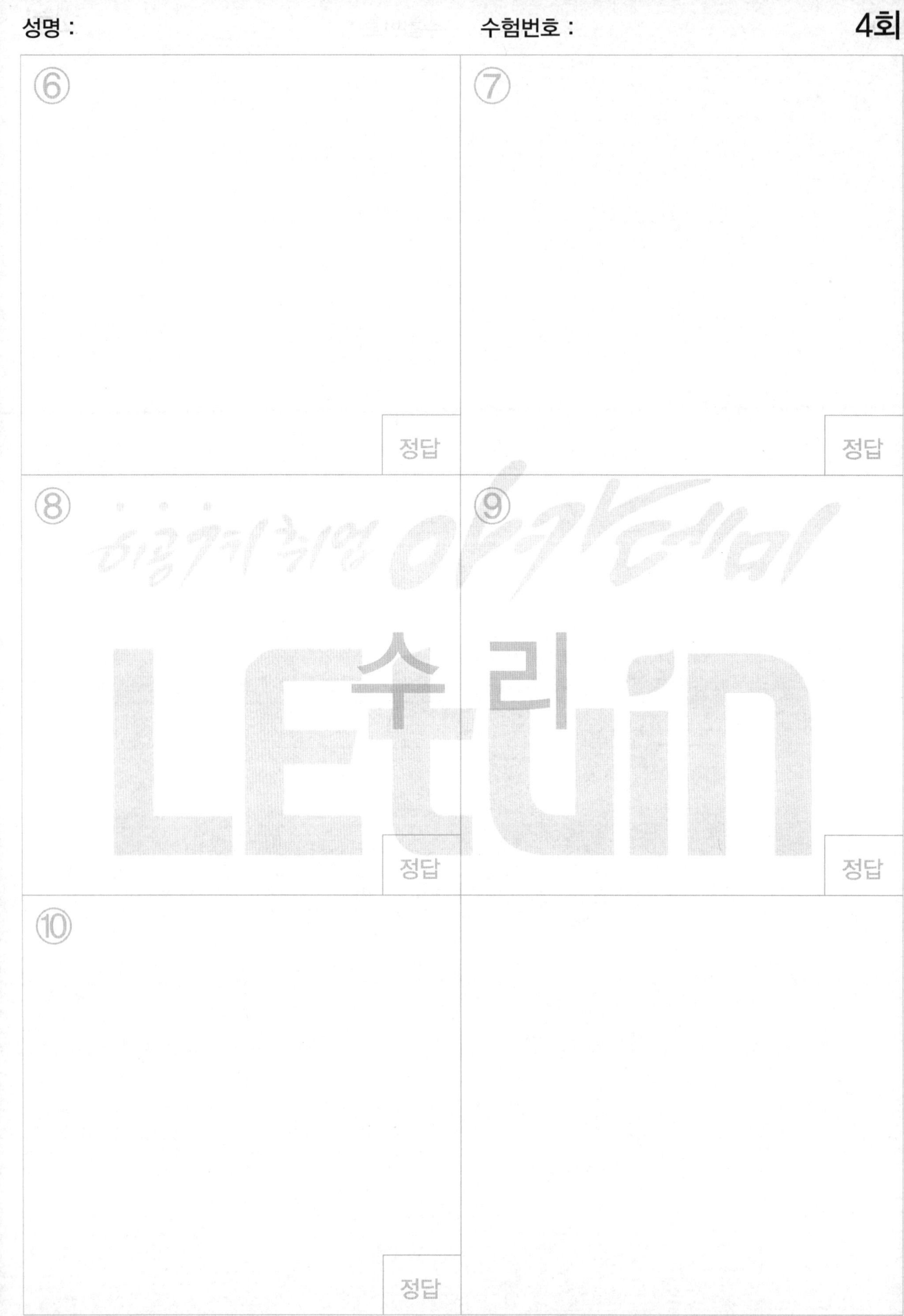

정답

성명 :

수험번호 :

4회

(11)

정답

(12)

정답

(13)

정답

(14)

정답

(15)

정답

⑯

정답

⑰

정답

⑱

정답

⑲

정답

⑳

정답

성명 : 수험번호 : **4회**

추리

① 정답	② 정답
③ 정답	④ 정답
⑤ 정답	⑥ 정답
⑦ 정답	⑧ 정답

성명 : 수험번호 : **4호**

⑨ 정답	⑩ 정답
⑪ 정답	⑫ 정답
⑬ 정답	⑭ 정답
⑮ 정답	⑯ 정답

추리

성명 : 수험번호 : 4회

17 정답	18 정답
19 정답	20 정답
21 정답	22 정답
23 정답	24 정답

성명 : 수험번호 : **4회**

25

정답

26

정답

27

정답

28

정답

29

정답

30

정답

LEtuin

2025
하반기

삼성직무적성검사
기출변형 모의고사

정답 및 해설

삼성 취업은 렛유인

제 01 회 기출변형 모의고사 정답 및 해설

Chapter 01 수리

01	02	03	04	05	06	07	08	09	10
②	①	③	④	⑤	④	⑤	⑤	③	⑤
11	**12**	**13**	**14**	**15**	**16**	**17**	**18**	**19**	**20**
②	④	①	⑤	②	①	③	②	①	④

01 ②

[정석 풀이]

작년: A + B = 1,300 … ㉠

올해: 1.1A + 0.85B = 1,330 … ㉡ 이다.

B를 구해야 하므로 1.1㉠ - ㉡하면,

$$\begin{array}{r|rcrcr} & 1.1A & + & 1.1B & = & 1{,}430 \\ - & 1.1A & + & 0.85B & = & 1{,}330 \\ \hline & & & 0.25B & = & 100 \end{array}$$

이므로 B = 400임을 알 수 있다. 이는 작년 B 사업부의 임직원 수이며, 우리는 올해 B 사업부의 임원을 구해야 하므로 정답은 400 × 0.85 = 340명이다.

(실제 시험 중에는 마음이 급하기 때문에 B = 400을 구한 시점에서 ⑤번을 정답으로 선택할 수 있으니 주의하자)

[치트키] 편차

각 시점의 상황에 따라 이원일차 연립방정식을 수립하는 방식보다 변화량을 중심으로 연립방정식으로 구성하는 것이 연산량과 계산 실수를 줄이는 데 더 효과적이다.

작년: A + B = 1,300 … ㉠

변화: 0.1A - 0.15B = 30 … ㉢ 이다.

B를 구해야 하므로 ㉠ - 10㉢하면,

$$\begin{array}{r|rcrcr} & A & + & B & = & 1{,}300 \\ - & A & - & 1.5B & = & 300 \\ \hline & & & 2.5B & = & 1{,}000 \end{array}$$

이므로 B = 400임을 알 수 있다. 이는 작년 B 사업부의 임직원 수이며, 올해 B 사업부의 임원을 구해야 하므로 정답은 400 × 0.85 = 340명이다.

[치트키] 배수판정법

특정 시점의 값을 물었기 때문에 배수판정법을 활용할 수 있다.

올해 B = 작년 B × $\frac{85}{100}$ = 작년 B × $\frac{17}{20}$이다.

따라서, 올해 B는 17이 곱해진 결과값이므로 17의 배수이다. 주어진 보기 중 이를 만족하는 보기는 ② 340명이 유일하다.(작년 B는 20으로 정확히 나누어 떨어지는 정수이므로 20의 배수이다)

02 ①

[경우의 수 풀이]

적어도 1명이 포함될 확률이므로 전체 경우의 수(또는 확률)에서 인사과가 포함되지 않을 경우의 수(또는 확률)를 빼자.

1) 전체 경우의 수 = 9명 중 3명을 뽑음 = $_9C_3$ = $\frac{9 \times 8 \times 7}{3 \times 2 \times 1} = 3 \times 4 \times 7 = 84$

2) 인사과가 포함되지 않음 = 인사과를 제외한 7명 중 3명을 뽑음 = $_7C_3 = \frac{7 \times 6 \times 5}{3 \times 2 \times 1} = 7 \times 5 = 35$

즉, 인사과가 1명 이상 포함될 경우의 수 = 84 - 35 = 49이다. 따라서, 전체 9명 중 3명을 뽑을 때, 인사과가 적어도 1명 이상 포함될 확률은 $\frac{49}{84} = \frac{7}{12}$ 로 ①번이 정답이다.

[확률 곱셈 풀이]

1) 전체 확률 = 1

2) 인사과가 포함되지 않을 확률 = 총 9명 중 7명을 대상으로 3명이 뽑힘 = $\frac{7}{9} \times \frac{6}{8} \times \frac{5}{7} = \frac{5}{12}$

따라서, 전체 9명 중 인사과가 적어도 1명 이상 포함될 확률 $= 1 - \frac{5}{12} = \frac{7}{12}$

03 ③

옳은 것 'Y' 찾아야 한다.

① 2023년에는 4분기의 판매량이 196으로 3분기 186보다 높았다. N

② 16만 대는 160천 대이다. 160을 기준으로 2022년 분기별 수치의 편차를 확인하자. 1분기부터 160을 기준으로 [−25, −18, +25, +10]이므로 편차의 합은 음수이다. 즉, 평균값은 160 미만이다. N

③ 2024년 1분기의 직전 분기는 2023년 4분기이다. 이 부분을 헷갈려서는 안 된다. 즉, 196 → 145가 25% 이상 감소했다는 것이다. 25%는 $\frac{1}{4}$이다. 196의 $\frac{1}{4}$은 49이다. 이를 196에서 감소시키면 147인데, 이는 2024년 1분기 실제 판매 수량인 145보다 높다. 어떤 수에서 25%만큼을 감소시켰는데도 실제 수치보다 크다면 감소율이 25%보다 크다는 것이다. 따라서, 감소율은 25% 이상이다. Y(정답)

④ 해석하려면 2020년과 2021년의 수치를 합산해야 한다. 이러한 보기를 만나면 일단은 넘어가는 것이 시간관리에는 유리할 것이다. 2020년의 합계는 574, 2021년의 합계는 613이다. 574에서 10%만큼인 57.4를 더하면 631.4인데, 이는 2021년 합계인 613보다 크다. 즉, 실제 증가율은 10%에 미치지 못한다는 뜻이다. N

⑤ 2024년 4분기는 190으로 전년 동기인 2023년 4분기 196보다 감소하였다. N

04 ④

틀린 것 'N' 찾아야 한다.

① 2014년에 취업률이 가장 높았던 전공군은 '보건의료계열'이며, 2024년 역시 '보건의료계열'의 취업률이 가장 높았다. Y

② 4개 전공군 중 '이공계열'과 '보건의료계열' 2개 전공군만 2014년 대비 2024년에 학과수와 취업률 모두 증가하였다. Y

③ '보건의료계열'의 학과 수는 2014년 588 → 2024년 692로 증가하였다. 588의 15%에 해당하는 약 88을 더하면 676이며, 이는 실제 수치 692보다 낮다. 즉, 증가율은 15% 이상이다. 또는, $[\frac{692}{588} \text{ vs } \frac{115}{100}] = [\frac{692}{588} > \frac{690}{600}]$으로 판정할 수도 있다. Y

④ '인문사회계열'의 학과 수는 2014년 6,003 → 2024년 5,823으로 감소하였다. N(정답)

⑤ 2014년과 2024년 모두 '예체능계열'의 학과 수에 3을 곱한 값이 동일 해 '인문사회계열' 학과 수보다 적었다. 따라서 3배 이상이다. Y

05 ⑤

1) 기획 직군 신입사원 = 800 × 20% = 160명

2) 대졸 이상 학력 기획 직군 = 160 × (45% + 25%) = 112명

'대졸 이상' 학력이라는 부분을 놓쳤다면 '대졸'만 계산하여 ①번을 골랐을 수 있다. (실제로 GSAT에서 이와 유사한 함정식의 문제가 출제된 이력이 있으니 주의하자)

06 ④

옳은 것 'Y' 찾아야 한다.

도표에 주어진 숫자의 자릿수가 같으며, 일의자리 숫자는 모두 0이므로 실제 연산에서는 생략하도록 하자.

① 모바일의 2020년 매출은 421이다. 여기에 50%인 210.5를 더하면 631.5인데, 이는 실제 2024년 매출 620보다 높다. 즉, 증가율은 50% 미만일 것이다. N

② 영상의 2022년 매출은 398이다. 여기에 10%인 39.8을 더하면 437.8인데, 이는 실제 2024년 매출 433보다 높다. 즉, 증가율은 10% 미만일 것이다. N

③ 2024년 영상과 가전의 합계는 702(= 433 + 269)으로 모바일 620보다 높다. 즉, 모바일이 차지하는 비중은 절반 미만이다. N

④ 가전의 2022년 매출은 247이다. 여기에 10%인 24.7을 더하면 271.7인데, 이는 실제 2023년 매출 273보다 낮다. 즉, 증가율은 10% 이상이라는 것이다. Y(정답)

⑤ 가전 부문의 매출은 2024년 2,690으로 전년인 2023년 2,730 대비 감소하였다. N

07 ⑤

틀린 것 'N' 찾아야 한다.

① '노르웨이'와 '캐나다'의 매년 생산량 수치는 같은 해 소비량 수치보다 높았다. Y

② 친환경 에너지 자급률은 $[\frac{\text{생산량}}{\text{소비량}}]$이다. 2024년 '호주'의 친환경 에너지 자급률 = $\frac{181}{270}$이며, 60% 이상인지 확인하기 위해 $\frac{60}{100}$과 비교하자. $[\frac{181}{270} > \frac{180}{300}]$이므로 자급률이 60%보다 높다는 것을 알 수 있다. Y

③ 2023년 '이집트'의 친환경 에너지 자급률 = $\frac{79}{101}$이며, 이는 [$\frac{79}{101}$ 〉 $\frac{70}{100}$]이므로 70% 이상임을 알 수 있다. Y

④ 친환경 에너지 자급률은 [$\frac{생산량}{소비량}$]이다. 전년비 수치가 주어졌기 때문에 2년 연속 전년 대비 [생산량 변화율 〉 소비량 변화율]을 만족하는지 확인하자. 2023년 [5% 〉 3%], 2024년 [- 11% 〉 - 14%]이므로 자급률은 지속 증가했다. Y

⑤ '이집트'의 수치가 2년 연속 전년 대비 [생산량 변화율 〉 소비량 변화율]인지 확인하자. 2023년 [- 13% 〈 - 2%]로 전년 대비 자급률이 감소하였다. N(정답)

08 ⑤

'이집트'의 2022년 수치와 전년비를 활용하여 2021년의 수치를 역산해야 한다.

2021년 생산량에서 10% 감소하여 2022년에 900이 되었으므로, 2021년 생산량 = $\frac{900}{0.9}$ = 1,000이다. (900 + 900 × 0.1 = 990이 아님에 주의하자)

2021년 소비량에서 12% 증가하여 2022년에 1,030이 되었으므로, 2021년 소비량 = $\frac{1,030}{1.12}$ = 919.6 ≒ 920이다. (1,030 - 1,030 × 0.12 = 906이 아님에 주의하자)

[참고]

GSAT 수리영역 20문제 중 동일한 자료를 활용하여 2문제 풀이를 요구하는 '세트 문제'는 보통 1세트나 2세트가 출제되어왔으며, 다른 문항 대비 난이도가 쉬운 편이었다.

하지만, 2025년 상반기 GSAT 수리영역에 출제되었던 '세트 문제'는 다른 자료해석 문제보다 어려웠다는 피드백이 많았다. 즉, 세트 문제라고 무조건 꿀문제가 아니라는 것이다. 결국 자신이 잘하는 것과 어려워하는 것을 잘 인지한 상태에서 10초 내에 문제를 풀지 말지 결정하는 연습이 반드시 필요하다.

09 ③

옳은 것 'Y' 찾아야 한다.

① '20년에는 '19년 대비 재직자 수는 감소, 1인당 연평균 직무교육 이수 시간은 증가하여 전년 대비 증감 트렌드가 다른 해가 존재한다. N

② 1천만 명은 10,000천 명이다. 〈그래프〉의 단위가 [천 명]이므로 7개년의 막대 그래프 평균값이 10,000 이상인지를 확인하자. 별도의 계산이 없더라도 '19년을 제외하면 10,000 이상의 수치를 기록하는 해가 없으며 편차의 합이 음수일 것으로 예상된다. 즉, 평균값이 10,000 미만일 것이라고 바로 판단할 수 있다. N

③ 막대 그래프와 꺾은선 그래프의 수치가 가장 낮았던 해는 '22년으로 동일하다. Y(정답)

④ 전체 직무교육 이수 시간은 [재직자 수 × 1인당 연평균 직무교육 이수 시간]이다. 재직자 수가 가장 높거나 1인당 직무교육 시간이 길수록 전체 교육 시간이 길 것이며, 이에 해당하는 해는 '19년과 '20년이다. '19년 10,040 × 19.2 ≒ 192,800이며 '20년 9,960 × 20.1 ≒ 200,200으로 '20년이 더 길었다. 나머지 해는 '19년이나 '20년보다 값이 낮을 것으로 예상되므로 '20년의 전체 직무교육 이수 시간이 가장 길다고 판정한다. N

⑤ 1백만 명은 1,000천 명이다. 재직자 수가 가장 많았던 '19년 10,040과 재직자 수가 가장 적었던 '22년 9,050의 차이는 990으로 1백만 명 미만이다. N

10 ⑤

ㄱ. (참) 영업이익률은 [$\frac{영업이익}{매출액}$]이다. 3%p라고 했으므로 자릿수를 유지하여 정확히 산출하자. A의 영업이익률은 $\frac{734}{5,439}$ ≒ 13.5%, B의 영업이익률은 $\frac{612}{5,982}$ ≒ 10.2%이다. A의 영업이익률이 B보다 3.3%p 높다.

ㄴ. (참) A와 B의 [$\frac{연구개발비}{매출액}$]를 자릿수를 유지하여 소수점 첫째자리 정도까지는 계산하되 앞에서 세자리 수까지만 제대로 살려서 어림산하자. A는 $\frac{649}{5,440}$ ≒ 11.9%, B는 $\frac{115}{598}$ ≒ 19.2%이다. B가 A보다 7.3%p 높다.

ㄷ. (참) B사의 온라인 마케팅비에 2.4배를 한 뒤 광고비와 비교해보자. 225 × 2.4 = 540으로 광고비 585보다 낮다. 즉, 2.4배를 해도 실제 광고비보다 작으므로 2.4배 이상이다.

[참고]

주어진 정보의 양도 적고, 지문도 짧지만 수치를 직접 계산해서 정확하게 산출해야 하는 상당히 까다로운 문제이다. 실제 GSAT 시험에서 이러한 문제를 마주쳤다면 10초 내외에 '아, 이거 다 계산해야 되네. 어떻게 풀어야 할지는 알겠는데 시간 좀 걸리겠다. 나중에 풀어야지.'라는 판단을 하는 것이 전체적인 시험 운영이나 정신건강에 유리하다. GSAT은 난이도가 높지는 않지만 주어진 시간에 많은 문제를 풀어야 하기 때문에 어려운 문제를 Skip하는 경험과 연습이 반드시 필요하다.

11 ②

틀린 것 'N' 찾아야 한다.

① 기타를 포함한 총 5개 고장 유형 중 2023년과 2024년 모두 '배터리 문제'의 비중이 가장 높았다. Y

② 고장 건수가 증가했던 유형은 '배터리 문제'와 '키보드 인식 불량'이다. '배터리 문제'는 1,484 → 1,788로 304건 증가, '키보드 인식 불량'은 1,290 → 1,543으로 253건 증가하여 가장 많이 증가했던 유형은 '배터리 문제'이다. N(정답)

③ 2023년 전체 고장 접수 건수인 6,450에 10%인 645를 더하면 7,095로 2024년 7,210보다 적다. 따라서, 실제 증가율은 10% 이상이다. Y

④ '키보드 인식 불량' 접수 건수는 2023년 1,290 → 2024년 1,543으로 증가하였다. 1,290에 15%인 약 194를 더하면 1,484로 2024년 실제 수치인 1,543보다 적은 값이 나온다. 즉, 실제 증가율은 15% 이상이다. 또는, [$\frac{154}{129}$ vs $\frac{115}{100}$]을 비교하자. $\frac{115}{100}$의 분자에 약 30만큼(0.3을 곱한 만큼) 더하면 분자에는 약 35정도 더하면 된다. 즉, [$\frac{154}{129} > \frac{150}{130}$]으로 증가율은 15% 이상임을 알 수 있다. Y

⑤ $\frac{1}{8}$은 12.5%이며, 2023년 '화면/패널 문제' 유형의 접수 건수 비중은 14.0%로 $\frac{1}{8}$ 이상이다. Y

12 ④

옳은 것 'Y' 찾아야 한다.

① 전 세계의 증감률을 산출하기 위해서는 〈그래프〉에 기재된 6대륙의 수치를 모두 더해야 한다. 계산이 많아질 것 같으니 웬만하면 다음 보기로 넘어가는 선택을 하는 것이 좋겠다. 2020년은 615(= 145 + 170 + 140 + 80 + 44 + 36)이며, 2024년은 672(= 165 + 180 + 148 + 88 + 52 + 39)이다. 615에서 10%인 61.5를 더하면 676.5이며, 이는 실제 2024년 수치인 672보다 높다. 즉, 실제 증감률은 10% 미만임을 알 수 있다. N

② 〈그래프〉에서 남미의 수치가 2023년 89 → 2024년 88로 감소함을 확인할 수 있다. N

③ 단위를 (천 종)으로 치환하여 해석하자. 2024년 유럽 전체는 〈그래프〉를 통해 1,780천 종임을 알 수 있다. 즉, 10%는 178이다. 〈표〉에서 2023년 영국은 158이므로 2023년 유럽 전체 중 10% 미만이다. N

④ 2024년 유럽 전체는 〈그래프〉를 통해 1,800천 종임을 알 수 있다. 즉, 25%인 $\frac{1}{4}$은 450이므로 〈표〉에서 2024년 유럽 5개국의 합계가 450 이상인지 확인하자. 90 + 74 + 160 + 61 + 78은 정확히 계산하지 않더라도 450 이상임을 알 수 있다. 즉, 2024년 유럽 주요 5개국이 유럽 전체에서 차지하는 비중은 25% 이상이다. Y(정답)

⑤ 〈그래프〉가 비중이 아닌 수치로 주어졌다. 즉, 비중을 산출하기 위해서는 매년 6대륙의 합계와 [오세아니아 + 아프리카]의 수치를 따로 계산해서 5개년 동안 각각 검증해야 한다. 이러한 지문은 절대 수험장에서 계산하지 말아야 한다. 계산을 시작하는 순간 남 좋은 일 시작이다. 연산량은 많지만 연산 난이도는 높지 않으므로 매년 [오세아니아 + 아프리카]의 전 세계 비중 수치로 해설을 갈음하고 더 이상의 자세한 설명은 생략한다. 2020년부터 [13.0%, 13.2%, 13.4%, 13.3%, 13.5%]로 매년 15% 미만이었다. N

13 ①

단위를 (천 종)으로 통일하자.

ⓐ: 2020년 유럽은 1,700, 영국은 153이다. 영국의 비중은 $\frac{153}{17}$ = 9%이다.

ⓑ: 2024년 유럽은 1,800, 독일은 90이다. 독일의 비중은 $\frac{90}{18}$ = 5%이다.

따라서 ⓐ – ⓑ = 4%p이다.

14 ⑤

옳지 않은 내용을 선별해야 한다. GSAT에서 출제되는 유형이니 주의하자.

ㄱ. (참) 〈그래프〉의 한 칸이 10점이다. 가장 위에 위치한 G와 가장 아래에 위치한 F는 세 칸 이상의 차이를 보이기 때문에 30점 이상의 점수 차이임을 알 수 있다.

ㄴ. (거짓) D는 위에서 3등, 오른쪽에서 4등으로 서로 순위가 다르다.

ㄷ. (거짓) 직무교육 연수 점수는 가장 위에 위치한 G가 1위이며, 신입사원 교육 점수는 가장 우측에 위치한 H가 1위로 서로 다르다.

ㄹ. (거짓) 평균 80점 이상은 총점 160점 이상이다. 좌표상에서 (60, 100)과 (100, 60)을 잇는 사선을 기준으로 윗편에 위치한 E, G, H 3명이 이에 해당한다.

15 ②

틀린 것 'N' 찾아야 한다.

① 전체 매출은 105 → 123으로 증가하였다. 2020년 총 매출 105의 15%는 약 15.8이며, 이를 더하면(= 15%를 증가시키면) 120.8이다. 이는 실제 2024년 123보다 작으므로 실제 증가율은 15% 이상임을 알 수 있다. Y

② 각 연도의 총 매출이 다르기 때문에 전체 × 비중으로 각 연도의 매출액을 연산할 수밖에 없다. '로봇 청소기'의 매출은 2020년 약 33.6(= 105 × 0.32), 2024년 약 46.7(= 123 × 0.38)로 둘의 차이는 13.1 정도로 15억 원 미만이다. N(정답)

③ 2024년 '로봇'과 '무선'의 비중 차이는 2.9%p(= 38.0% − 35.1%)이다. 총 매출이 123억 원인데 차이가 2.9%이므로 계산하지 않더라도 3억 원 이상의 차이임을 알 수 있다. Y

④ 같은 해에서 매출액의 배율을 묻고 있으므로 매출액을 산출할 필요 없이 비중만으로 판단이 가능하다. 2020년 '유선'의 매출 비중은 26.3%로 '진드기' 13.0%의 2배 이상이다. Y

⑤ 2024년 '무선'의 매출 비중은 35.1%로 '유선' 17.5%의 2배 이상이다. Y

16 ①

순서 나열식 보기는 한꺼번에 계산해서 순서를 산출하기보다는 빠르게 파악되는 정보를 먼저 적용하여 오답을 소거하는 방식이 효과적이다. 다섯 개 부서에 대해 [$\frac{매출액}{인원수}$]를 계산해야 한다. 한꺼번에 모두 비교하지 않더라도 우선 분수식으로 옮기다보면 크고 작음이 보이는 부분이 있을 것이다. 그 때, 해당 정보를 만족시키지 않는 보기를 제거하면서 풀이해보자.

전략기획부터 차례대로 [$\frac{72}{12}$, $\frac{110}{23}$, $\frac{104}{19}$, $\frac{64}{9}$, $\frac{94}{15}$]이다.

첫 번째의 분모, 분자에 2배씩 하면 $\frac{144}{24}$이므로 옆에 있는 $\frac{110}{23}$보다 크다는 것을 '암산으로' 바로 파악할 수 있다.

전략기획 〉 영업이므로 영업이 전략기획보다 먼저 나오는 보기 ③, ④, ⑤를 제거하자.

보기 ①, ②가 남았는데, 품질관리가 가장 앞에 있거나 가장 뒤에 있다. 따라서, 품질관리가 5개 중에서 큰 편인지 작은 편인지만 감을 잡아보자. 품질관리는 $\frac{64}{9}$인데 분자와 분모에 2배씩 하면 $\frac{128}{18}$이다. 이는 생산보다도 크다. 즉, 큰 편에 속하므로 ①번을 정답으로 선택한다.

17 ③

옳은 것 'Y' 찾아야 한다.

① '증착' 장비군은 2020년 3위에서 2025년 2위로 상승하였다. N

② 증가율 300% 이상은 4배 이상이 되었다는 뜻이다. 상위 5개 장비군 매출은 2010년 17,520 → 2025년 57,400으로 증가하였다. 이는 약 3.3배 수준으로 4배 미만이다. 증가율과 배율을 헷갈리지 않도록 주의하자. N

③ '노광'은 2015년 5,700 → 2020년 11,630으로 2배 이상. 즉, 100% 이상 증가하였다. 2015년과 2020년의 '노광' 장비군 순위가 다르기 때문에 2015년 '식각' 장비군의 매출 수치인 6,050으로 계산하지 않도록 주의하자. Y(정답)

④ '검사' 장비군 역시 조사기간 동안 매년 4위를 유지하였다. N

⑤ '식각'은 2015년 6,050 → 2020년 9,780로 증가하였다. 70% 이상인지를 확인하기 위해 [$\frac{978}{605}$ vs $\frac{170}{100}$]을 비교하면, $\frac{170}{100}$의 분모와 분자에 6씩 곱하면 [$\frac{978}{605} < \frac{1,020}{600}$]이므로 증가율은 70% 미만임을 알 수 있다. N

18 ②

[정석 풀이]

$f(2) = 14 = (a-2)^2 + 3 + b$, $(a-2)^2 + b = 11$ ⋯ ㉠

$f(3) = 12 = (a-3)^2 + 2 + b$, $(a-3)^2 + b = 10$ ⋯ ㉡

㉠ − ㉡하면, $(a-2)^2 - (a-3)^2 = 1$, $(a^2 - 4a + 4) - (a^2 - 6a + 9) = 2a - 5 = 1$이므로 $a = 3$이다.

이를 ㉠이나 ㉡에 대입하면 $b = 10$임을 알 수 있다. 정답은 ②번이다.

[치트키] 대입법

가장 쉬워 보이는 ②번을 각 상황에 대입해본다.

$x = 2$잔: 14 = 1 + 3 + 10으로 수식을 만족한다.

x = 3잔: 12 = 0 + 2 + 10으로 만족한다. 정답을 ②번으로 선택한다.

기억하자. 18번은 대입법 풀이가 효과적인 경우가 많다.

19 ①

매년 $\frac{B}{A}$의 값을 묻는 문제이다. 6개년의 $\frac{B}{A}$를 산출하기보다는 분자(B)와 분모(A)의 변화 트렌드를 통해 $\frac{B}{A}$의 변화 트렌드를 우선 파악해보자.

분자(B): 2019년 306을 기준으로 전년 대비 [+ + − − +]

분모(A): 2019년 1,230을 기준으로 전년 대비 [− + + + −]

이므로 $\frac{B}{A}$: 2019년 수치를 기준으로 전년 대비 [+ ? − − +]의 트렌드를 보일 것이다. 이를 만족하는 그래프는 ①번이 유일하므로 정답으로 선택한다.

(혹여 $\frac{A}{B}$로 변화 트렌드를 파악했다면 [− ? + + −]로 파악하여 ②번이나 ③번을 정답으로 선택했을 수 있음에 주의하자)

20 ④

[정석 풀이]

플랫폼 A: 매월 [+ 300, + 300, + 300, + 300…]인 등차수열이다.

플랫폼 B: 매월 [+ 100, + 140, + 180, + 220…]인 계차수열이다.

12월에 플랫폼 A는 45,600명, 플랫폼 B는 55,100명으로 차이는 9,500명으로 정답은 ④번이다.

시점	플랫폼 A		플랫폼 B	
1월	42,300	300	51,800	100
2월	42,600	300	51,900	140
3월	42,900	300	52,040	180
4월	43,200	300	52,220	220
5월	43,500	300	52,440	260
6월	43,800	300	52,700	300
7월	44,100	300	53,000	340
8월	44,400	300	53,340	380
9월	44,700	300	53,720	420
10월	45,000	300	54,140	460
11월	45,300	300	54,600	500
12월	45,600	-	55,100	-

[치트키]

20번 수열 문제는 주어진 보기가 '시점'인지 '수치'인지를 먼저 확인하는 것이 좋다.

'시점'인 경우 정답 산출을 위해서는 수열을 확장하며 모두 계산해야 하지만, '수치'인 경우 상황에 따라 연산량을 줄일 수 있기 때문이다.

1) 주어진 보기가 '수치'이므로 끝자리만 계산하여 정답을 고를 수 있는 문제인지 판단한다.
2) 이번 문제의 경우 십의 자리 숫자 기준으로 2, 4, 0, 0, 4가 주어졌으므로 실제로는 2, 4, 0의 세가지 보기가 주어진 경우이다.
3) 이러한 경우 십의 자리 숫자만 계산했을 때, 2가 나오면 바로 정답을 고를 수 있지만 4나 0이 나오면 계산을 다시 해야 한다. 그리고 2나 4가 나올 확률은 $\frac{2}{3}$인 67%이다.
4) 따라서, 백의 자리까지는 계산해야 한다.

라는 상황을 파악하면, 연산량을 줄일 수 있다.

시점	플랫폼 A		플랫폼 B	
1월	300	300	800	100
2월	600	300	900	140
3월	900	300	040	180
4월	200	300	220	220
5월	500	300	440	260
6월	800	300	700	300
7월	100	300	000	340
8월	400	300	340	380
9월	700	300	720	420
10월	000	300	140	460
11월	300	300	600	500
12월	600	-	100	-

또한, 처음부터 플랫폼 A와 B의 차이를 하나의 수열로 인식하여 풀이한다면 연산 시간을 더욱 줄일 수 있다.

시점	A, B 차이	계차
1월	500	−200
2월	300	−160
3월	140	−120
4월	020	−80
5월	940	−40
6월	900	0
7월	900	40
8월	940	80
9월	020	120
10월	140	160
11월	300	200
12월	500	-

Chapter 02 추리

01	02	03	04	05	06	07	08	09	10
③	④	⑤	④	②	④	③	⑤	③	③
11	12	13	14	15	16	17	18	19	20
⑤	①	②	②	①	④	②	①	⑤	④
21	22	23	24	25	26	27	28	29	30
④	③	④	⑤	⑤	③	④	①	③	④

01~03은 다음의 유형을 따른다.

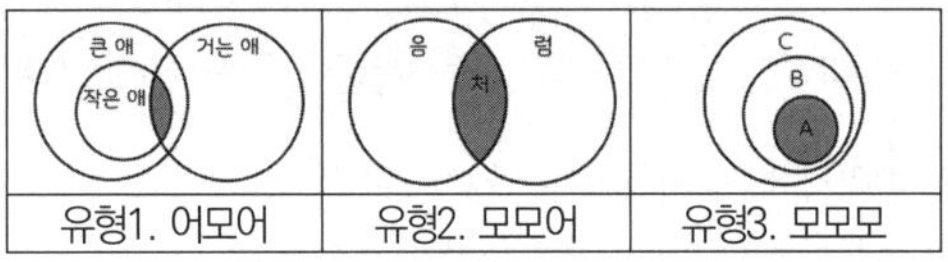

01 ③

두 전제가 모두 모든이다. 두 전제를 이을 수 있으면 유형3. 모모모이고 두 전제를 이을 수 없다면 유형2. 모모어이다. 지식이 많은 신입사원을 매개로 두 전제를 이을 수 있다. 유형3. 모모모이다.

[나이가 많은 신입사원 → 지식이 많은 신입사원 → 학점이 낮은 신입사원]이 되며 결론에 가운데의 개념인 매개념을 제외한 [나이가 많은 신입사원 → 학점이 낮은 신입사원]가 온다.

02 ④

[치트키]

전제의 어떤을 보고 유형1. 어모어로 접근하자. 전제의 어떤과 결론의 어떤에서 2번 나온 개념이 거는 애이다. 이에 따라 비싼 전자제품이 거는 애라고 알 수 있다. 전제의 어떤에서는 작은 애와 거는 애가 온다. 이를 토대로 작은 애를 찾자. 남은 한 개념이 큰 애라고도 알 수 있다.

작: 품.우.

큰: 성.뛰.

거: 비싼

전제의 모든이 정답이다. 전제의 모든은 [작은 애 → 큰 애]의 형태를 보인다. 이에 따라 정답이 [품.우. → 성.뛰.]라고 알 수 있다.

[일반 풀이]

전제에서 비싼 전자제품은 품질이 우수한 전자제품과 교집합을 이룬다. 결론에서 비싼 전자제품은 성능이 뛰어난 전자제품과 교집합을 이룬다. 품질이 우수한 전자제품이 성능이 뛰어난 전자제품의 부분집합일 때 전제를 토대로 결론을 도출할 수 있다.

03 ⑤

[치트키]

전제의 어떤을 보고 유형1. 어모어로 접근하자. 2번 나온 개념의 정/부정이 같다. 전제의 모든에서 앞에서 있는 개념이 작은 애, 뒤에 있는 개념이 큰 애다. 전제의 어떤에서는 작은 애와 거는 애가 오는데 작은 애를 이미 찾았으니 작은 애가 아닌 개념이 거는 애다.

작: 주.편.

큰: 인.많.

거: 유명

결론에서는 거는 애와 큰 애가 어떤으로 만난다. 이에 정답은 '인.많./어떤/유명' 또는 '유명/어떤/인.많.'이다.

[일반 풀이]

주차가 편리한 관광지는 인기가 많은 관광지의 부분집합이다. 그러면서 주차가 편리한 관광지는 유명한 관광지와 교집합을 이룬다. 이에 따라 주차가 편리한 관광지를 부분집합으로 삼는 인기가 많은 관광지도 유명한 관광지와 교집합을 이룬다고 알 수 있다.

04 ④

선택지에서 묻는 건 누가 몇 번째로 줄을 서는지이다. 정답이 아닌 선택지가 있어야 하니 문제의 상황과 〈보기〉의 조건을 만족하는 경우가 2가지 이상일 가능성이 높다. 그러면서 2가지 이상의 경우에서 항상 같은 순서로 줄을 서는 1명이 있다. 그 1명이 정답이기 때문이다.

E를 2번째로 고정하자. A와 C는 3, 4번째로 줄을 서거나 4, 5번째로 줄을 선다. D는 B보다 먼저 줄을 선다. A, C가 어떻게 줄을 서든 D는 1번째로 줄을 선다.

[오답점검]

문제의 상황과 〈보기〉의 조건을 만족하는 모든 경우를 정리하면 다음과 같다. A와 C는 자리를 바꿀 수 있기에 편의상 A/C 또는 C/A로 표기했다.

Case	1	2	3	4	5
1	D	E	A/C	C/A	B
2	D	E	B	A/C	C/A

05 ②

경우의 수를 묻는 선택지가 존재한다. 문제의 상황과 〈보기〉의 조건을 만족하는 모든 경우를 찾으며 문제를 풀어보자.
사람은 6명이고 2명씩 팀에 들어간다. 사람을 기준으로 정리해도 되지만 팀을 기준으로 정리하는 편이 보다 간단할 것으로 예상된다. 그룹짓기의 방법으로 접근하자.
F를 홍보팀에 고정 후 D와 E가 같은 팀이라는 조건을 토대로 D와 E가 기획팀인 경우와 총무팀인 경우로 나눠보자. 2명씩 팀에 들어가기에 이미 F가 들어간다고 알고 있는 홍보팀으로는 D와 E가 들어가지 않는다.

Case 1	Case 2
기획: D, E 총무: 홍보: F	기획: 총무: D, E 홍보: F

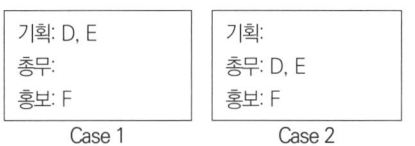

A는 홍보팀이 아니다. Case 1에서 A는 총무팀이고 Case 2에서 A는 기획팀이다. B와 C가 남았다. 공간을 효율적으로 쓰기 위해 B/C 또는 C/B로 표기했다.

Case 1	Case 2
기획: D, E 총무: A, B/C 홍보: F, C/B	기획: A, B/C 총무: D, E 홍보: F, C/B

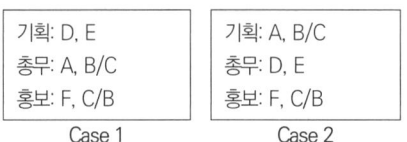

[오답점검]
풀이에서 Case 1, 2로 나누었지만 Case 1은 B가 총무팀인 경우와 홍보팀인 경우로 2가지로 나뉘며 Case 2는 B가 기획팀인 경우와 홍보팀인 경우로 2가지로 나뉜다.

06 ④

C와 F를 서로 마주보는 자리에 앉히자. 이후 E와 이웃한 양옆자리에 A와 D가 앉는다는 조건을 적용하자. E가 F를 기준으로 왼쪽에 앉는 경우와 오른쪽에 앉는 경우로 나눌 수 있다. 그러면서 A와 D가 자리를 바꿀 수 있기에 편의상 AD 또는 DA로 정리하여 풀이공간을 아껴보자.

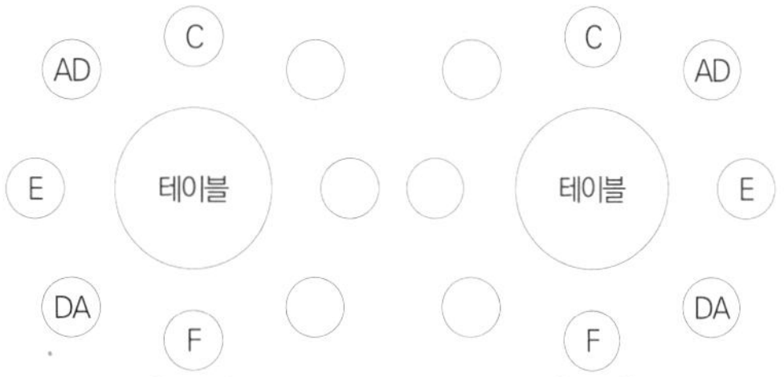

Case 1 Case 2

H는 B와 이웃한 자리에 앉는다. 이 조건을 토대로 여러 경우로 나눌 수 있다. 나뉘는 경우를 토대로 E와 마주보고 앉을 수 있는 사람은 H와 B뿐이라고 알 수 있다. 문제에서 묻는 것은 항상 거짓이고 선택지에서 누가 누구와 마주보고 앉는지를 묻는다. E가 G와 마주보고 앉는다는 선택지가 항상 거짓이다.

[오답점검]
H와 B가 이웃하게 앉는다는 조건을 반영하여 경우를 더 나누면 다음과 같다. H와 B는 자리를 바꿀 수 있으니 편의상 HB 또는 BH로 표기했다.

Case 1.1 Case 1.2

Case 2.1 Case 2.2

07 ③

A를 5번 자리에 앉히자. B는 1열의 자리에 앉는다. B가 1번 자리에 앉는 경우와 4번 자리에 앉는 경우로 나뉜다. B를 기준으로 경우를 나눈 후 E가 앉는 자리의 번호보다 1이 큰 번호의 자리에 F가 앉는다는 조건을 토대로 경우를 더 나누면 다음과 같다.

01 기출변형 모의고사

1B	2E	3F
4	5A	6

Case 1.1

1B	2	3E
4F	5A	6

Case 1.2

1E	2F	3
4B	5A	6

Case 2.1

1	2E	3F
4B	5A	6

Case 2.2

C가 앉는 자리의 번호는 F가 앉는 자리의 번호보다 작다. Case 1.1과 2.1은 해당 조건을 적용할 수 없다. 즉 조건을 만족하지 않는다. 소거하자. Case 1.2와 2.2에 C를 앉히고 남은 자리에 D를 앉히면 다음과 같다.

1B	2C	3E
4F	5A	6D

Case 1.2

1C	2E	3F
4B	5A	6D

Case 2.2

08 ⑤

첫 번째 자리가 맨 왼쪽을 뜻하는지 맨 오른쪽을 뜻하는지 불분명하다. 하지만 문제에서 요구하는 것은 경우의 수이기에 첫 번째 자리를 맨 왼쪽으로 이해하든 맨 오른쪽으로 이해하든 정답을 구하는 데에는 지장이 없다. 이어지는 풀이에서는 맨 왼쪽을 첫 번째 자리로 보았다.

〈보기〉에 첫 번째 자리의 숫자와 연관된 조건이 많다.

두 번째 자리에 3을 고정한 후 첫 번째 자리의 숫자가 5보다 작아야 하니 첫 번째 자리의 숫자가 1인 경우, 2인 경우, 3인 경우, 4인 경우로 나누어서 풀이하자.

다섯 번째 자리의 숫자는 첫 번째 자리의 숫자에 3을 곱한 값이다. 첫 번째 자리의 숫자가 4인 경우 다섯 번째 자리의 숫자가 12가 된다. 1부터 9까지라는 범위를 초과하기에 첫 번째 자리의 숫자는 4일 수 없다. 첫 번째 자리의 숫자가 1인 경우, 2인 경우, 3인 경우에서 3을 곱한 값을 다섯 번째 자리의 숫자로 배치하자. 이와 함께 네 번째 자리의 숫자는 첫 번째 자리의 숫자에 3을 더한 값이라는 조건도 같이 적용하자.

Case	첫	둘	셋	넷	다
1	1	3		4	3
2	2	3		5	6
3	3	3		6	9

세 번째 자리의 숫자는 첫 번째 자리의 숫자와 네 번째 자리의 숫자 사이의 값이다. Case 1에서 세 번째 자리의 숫자의 값으로 가능한 숫자는 2와 3이다. 그런데 3은 이미 2번 사용했다. 같은 숫자를 3번 이상 사용할 수 없다는 조건에 의해 Case 1에서 세 번째 자리의 숫자는 2라고 알 수 있다. Case 2에서는 세 번째 자리의 숫자로 가능한 숫자는 3과 4가 있으며 Case 3에서는 4와 5가 있다.

Case	첫	둘	셋	넷	다
1	1	3	2	4	3
2	2	3	3 / 4	5	6
3	3	3	4 / 5	6	9

Case 1이 1가지 경우, Case 2, 3이 각각 2가지 경우로 총 5가지 경우로 나뉜다. 즉 〈보기〉의 조건을 만족하는 비밀번호는 5가지이다.

09 ③

편의상 해설에서 단위인 g은 생략하겠다. A와 B가 사용하는 스마트폰 무게의 합은 380이다. A와 B가 190인 스마트폰을 사용하는 경우와 A와 B가 각각 162, 218인 스마트폰을 사용하는 경우로 나뉜다.

Case	A	B	C	D	E
1	190	190			
2	162	218			
3	218	162			

D가 사용하는 스마트폰과 같은 무게의 스마트폰을 사용하는 사람은 없다. Case 1에서 D가 162인 스마트폰을 사용하는 경우와 218인 스마트폰을 사용하는 경우로 나뉜다. Case 2, 3에서 D는 190인 스마트폰을 사용한다.

Case	A	B	C	D	E
1.1	190	190		162	
1.2	190	190		218	
2	162	218		190	
3	218	162		190	

E는 C보다 가벼운 스마트폰을 사용한다. D가 사용하는 스마트폰과 같은 무게의 스마트폰을 사용하는 사람은 없다는 조건까지 고려하더라도 경우가 너무 많이 나뉜다. 선택지를 '~라면'으로 제시한 문제는 크게 다음의 2가지 풀이로 나뉜다. 경우가 많이 나뉘기에 1안의 풀이가 더 효율적이라 판단된다.

1) 문제의 상황과 〈보기〉의 조건을 풀이에 최대한 반영한 후 선택지의 앞부분(=전건)을 넣어봤을 때 뒷부분(=후건)이 항상 참인지 거짓인지 판별하는 방법
2) 문제의 상황과 〈보기〉의 조건을 만족하는 경우를 모두 찾은 후 앞부분이 지칭하는 경우에서 뒷부분이 항상 참인지 거짓인지를 확인하는 방법

③ D가 162g의 스마트폰을 사용하면 C는 218g의 스마트폰을 사용한다. D가 162의 스마트폰을 사용하는 경우는 Case 1.1뿐이다. 아무도 사용하지 않는 스마트폰은 없고 E는 C보다 가벼운 스마트폰을 사용하기에 C가 218의 스마트폰을 사용한다. 참고로 D가 사용하는 스마트폰과 같은 무게의 스마트폰을 사용하는 사람은 없기에 E는 190의 스마트폰을 사용한다.

Case	A	B	C	D	E
1.1	190	190	218	162	190

[오답점검]

항상 참인 것을 고르라고 했으니 선택지 앞부분의 정보를 넣어보거나 앞부분이 지칭하는 경우에서 뒷부분을 만족하지 않는 경우를 찾아보자. 즉 반례를 찾아보자. 반례는 여럿이 있을 수 있기에 해설에서 제시한 반례와 풀이에서 찾은 반례가 다를 수 있다.

① A가 190g의 스마트폰을 사용하면 C는 190g의 스마트폰을 사용한다.

Case	A	B	C	D	E
1.1	190	190	218	162	190

② B가 190g의 스마트폰을 사용하면 E는 190g의 스마트폰을 사용한다.

④ D가 218g의 스마트폰을 사용하면 A는 218g의 스마트폰을 사용한다.

Case	A	B	C	D	E
1.2	190	190	190	218	162

⑤ E가 162g의 스마트폰을 사용하면 D는 218g의 스마트폰을 사용한다.

Case	A	B	C	D	E
3	218	162	218	190	162

10 ③

리그전 문제는 전체 경기를 나열 후 이긴 사람에게 따로 체크하며 푸는 방법이 가장 직관적이다. 총경기 수는 $_4C_2$로 6가지다. 6번의 경기를 나열 후 D가 C에게 이겼다는 점, B가 C와의 경기에서 이겼다는 점을 표기하자. 더불어 B의 전적은 1승 2패이고 1승은 C와의 경기에서 이겼다. B는 A와의 경기에서 졌고 D와의 경기에서 졌다.

Ⓐ VS B	Ⓑ VS C
A VS C	B VS Ⓓ
A VS D	C VS Ⓓ

아직 A와 C의 경기 결과와 A와 D의 경기 결과는 알 수 없다. 다른 조건을 적용하며 풀이를 이어가자. A와 전적이 같은 사람이 1명이다. A의 전적으로 가능한 경우는 1) 3승 0패, 2) 2승 1패, 3) 1승 2패, 4) 0승 3패이다. 그런데 이미 A가 1승을 한 것으로 알고 있으니 4) 0승 3패는 고민할 필요가 없다.

1) A의 전적이 3승 0패인 경우

A의 전적이 3승 0패이면 A와 전적이 같은 사람도 3승 0패이다. 서로 1번씩 경기를 하는 리그전에서 3승 0패가 2명이 나올 수 없다. A와 전적이 같은 사람을 X라 가정하자. A와 X가 경기를 치르고 승과 패가 나뉠 것인데 A와 X 모두 패가 없다는 것이 말이 되지 않는다.

2) A의 전적이 2승 1패인 경우

A의 전적이 2승 1패이면 4명 중 전적이 2승 1패인 사람이 A를 포함하여 2명이다. 경기를 총 6번 치르니 4명의 전적을 더하면 6승 6패이다. 이에 따라 A와 전적이 다른 나머지 2명의 전적의 합은 2승 4패가 되어야 한다.

B의 전적이 1승 2패이다. 이에 따라 A와 전적이 다른 2명인 B와 또 다른 1명의 전적은 1승 2패라고 알 수 있다.

D는 이미 2승이고 나머지 한 경기의 결과를 모른다. 조건을 만족하려면 D는 2승 1패이어야 하고 C는 1승 2패이어야 한다.

Ⓐ VS B	Ⓑ VS C
A VS Ⓒ	B VS Ⓓ
Ⓐ VS D	C VS Ⓓ

3) A의 전적이 1승 2패인 경우

A는 C와의 경기에서 졌고 D와의 경기에서 졌다. 이를 먼저 반영하자.

Ⓐ VS B	Ⓑ VS C
A VS Ⓒ	B VS Ⓓ
A VS Ⓓ	C VS Ⓓ

A, B, C의 전적이 1승 2패이다. A와 전적이 같은 사람은 1명이라는 조건을 만족하지 않는다.

위의 과정을 토대로 A의 전적은 2승 1패이고 D와 전적이 같다고 알 수 있다.

11 ⑤

[일반 풀이]

A는 C의 말이 거짓이라고 한다. A의 말이 진실이면 C의 말은 거짓이고 A의 말이 거짓이면 C의 말은 진실이다. A와 C의 말은 모든 경우에서 둘 중 1명이 진실을 말하고 나머지 1명이 거짓을 말하는 모순관계이다.
E의 말에 의해 E와 D의 말도 모순관계라 알 수 있다.
문제에서 2명만 마차를 마신다고 한다. 즉 진실을 말하는 사람이 2명이다. 진실을 말하는 2명 중 1명은 A이거나 C이고 나머지 1명은 E이거나 D이다. 언급하지 않은 B는 조건을 모두 만족하는 경우에서 거짓을 말한다.
B의 말이 거짓이다. D는 홍차를 마시지 않는다. D는 마차를 마신다. D는 마차를 마시니 진실을 말한다. D와 모순관계에 있는 E는 거짓을 말한다. E는 거짓을 말하니 홍차를 마신다.
C는 E가 홍차를 마신다고 한다. 이미 E가 홍차를 마신다고 알고 있다. C의 말은 진실이고 C는 마차를 마신다.
마차를 마시는 2명은 C와 D이다.

[다른 풀이]

A, C의 말이 모순관계, E, D의 말이 모순관계인 점을 파악한 뒤 다르게 풀이하면 다음과 같다.
B는 D가 홍차를 마신다고 한다. 문제에서 홍차를 마시는 사람은 거짓을 말한다는 조건을 제시했다. B의 말이 진실이면 D는 홍차를 마시고 D의 말은 거짓이다. B의 말이 거짓이면 D는 홍차를 마시지 않는다. 즉 D는 마차를 마시고 D의 말은 진실이다. 마차를 마시는 사람은 진실을 말하고 홍차를 마시는 사람은 거짓을 말한다는 조건을 만족하는 경우에서는 B와 D의 진술을 모순관계처럼 활용할 수 있다.
C는 E가 홍차를 마신다고 한다. B와 D의 진술을 모순관계처럼 활용할 수 있다는 점을 파악한 과정과 같이 C와 E의 진술도 마차를 마시는 사람은 진실을 말하고 홍차를 마시는 사람은 거짓을 말한다는 조건을 만족하는 경우에서는 모순관계처럼 활용할 수 있다.
진실게임에서 한 인물의 말은 진실 혹은 거짓으로 나뉘기에 편을 나눠서 정리할 수 있다. 위에서 정리한 진술관계 및 진술관계처럼 활용할 수 있는 정보를 정리하면 다음과 같다.
- E, B, A vs D, C

마차를 마시는 사람은 2명이다. C와 D가 마차를 마신다.

12 ①

변수의 종류가 사람과 어류로 2가지이고 다대다의 구조를 보인다. 한 축에는 사람을 놓고 다른 한 축에는 어류를 놓은 후 표 안을 O, X로 채우며 풀자.
B는 광어, D는 숭어를 먹는다. C는 민어를 먹지 않는다. 인당 2가지의 어류를 먹으니 C는 광어와 숭어를 먹는다.

	A	B	C	D
광어		O	O	
숭어			O	O
민어			X	

A가 먹는 어류 중 1종류의 어류를 C가 먹는다. A가 민어와 광어를 먹는 경우와 A가 민어와 숭어를 먹는 경우로 나뉜다. 문제에서 묻는 건 항상 참이고 누가 무엇을 먹는지이기 때문에 A가 민어를 먹는 것이 확실하다는 것을 표기하고 선택지를 확인하자.

	A	B	C	D
광어		O	O	
숭어			O	O
민어	O		X	

[오답점검]

오답인 선택지의 반례를 제시하면 다음과 같다. 반례는 여럿이 있을 수 있기에 풀이하며 찾은 반례와 해설의 반례가 다를 수 있다.

	A	B	C	D
광어	X	O	O	O
숭어	O	O	O	O
민어	O	X	X	X

②, ⑤의 반례

	A	B	C	D
광어	O	O	O	X
숭어	X	X	O	O
민어	O	O	X	O

③, ④의 반례

13 ②

월요일, 화요일, 수요일에는 티셔츠를 입지 않으니 티셔츠는 목요일과 금요일에 입을 수 있다. 같은 옷은 연달아 입지 않는다는 조건에 의해 티셔츠를 목요일에만 입는 경우와 금요일에만 입는 경우로 나눌 수 있다.
셔츠는 1번만 입는다. 셔츠와 티셔츠를 1번만 입는다. 스웨터를 3번 입는다. 같은 옷을 연달아 입지 않으니 스웨터를 월, 수, 금요일에 입는다고 알 수 있다. 티셔츠는 목요일과 금요일 중 목요일에 입는다. 이를 정리하면 다음과 같다.

	월	화	수	목	금
상의	스웨터	셔츠	스웨터	티셔츠	스웨터

면바지를 입은 다음 날에 티셔츠를 입지 않는다. 면바지를 수요일에 입지 않는다. 수요일에 청바지를 입는다. 같은 옷은 연달아 입지 않으니 월요일, 수요일, 금요일에 청바지를 입고 화요일과 목요일에 면바지를 입는다고 알 수 있다.

	월	화	수	목	금
상의	스웨터	셔츠	스웨터	티셔츠	스웨터
하의	청바지	면바지	청바지	면바지	청바지

14 ②

E는 B가 거짓을 말한다고 한다. E의 진술이 진실이면 B의 진술은 거짓이고 E의 진술이 거짓이면 B의 진술은 진실이다. E와 B의 진술은 모든 경우에서 둘 중 1명이 거짓을 말하는 모순관계다.
문제에서 착용하는 방진복과 장갑 색의 조합이 같은 사람은 없으며 방진복과 장갑을 모두 하양으로 착용한 사람이 거짓을 말한다고 한다. 방진복의 색이 3가지이고 장갑의 색이 2가지이니 6개의 색 조합이 나온다. 이 중 하얀 방진복과 하얀 장갑을 착용한 사람이 거짓을 말한다. 거짓을 말하는 사람은 1명이다.
참고로 색 조합과 사람 수를 고려했을 때 거짓을 말하는 사람이 0명인 경우도 존재한다. 색 조합은 6가지이고 사람이 5명이니 아무도 입지 않는 색 조합이 1가지가 존재하는데 이 1가지가 하얀 방진복과 하얀 장갑일 수 있다. 하지만 E와 B의 진술이 모순관계이니 거짓을 말하는 사람이 0명인 경우는 조건을 만족하지 않는다.
거짓을 말하는 사람은 1명이고 E가 거짓을 말하거나 B가 거짓을 말한다. 조건을 모두 만족하는 경우에서는 A, C, D의 진술은 진실이다. 이들의 진술을 토대로 내용을 정리하자. 콤마를 기준으로 앞이 방진복의 색이고 뒤가 장갑의 색이다.

A	B	C	D	E
하, ?		검, ?		파, 하

E는 하얀 방진복과 하얀 장갑을 착용하지 않는다. E의 진술이 진실이고 B의 진술이 거짓이다.

[오답점검]
답은 나왔지만 5명이 착용하는 방진복과 장갑의 색 조합을 고려하면 다음과 같다.
A가 착용할 수 있는 장갑의 색은 하양과 검정인데 A가 하얀 장갑을 착용할 수는 없다. 왜냐하면 B가 거짓을 말하기 때문이다. B가 하얀 방진복과 하얀 장갑을 착용한다. A는 검은 장갑을 착용한다.

A	B	C	D	E
하, 검	하, 하	검, ?		파, 하

C가 착용하는 장갑의 색이 검정인 경우와 하양인 경우로 나눈 후 D가 착용하는 방진복과 장갑의 색으로 경우를 더 나누면 다음과 같다.

A	B	C	D	E
하, 검	하, 하	검, 검	검, 하	파, 하
하, 검	하, 하	검, 검	파, 검	파, 하
하, 검	하, 하	검, 하	검, 검	파, 하
하, 검	하, 하	검, 하	파, 검	파, 하

4가지 경우 중 첫 번째 경우인 D가 하얀 장갑을 착용하는 경우는 B의 진술이 진실이 되기에 조건을 만족하지 않는다. 소거하자.

15 ①

[세로규칙] 이동
좌(←)로 1칸씩 이동

16 ④

[가로규칙] 회전
시계방향(↷)으로 90도씩 회전

17 ②

[가로규칙] 연산
첫 번째 도형과 두 번째 도형을 겹쳤을 때 같은 색이 만나면 흑색, 다른 색이 만나면 백색으로 세 번째 도형에 표현 (=같검다흰)

[18~21]

하나의 규칙을 적용한 흐름을 먼저 주목하자. 다음의 흐름을 통해 ◆의 규칙을 확인할 수 있다.
[UC93 ⇨ ◆ ⇨ U93C]
◆: 1342

이어서 ◆의 규칙을 적용하여 다른 규칙도 찾아보자.
[8B1T ⇨ ◆ ⇨ ☎ ⇨ 69VD]
[81TB ⇨ ☎ ⇨ 69VD]
☎: −2 −2 +2 +2

같은 원리로 ☏의 규칙을 적용하여 다른 규칙을 확인하자.
[DFAJ ⇨ ☏ ⇨ ◎ ⇨ LBCD]
[BDCL ⇨ ◎ ⇨ LBCD]
◎: 4132

마지막으로 ◎의 규칙을 활용하여 나머지 규칙을 찾자.
[U93C ⇨ ◎ ⇨ ♥ ⇨ DT48]
[CU39 ⇨ ♥ ⇨ DT48]
♥: +1 −1 +1 −1

◆: 1342
☏: −2 −2 +2 +2
◎: 4132
♥: +1 −1 +1 −1

18 ①

[치트키]
☏, ♥ 규칙 모두 증감규칙이다. 두 규칙을 더한 후 적용하면 풀이가 더 빠르다. 다시 말해 '☏ + ♥'인 '−1 −3 +3 +1'을 GFSI에 적용하는 풀이이다.

[일반 풀이]
[GFSI ⇨ ☏ ⇨ ♥ ⇨ ?]
[EDUK ⇨ ♥ ⇨ ?]
[FCVJ]

19 ⑤

[GEUN ⇨ ◆ ⇨ ◎ ⇨ ?]
[GUNE ⇨ ◎ ⇨ ?]
[EGNU]

20 ④

[? ⇨ ☏ ⇨ ◆ ⇨ CZ53]
[? ⇨ ☏ ⇨ C3Z5]
[E5X3]

21 ④

[? ⇨ ☏ ⇨ ◎ ⇨ ♥ ⇨ 25HI]
[? ⇨ ☏ ⇨ ◎ ⇨ 16GJ]
[? ⇨ ☏ ⇨ 6JG1]
[8LE9]

22 ③

이 글은 탄소배출권 거래제에 대한 글로, 제도의 개념에서 시작해 경제적 작동 원리, 한계점, 그리고 향후 개선 방향까지 구조적으로 전개된다. 먼저 (A)에서는 탄소배출권 거래제의 개념과 기본 틀을 소개하며 독자의 이해를 돕는다. 이어지는 (C)는 이 제도의 핵심 원리인 탄소 가격 부과를 통해 기업의 자발적인 감축 노력을 유도하는 효과를 설명한다. 그다음 (B)에서는 '하지만'이라는 표현으로 전환하며, 과잉 할당이나 예측 불가 등의 현실적인 문제와 산업계 반발을 언급한다. 마지막으로 (D)는 제도의 실효성을 높이기 위한 정책 논의와 그 중요성을 다루며 글을 마무리한다. 따라서 가장 적절한 문단 배열은 (A)-(C)-(B)-(D)가 된다.

23 ④

이 글은 스몸비 현상에 대한 개념 설명부터 사회적 영향, 대응 방안, 근본적 해결책까지 순차적으로 다루는 글이다. 먼저 (D)에서는 스몸비의 정의, 사용 배경, 대상 연령층 등 기본 개념을 소개하며 주제를 도입한다. 이어서 (A)에서는 스몸비 현상이 야기하는 대표적 사회적 문제인 보행 중 사고 및 공공 안전 위협을 구체적 사례와 함께 설명한다. 그다음 (C)에서는 이러한 문제에 대한 실제 정책 대응 사례들을 도시별로 제시하며, 정부 및 사회의 노력을 보여준다. 마지막으로 (B)에서는 기술적 대응만으로는 해결에 한계가 있음을 지적하고, 시민의식과 생활 속 규범 형성이라는 장기적인 해결 방향을 제시하며 글을 마무리한다. 따라서 가장 자연스러운 문단 배열은 (D)-(A)-(C)-(B)이다.

24 ⑤

양자 컴퓨터는 여전히 기술적 한계가 많아 대부분의 상용 문제를 처리하기 어렵다. 본문에서는 외부 환경에 민감해 양자 상태 유지가 어렵고, 오류율이 높으며, 디코히런스 문제 등 기술적 과제가 남아 있다고 언급하고 있다. 즉, 높은 안정성과 낮은 오류율로 대부분의 상용 문제를 처리한다는 진술은 사실과 다르다.

[오답점검]
① 양자 컴퓨터의 핵심 원리로 중첩, 얽힘, 간섭이 제시되며, 이로 인해 연산 효율이 높아진다고 설명하고 있다.
② 큐비트는 0과 1의 상태를 동시에 가질 수 있는 중첩성을 띤다고 본문에서 설명하였다.
③ 암호 해독, 신약 개발, 금융 시뮬레이션, 최적화 문제 등에서 양자 컴퓨터가 우위를 가질 수 있다는 내용이 명확히 등장한다.

④ QaaS(Quantum as a Service) 개념은 IBM, 구글 등의 기업이 양자 컴퓨팅을 클라우드로 제공하고 있다는 본문 내용과 정확히 일치한다.

25 ⑤

이 글에서는 디지털 교과서가 학습 흥미 유발, 비용 절감 등 다양한 이점을 지닌 교육의 필수 도구라고 주장하고 있다. 그러나 디지털 기기가 학습자에게 부정적인 영향을 줄 수 있으며, 모든 학생이 디지털 환경에 익숙한 것은 아니라는 점은, 디지털 교과서 도입의 전면 확대가 오히려 역효과를 낳을 수 있음을 지적하므로 글의 핵심 주장을 비판하는 데 가장 적절하다.

[오답점검]

① 교사의 역할이 여전히 중요하다는 점은 필자의 주장(디지털 교과서의 유익함)을 직접 반박하는 내용은 아니다. 디지털 교과서와 교사의 교육 철학은 병행 가능한 요소로, 비판 근거로는 약하다.

② 교육격차 해소와 원격 수업의 이점은 오히려 필자의 주장(디지털 도입 필요성)을 보완하거나 지지하는 입장이다.

③ 디지털 교과서의 맞춤형 학습과 교육 효과에 대한 긍정적 시각은 글의 주장과 동일한 맥락으로, 비판이 아니라 동의에 가깝다.

④ 종이 교과서의 변화에 대한 언급은 디지털 교과서 도입을 전면 반대하거나 비판하는 입장이 아니다. 오히려 다양한 형태의 교재 병행 가능성을 시사한다.

26 ③

본문에서는 AI 면접이 알고리즘의 편향, 문화적 차이, 신체적 장애를 가진 지원자에게 불리하게 작용할 수 있다고 지적하고 있다. 따라서 AI 면접이 공정성을 보장하며 차별의 위험이 없다는 진술은 지문과 어긋난다.

[오답점검]

①~② AI 면접의 특징과 장점으로 본문에 명확히 언급되어 있다.

④ 실제로 기업들이 AI 면접을 교육·선발 외 용도로 확장하는 사례를 반영한다.

⑤ 지문에서 지적된 비판적 시선과 일치한다.

27 ④

본문에서는 SMR이 대형 원전에 비해 건설 입지 제약이 적고, 송전망이 부족한 지역에도 설치 가능하다는 장점이 있다고 명시되어 있다.

[오답점검]

① 수소 생산, 지역난방, 담수화 등 다양한 분야에서의 활용 가능성은 본문에 명확히 언급되었다.

② SMR의 모듈화 구조 덕분에 공장 제작 및 단기간 설치가 가능하다는 설명은 본문에 언급되었다.

③ 수동안전계통을 활용한 냉각재 사고 방지 기능은 본문에 명시되어 있다.

⑤ SMR은 아직 규제 기준과 신뢰성, 경제성 확보 과제가 남아 있음이 본문에 언급되었다.

28 ①

본문에서는 액체 접착제는 기포 발생·점도 변화 등의 변수가 있어 정밀한 조건 제어가 필요하고, 경화 후에는 재작업이 어렵다고 명시되어 있으므로 참이다.

[오답점검]

② 고체 접착제는 열이나 압력을 가해야 점성이 생기므로, 항상 일정한 점성을 유지하지 않는다.

③ 전사공정은 기판 위에 직접 증착하는 방식이 아니라, 기존 기판에서 소자를 옮겨오는 방식이다.

④ 액체 접착제가 플렉서블 소재에 적합하다는 언급은 없다. 오히려 기포나 경화 문제로 인해 정밀한 공정에서는 주의가 필요하다고 서술되어 있다.

⑤ 고체 접착제가 대면적 전사공정에 적합한지 여부는 본문에서 확인할 수 없다.

29 ③

폴더블폰은 반복적인 접힘에 대응하기 위해 주름 개선과 내구성에 중점을 둔 기술이 적용된다. 곡면 반사광 제어는 〈보기〉에서 설명한 롤러블폰의 특징으로, ③은 두 기술의 설명을 혼동한 잘못된 진술이다.

[오답점검]

① 폴더블폰과 롤러블폰 모두 디스플레이 반사율을 낮춰 시인성을 높이는 기술이 적용된다는 설명은 본문과 〈보기〉에 모두 명시되어 있어 적절하다.

② 롤러블폰은 평소에는 일반 폰처럼 사용하다가 필요 시 화면을 확장할 수 있어, 공간 활용성이 뛰어나다는 설명이 적절하다.

④ 〈보기〉에서 롤러블폰은 구조적으로 반복적인 말림과 펼침 과정에서 내구성과 수명 확보가 중요한 과제라고 언급되어 있어 옳은 설명이다.

⑤ 본문에 따르면 폴더블폰은 반복적인 접힘에도 성능을 유지해야 하므로, 내구성과 주름 개선 기술이 핵심이라고 설명되어 있다. 따라서 적절한 진술이다.

30 ④

〈보기〉에서 B사가 히트펌프 기반 냉난방과 폐열 회수 설비를 함께 도입했다는 설명과 일치하므로 옳은 진술이다.

[오답점검]

① 히트펌프의 냉방 기능만을 활용한 것이 아니라, 폐열 회수와 함께 냉난방 전환이 가능하다고 설명되었으므로 부적절한 설명이다.

② 폐열 회수는 단순한 열 배출이 아니라 난방에 재활용되는 방식으로 사용된다고 본문과 〈보기〉에 명시되어 있어 부적절하다.

③ 히트펌프는 외부 열을 차단하는 것이 아니라, 흡수 또는 방출하여 에너지를 전달하는 시스템이다. 정의 자체가 잘못되었다.

⑤ 폐열 회수는 냉방 성능을 저하시키기보다는, 전체 에너지 효율을 높이는 역할을 하므로 부적절한 설명이다.

제 01회 기출변형 모의고사 SELF 분석표

시간 체크	시간 남음	시간 적절	조금 부족	매우 부족
체감 난이도	쉬움	보통	어려움	매우 어려움

영역별 실력 점검표

영역	맞은 개수	틀린 문제 번호	풀지 못한 문제 번호
수리	/20		
추리	/30		
합계	/50		

시험 전체 총평

내가 가장 잘한 3가지		내가 가장 부족한 3가지	
1		1	
2		2	
3		3	

제 02 회 기출변형 모의고사 정답 및 해설

Chapter 01 수리

01	02	03	04	05	06	07	08	09	10
②	①	③	④	②	③	⑤	④	②	⑤
11	**12**	**13**	**14**	**15**	**16**	**17**	**18**	**19**	**20**
③	⑤	⑤	③	④	②	④	②	①	①

01 ②

출장을 차례대로 생각해보면,

첫 번째는 6개 지역 중 아무 곳이나 가도 된다.

두 번째는, 6개 지역 중 첫 번째 갔던 곳이 아니면 된다.

세 번째는, 6개 지역 중 앞에서 갔던 두 곳이 아니면 된다.

따라서, $\frac{6}{6} \times \frac{5}{6} \times \frac{4}{6} = \frac{20}{36} = \frac{5}{9}$ 이다.

온라인 GSAT의 확률/경우의 수 문제들은 보통 순열공식이나 조합공식을 잘 몰라도 풀 수 있는 수준으로 출제된다. 무작정 공식을 활용하기보다는 '상황'을 파악하는 데 시간투자를 더 한다면 어렵지 않게 풀 수 있는 문제들이다.

02 ①

[정석 풀이]

하루 동안 A의 작업량은 $\frac{1}{4}$, B는 $\frac{1}{3}$ 이다. A와 B가 함께 작업했던 날짜를 x라 하면,

$x(\frac{1}{4} + \frac{1}{3}) + \frac{2}{4} = 4 \rightarrow \frac{7}{12}x = \frac{48-6}{12} \rightarrow$

$x = \frac{42}{7} = 6$일이다.

[치트키] 작소숙 도표화

	A	B	A, B	A
작	12	12		
소	4	3	x	2
숙	3	4		

1) A와 B의 소요시간을 각각 4, 3으로 기입한다.
2) 보고서 1편의 작업량을 공배수인 12로 설정하여 A와 B의 숙련도를 산출한다.

	A	B	A, B	A
작	12	12	42	6
소	4	3	6	2
숙	3	4	7	3

3) A가 2일 동안 3의 숙련도로 작업했으므로 작업량은 6이다.
4) 보고서 1편의 작업량이 12이므로 4편은 48이다.
5) 따라서, A와 B가 7의 숙련도로 작업해야 하는 양은 42(= 48 − 6)이며, 소요시간은 6(= $\frac{42}{7}$)이다.

03 ③

틀린 것 'N' 찾아야 한다.

① A사는 현원의 합이 정원을 넘은 적이 없다. Y

② 아르바이트 수치가 가장 높은 2021년과 2022년을 중심으로 비교하자. 두 해 모두 약 20% 정도 수준으로 가늠된다. 2021년 아르바이트 750명에 5를 곱하면 3,750명으로 현원 3,883보다 적다. 따라서, 20% 이하의 비중이다. 2022년의 경우 아르바이트 876명에 5를 곱하면 4,380명으로 현원 4,161보다 많다. 따라서, 20% 이상의 비중으로 2022년의 아르바이트 직원 비중이 가장 높음을 알 수 있다. Y

③ 5개년 중 2018년 정규직의 수치가 1,985로 가장 낮다. 하지만, 비중의 분모가 되는 현원 합계 역시 3,392로 2018년이 가장 낮다. 따라서, 2018년과 2019년 또는 2018년과 2020년을 비교해야 한다. [2018년 vs 2019년] = [199÷339 vs 202÷366]에서 2018년의 분모에 +25하면, 분자에는 약 +15해야 한다. [214÷364 〉 202÷366]으로 2018년의 비중이 더 높다. N(정답)

④ 정원 직원 수 대비 정규직 직원 수의 비중은 2018년 54.9%, 2019년 54.3%, 2020년 53.7%, 2021년 58.3%로 60%를 넘은 적이 없다. Y

⑤ 아르바이트의 전년대비 증가율은 16.8%이고, 정규직은 13.0%이다. Y

04 ④

옳은 것 'Y'를 찾아야 한다.

① 그래프의 높낮이를 통해 판단할 수 있다. 전년 대비 감소 구간이 존재한다. N

② 연간 출고량이 가장 많았던 주류는 국내맥주이며, 2018년부터 50% 아래로 비중이 줄어들었다. N

③ 2022년의 경우 전년 대비 전체 출고량은 소폭 증가하였으나 수입맥주의 출고량은 2021년 42에서 2022년 41로 감소하였다. 즉, 비중 역시 감소하였을 것이다. N

④ 매년 전체 출고량 수준은 350백만 상자 내외이다. 즉, 1%는 약 3.5백만 상자일 것이다. 기타의 경우 매년 1.6백만 상자 이하였기 때문에 매년 1% 이하였다. Y (정답)

⑤ 수입맥주는 2020년에 전년 대비 가장 많이 증가하였으며, 국내맥주는 2019년과 2021년에 전년 대비 가장 많이 감소하였다. N

05 ②

이러한 형태의 문제는 실제 풀이용지에 필요한 항목을 도표화 형태로 구성하며 푸는 것이 정석 방법이다.

하지만 세금 산출의 대상이 되는 매출액의 수준이 A, B, C, D 모두 1,000,000원으로 유사한 수준임을 눈치 챘다면 더욱 빠르게 풀 수 있는 문제이다.

매출 수준이 유사하기 때문에 세율이 낮고, 공제금액이 높을수록 납부 세액이 가장 낮을 것이다. C의 세율이 5%로 가장 낮으며, 공제금액은 5만 원으로 가장 높다. 따라서 선택지 중 ②와 ④가 정답 후보가 된다.

A와 B를 비교하자. A는 대상 세액 210,000원(= 1,050,000 × 0.2)에서 2만 원 공제하면 19만 원이다. B는 대상 세액 135,000원(= 900,000 × 0.15)에서 4만 원 공제할 필요도 없이 이미 A의 납부 세액보다 낮다. 따라서 정답은 ②이다.

실제 계산 결과는 다음과 같다.

구분	A	B	C	D
개당 가격(원)	700	300	200	500
판매 수량(개)	1,500	3,000	5,000	2,000
세율(%)	20	15	5	10
공제금액 (만 원)	2	4	5	3
매출액(원)	1,050,000	900,000	1,000,000	1,000,000
대상 세액(원)	210,000	135,000	50,000	100,000
납부 세액(원)	190,000	95,000	0	70,000

06 ③

틀린 것 'N'을 찾아야 한다.

① 모든 학교급에서 가해 학생수가 피해학생보다 많다. Y

② 〈표 1〉에서 피해 학생수를 확인할 수 있으며, 〈표 2〉에서 심리 상담 조치 인원수를 확인할 수 있다. 초, 중, 고 모두 심리 상담 조치 비중은 70% 이상이다. Y

③ 피해 학생수가 가장 많았던 학교급은 중학교이며, 전학 권고 조치 인원수가 가장 많았던 학교급은 고등학교이다. N (정답)

④ 전체 심의건수 7,823건 중 중학교 심의건수 5,376건은 68.7%이다. Y

⑤ 중학교의 안정 조치 비중은 4.2%(= 436 ÷ 10,363)이며, 고등학교는 5.4%(= 167 ÷ 3,091)로 고등학교가 가장 높다. Y

07 ⑤

옳은 것 'Y' 찾아야 한다.

① C동의 경우 미혼자 3,102로 기혼자 3,100보다 많았다. N

② B, E동의 경우 무자녀 수치가 유자녀보다 높았다. N

③ B동의 경우 20대 341보다 30대가 588로 더 많았다. N

④ 20대 미혼자 중 비중이 가장 낮은 지역은 B동, 50대 이상 중 비중이 가장 낮았던 지역은 A동이었다. N

⑤ D동의 미혼 5,484의 4배는 미혼 전체 20,597보다 높으며, 기혼 6,986의 4배는 전체 27,193보다 높다. 따라서, 미혼과 기혼에서 각각 25% 이상의 비중을 차지하고 있으므로 전체 성인 역시 D동의 비중은 25% 이상이다. Y (정답)

08 ④

추가로 접수된 혼인신고를 모두 더하면 3,542(= 668 + 2,094 + 702 + 78)이다.

해당 인원들은 미혼자에서 기혼자가 된 인원들이기 때문에 기존 미혼자에서는 수치를 빼고, 기혼자에서는 수치를 더해야 한다. 혼인신고 접수 후 미혼자는 17,055(= 20,597 − 3,542)이며, 기혼자는 30,733(= 27,191 + 3,542)이므로 기혼자 : 미혼자의 비율은 1.8:1이다.

(만약, 혼인신고 인원을 미혼자에서 빼지 않고 기혼자에만 더해서 계산했다면 1.5:1(= 30,733 : 20,597)로 오답을 선택했을 것이다)

09 ②

틀린 것 'N' 찾아야 한다.

① 2020년의 증가율은 54.8%로 가장 높다. Y

② GDP는 부채 ÷ GDP 대비 부채 비율로 구할 수 있다. 2018년 GDP는 330.98, 2019년 259.7, 2020년 399.8, 2021년 360.1, 2022년 465.1로 매년 증가하지 않는다. N(정답)

③ 2022년의 GDP는 465.1억 원으로 가장 크다. Y

④ GDP대비 부채 비율이 가장 높은 해는 2022년이고, 부채가 가장 많은 해도 2022년이다. Y

⑤ 2021년 GDP는 약 360.1억 원이고, 2022년 GDP는 약 465.1억 원으로 증가율은 29.2%이다. Y

10 ⑤

옳은 것 'Y' 찾아야 한다.

① 11월과 12월의 경우 화물차의 교통량이 가장 높았다. N

② 700을 기준으로 버스의 교통량 편차는 7월부터 [− 17 − 5 + 36 + 87 −40 − 97]이며 편차의 합이 음수이므로 월 평균 교통량은 700대 이하였을 것이다. N

③ 2월, 3월, 11월에 전월 대비 교통량 순위 변화가 발생되어 총 3회이다. N

④ 4월에서 5월, 9월에서 10월에 승용차는 하락하였으며, 버스는 증가하였다. N

⑤ 그래프를 참조하면 1월, 2월, 12월 정도가 교통량의 합계가 가장 낮을 것임을 예상할 수 있다. 1월 2,169대, 2월 2,287대, 12월 2,382대로 1월의 총 교통량이 가장 적었다. Y(정답)

11 ③

옳은 것 "Y" 찾아야 한다.

① 캐나다의 경우 종로~청계 지역에 대한 만족도가 가장 높았다. N

② 제주에서의 관광 만족도 1위 비중이 두 번째였던 국가는 중국과 말레이시아 두 곳이다. N

③ 서울 외 지역인 제주와 기타 및 미응답의 합이 43.2%(= 8.3 + 34.9)이므로 서울 지역의 합은 50% 이상일 것이며 응답자는 전체 1,000명 중 500명 이상일 것이다. Y (정답)

④ 명동~북창 지역의 비중을 산술평균하여 30보다 높은지 확인하자. 30을 기준으로 중국부터 캐나다까지의 편차가 [+ 16 + 7 − 9 + 1 − 5 − 2 − 5 − 8 − 11]로 편차의 합이 음수이므로 평균값은 30 이하임을 알 수 있다. N

⑤ 기타 및 미응답의 비중은 필리핀에서 가장 높다. N

12 ⑤

주석 1)과 2)를 연립하여 판매관리비를 기준으로 정리하면, 판매관리비 = (매출액 − 매출원가) − 영업이익으로 정리할 수 있다. 따라서 매출액이 높을수록, 매출원가와 영업이익이 낮을수록 판매관리비가 높다. 이러한 관점에서 굳이 계산하지 않아도 2022년의 판매관리비가 가장 높으며, 2021년의 판매관리비기 가장 낮다고 가늠할 수 있다.

2022년 판매관리비 = 28,654 − 19,552 − 549 = 8,553백만 원 = 85.5억 원

2021년 판매관리비 = 15,654 − 14,336 + 223 = 1,541백만 원 = 15.4억 원으로 두 금액의 차이는 70.1억 원임을 알 수 있다.

13 ⑤

옳은 것 'Y' 찾아야 한다.

① Long Range 모델과 Performance 모델의 최고 속도는 다르지만 배터리 용량은 동일하다. 따라서 비례관계라 할 수 없다. N

② 최고 속도는 Performance 〉 Long Range 〉 SRP 순서이며, 1회 충전 주행거리는 Long Range 〉 Performance 〉 SRP의 순서로 서로 다르다. N

③ Performance와 Performance HPL 모델의 경우 도시 지원금이 국가 지원금보다 많다. N

④ 배터리 용량이 분모, 1회 충전 주행거리_상온이 분자이다. Model X(SRP RWD)와 Model Z(SRP RWD HPL) 제품의 수치가 가장 높다. N

⑤ 국가 지원금 순서와 도시 지원금 순서는 동일하다. Y(정답)

14 ③

틀린 것 'N' 찾아야 한다.

① 전 직원이 약 300명이므로 164명은 대략 55%(≒ 164 ÷ 3), 40명은 대략 13.3%(≒ 40 ÷ 3)이다. 따라서 40%p 이상의 비중 차이가 발생한다. Y

② 각 사업장에서 4명씩 총 16명이 이동하면, 제조/생산은 180명이 된다. 전체가 300명일 경우 정확히 60%이므로 전체가 298명인 상황에서는 60% 이상이 된다. Y

③ 영업/마케팅 40명 중 12.5%인 5명을 더 뽑으면 영업/마케팅은 45명, 전체 인원은 303명이 된다. 따라서 45 ÷ 303 = 14.9%로 15% 이하이다. N(정답)
전체 인원수를 고려하지 않아 45 ÷ 298을 계산했다면 15.1%로 오답을 고르게 된다.

④ 사업장 인원이 가장 많은 사업장 D 전체 95명 중 부서 인원이 가장 많은 제조/생산은 60명이므로 60% 이상이다. Y

⑤ 사업장 A의 제조/생산 3명, 사업장 B, C, D의 영업/마케팅 11, 8, 9명을 더하면 31명이다. 전체가 298명이므로 10% 이상이다. Y

15 ④

a. (참) 불안도가 가장 높았던 도시는 포항시이며, '매우 불안'의 응답 비중이 가장 높았던 도시 역시 포항시이다.
b. (거짓) '보통'의 응답비율이 가장 높았던 도시는 구미시이며 '다소 불안'의 응답비율이 가장 높았던 도시는 포항시이다.
c. (거짓) '매우 안심'은 김천시에서 가장 높았으며, '매우 불안'은 안동시에서 가장 낮았다.
d. (참) 포항시의 '매우 불안' 17.5%와 '다소 불안' 42.2%의 합은 50% 이상이다. 또는, 그래프가 50% 이상을 기록하고 있으므로 직관적인 판단이 가능하다.

16 ②

조사 대상인원이 2천 명이므로 불안도 3.3점인 경주시 인원들의 불안도 총합은 6,600점일 것이다.
따라서, 안동시의 불안도인 3.2로 낮아지기 위해서는 총합 점수가 6,400점으로 기존 대비 200점 감소해야 한다.
문제에서 주어진 '다소 불안' 인원이 '조금 안심'으로 바꾸어 응답하게 되면 불안도 총합은 1명당(4점에서 2점으로) 2점씩 감소하게 된다.
즉, 200점 이상 감소하여 안동시만큼 낮아지기 위해서는 최소 100명의 인원이 바꾸어 응답해야 한다.

17 ④

옳은 것 'Y' 찾아야 한다.
① 연령대가 증가할수록 '없음'의 비중이 증가했다. 따라서, 무용 관람의 비중은 감소한다. N
② 50대의 경우 6~10회 비중 1.2%보다 11회 이상의 비중이 1.6%로 더 높았다. N
③ 여성의 6~10회와 11회 이상의 비중 합은 6.9이며, 전체 관람 비중은 26.9이다. 6.9의 3배는 26.9에 미치지 못하므로 $\frac{1}{3}$ 이하이다. N
④ 남성의 관람 경험 비중은 15.9%(= 100 − 84.1)이며, 여성의 관람 경험 비중은 26.9%(= 100 − 73.1)이다. 15.9%의 2배는 26.9%보다 많으므로 관람 경험이 있다고 응답한 인원은 여성보다 남성이 많았을 것이다. Y(정답)
⑤ 1/7은 14.3%이다. 외워놓자. 60세 이상 응답인원 중 1년간 무용 관람 경험이 있는 인원 비중은 13.5%(= 100% − 86.5%)로 1/7 이하이다. N

18 ②

계수 B : 산술식에서 가장 높은 수치가 기록되기 위해서는 $\frac{(A - x)^2}{2}$의 수치가 0이 되어야 한다. 8년차에 가장 높은 수치인 100이라고 했으므로, A = 8 이다. 그리고, 이 때의 수치가 100이므로 0 + 5 × B = 100에 따라 B = 20 임을 알 수 있다.

10년차의 y: $y = 5 \times 20 - \frac{(8 - 10)^2}{2} = 100 - 2 = 98$이다. 따라서, 정답은 ②번

19 ①

6월을 기준으로 7월부터의 '전체' 여행횟수 변화 트렌드는 [+ + − + − +]이다.
주어진 그래프는 변화율의 그래프이기 때문에 Data의 등/락이 아닌 0.0% 가로선 기준 위/아래로 판단해야 한다.
즉, 0.0%를 기준으로 Data의 표시가 [위 위 아래 위 아래 위]에 위치되어 있는 ①번이 정답이다.

20 ①

각 영업팀의 매출 변화는 어렵지 않게 구할 수 있다. 영업 1팀 : 16씩 증가, 영업 2팀 [− 15, − 14, − 13 …]의 계차수열이다. 두 팀의 차이를 구하면 되고, 주어진 〈보기〉에서 1의 자리 수가 모두 다르기 때문에 끝자리만 계산하기로 하자.
영업 1팀 : 120에서 1의 자리 0을 기준, 12월까지는 계차 16씩 증가가 11번 이루어지기 때문에 끝자리는 + 6(= + 176)하여 "6"이 된다.
영업 2팀 : 500에서 1의 자리 0을 기준, 12월까지 [− 5, − 4, − 3, − 2, − 1, − 0, − 9, − 8, − 7, − 6, − 5]이다. 끝자리는 − 0되어 "0"이 된다. (− 5와 − 5, − 4와 − 6처럼 짝을 이루면 더욱 빠른 1의 자리 연산이 가능하다. 또는, 1부터 10까지의 합계가 55라는 것을 알고 있었다면 더욱 빠른 연산이 가능할 것이다.)
문제는, 12월 시점에서 영업 1팀과 2팀 중 매출이 더 큰 팀이 어디냐 하는 것이다. 그래야 끝자리 0과 6을 어디에서 빼야할지 결정할 수 있기 때문이다.
이 경우, 간단히 어림하여 12월 시점에도 영업 2팀의 매출이 더 높다는 것을 파악했다면, 영업 2팀의 끝자리 0에서 영업 1

팀의 끝자리 1을 뺀 "4"가 정답임을 알 수 있다. 정답은 ① 94 백만 원

구분	영업 1	계차	영업 2	계차	차이
1월	120	16	500	−15	−380
2월	136	16	485	−14	−349
3월	152	16	471	−13	−319
4월	168	16	458	−12	−290
5월	184	16	446	−11	−262
6월	200	16	435	−10	−235
7월	216	16	425	−9	−209
8월	232	16	416	−8	−184
9월	248	16	408	−7	−160
10월	264	16	401	−6	−137
11월	280	16	395	−5	−115
12월	296		390		−94

Chapter 02 추리

01	02	03	04	05	06	07	08	09	10
②	②	⑤	④	③	①	③	②	④	③
11	**12**	**13**	**14**	**15**	**16**	**17**	**18**	**19**	**20**
②	⑤	④	①	⑤	③	⑤	①	③	②
21	**22**	**23**	**24**	**25**	**26**	**27**	**28**	**29**	**30**
④	③	②	④	①	③	③	⑤	⑤	④

01~03은 다음의 유형을 따른다.

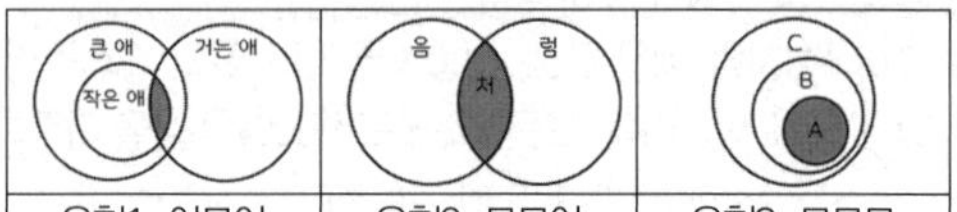

유형1. 어모어 | 유형2. 모모어 | 유형3. 모모모

01 ②

[치트키]

전제의 어떤을 보고 유형1. 어모어로 접근하자. 2번 나온 개념의 정/부정이 같다. 전제의 모든에서 앞에 있는 개념이 작은 애, 뒤에 있는 개념이 큰 애다. 전제의 어떤에서 작은 애를 제외한 나머지 개념이 거는 애다.

작: 활발

큰: 세심

거: 싹싹

결론에서는 큰 애과 거는 애가 '어떤'으로 만난다. 이에 정답은 '세심/어떤/싹싹' 또는 '싹싹/어떤/세심'이다.

[일반 풀이]

활발한 신입사원은 세심한 신입사원의 부분집합이다. 활발한 신입사원과 싹싹한 신입사원이 교집합을 이루니 활발한 신입사원을 포함하고 있는 세심한 신입사원도 싹싹한 신입사원과 교집합을 이룬다고 알 수 있다.

02 ②

결론의 모든을 보고 유형3. 모모모로 접근하자. 결론의 형태는 'A → B → C'이고 두 전제의 형태는 'A → B'와 'B → C'이다. 이를 토대로 전제1은 'B → C'의 형태라고 알 수 있다.

A: 열성적인 리더

B: 똑똑한 리더

C: 추진력이 좋은 리더

전제2의 형태는 'A → B'이다. 이를 토대로 정답은 '열성적인 리더 → 똑똑한 리더'라고 알 수 있다.

03 ⑤

[치트키]

전제의 어떤을 보고 유형1. 어모어로 접근하자. 전제의 어떤과 결론의 어떤에서 공통으로 사용하는 개념이 거는 애다. 이를 토대로 거는 애를 찾고 전제의 어떤에서 거는 애가 아닌 개념을 작은 애, 결론의 어떤에서 거는 애가 아닌 개념을 큰 애라고 알 수 있다.

작: 침착

큰: 영민

거: 진중

전제의 모든의 형태는 '작은 애 → 큰 애'이다. 이에 따라 정답은 '침착 → 영민'이라고 알 수 있다.

[일반 풀이]

침착한 사원이 영민한 사원의 부분집합일 때 두 전제를 토대로 결론을 도출할 수 있다.

04 ④

B와 D 사이에 2명이 줄을 선다. B와 D가 1, 4번째로 줄을 서는 경우와 2, 5번째로 줄을 서는 경우로 나뉜다. B와 D가 줄을 서는 순서를 바꿀 수 있기에 편의를 위해 B/D 또는 D/B로 표기하자.

Case	1	2	3	4	5
1	B/D			D/B	
2		B/D			D/B

A는 짝수 번째로 줄을 선다. Case 1에서 A는 2번째로 줄을 서고 Case 2에서 A는 4번째로 줄을 선다.

Case	1	2	3	4	5
1	B/D	A		D/B	
2		B/D		A	D/B

C는 A보다 앞에 줄을 선다. Case 1은 해당 조건을 적용할 수 없다. 즉 조건을 만족하지 않는다. 소거하자. Case 2에서 C가 1번째로 줄을 서는 경우와 3번째로 줄을 서는 경우로 나뉜다.

Case	1	2	3	4	5
2	C/E	B/D	E/C	A	D/B

05 ③

물건이 3가지이며 각 물건을 구매할 수 있는 최대 인원이 2명이다. 6명이 각자 1가지씩 물건을 사니 각 물건을 사는 사람이 2명씩이라고 알 수 있다.

사람의 수보다 사람이 취하는 값이 수가 적고 사람이 값을 하나씩 취하기에 그룹짓기 방법으로 접근하자.

E를 연필에 고정하자. 이후 D와 F가 같은 물건을 구매한다는 조건을 토대로 경우를 나누면 다음과 같다.

Case 1	Case 2
시계: D, F 연필: E 향수:	시계: 연필: E 향수: D, F

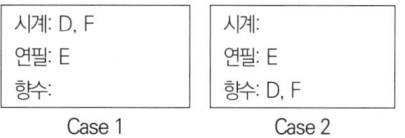

C는 시계를 구매하지 않는다. Case 1은 C가 연필을 구매하는 경우와 향수를 구매하는 경우로 나뉘고 Case 2에서 C는 연필을 구매한다.

Case 1.1	Case 1.2	Case 2
시계: D, F 연필: E, C 향수:	시계: D, F 연필: E 향수: C	시계: 연필: E, C 향수: D, F

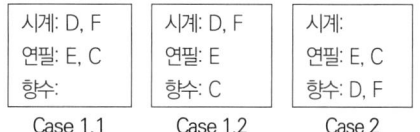

아직 정리하지 않은 사람은 A와 B이다. A와 B가 같은 물건을 구매하지 않는다는 조건을 토대로 Case 1.1과 2를 소거하자. Case 1.2는 A가 연필을 구매하는 경우와 B가 연필을 구매하는 경우로 나뉘는데 추가로 그리지 않고 A/B 또는 B/A로 표기했다.

Case 1.2
시계: D, F 연필: E, A/B 향수: C, B/A

06 ①

변수의 종류가 사람과 강의로 2가지이며 다대다의 구조를 보인다. 한 축에 사람의 값을 놓고 다른 한 축에 강의의 값을 놓은 뒤 표 안을 O, X로 채워보자.

고정조건부터 반영하자. D는 매너와 효율화를 듣는다. B는 효율화를 듣고 코디는 듣지 않는다. 인당 교육을 2가지씩 듣는다는 점을 고려하면 D는 코디와 재테크를 듣지 않는다고도 알 수 있다.

02

기출변형 모의고사

	A	B	C	D	E
매너				O	
코디		X		X	
효율화		O		O	
재테크				X	

E가 듣는 강의 중 B가 듣는 강의는 없다. E가 듣는 강의와 B가 듣는 강의는 겹치지 않는다. 인당 2가지씩 강의를 듣는데 강의는 모두 4가지이다. B가 듣는 2개 강의를 제외한 나머지 2개 강의를 E가 듣는다. B가 듣지 않는 강의를 E가 듣는다고 알 수 있다.

	A	B	C	D	E
매너				O	
코디		X		X	O
효율화		O		O	X
재테크				X	

A는 C가 듣는 강의를 모두 듣는다. 인당 2가지씩 강의를 들으니 C가 듣는 2개 강의는 A가 듣는 2개 강의라고 알 수 있다. 한 강의를 듣는 사람이 최대 3명이다. A와 C가 효율화를 들으면 효율화를 듣는 사람이 4명이 되어 한 강의를 듣는 사람이 최대 3명이라는 조건을 만족하지 않게 된다.
A와 C가 매너를 들으면 매너를 듣는 사람은 A, C, D로 3명이 된다. B와 E는 매너를 듣지 않게 되고 인당 2가지씩 강의를 듣는다는 조건에 의해 B와 E가 재테크를 듣는다고 알 수 있다. 그런데 E가 듣는 강의와 B가 듣는 강의는 겹치지 않는다. 즉 A와 C는 매너를 듣지 않는다고 알 수 있다.
A와 C는 매너와 효율화를 듣지 않는다. A와 C는 코디와 재테크를 듣는다.

	A	B	C	D	E
매너	X		X	O	
코디	O	X	O	X	O
효율화	X	O	X	O	X
재테크	O		O	X	

B가 매너를 듣고 재테크를 듣지 않으며 E가 재테크를 듣고 매너를 듣지 않는 경우와 E가 매너를 듣고 재테크를 듣지 않으며 B가 재테크를 듣고 매너를 듣지 않는 경우로 나뉜다. 이를 O/X 또는 X/O로 표기해도 좋고 빈칸으로 둔 채 경우가 나뉘는 칸이라고 인지한 채 선택지를 확인해도 좋다.

07 ③

[치트키]
선택지가 친절하다. 〈보기〉의 조건을 만족하지 않는 선택지를 소거하자.

비밀번호에 사용한 숫자는 중복되지 않는다. → ② 소거
2번째 숫자는 4번째 숫자의 2배이다. → ④ 소거
1번째 숫자는 4번째 숫자보다 크다. → ④ 소거
3번째 숫자는 2번째 숫자보다 2가 작다. → ①, ⑤ 소거

[일반 풀이]
2번째 숫자는 4번째 숫자의 2배이다. 가장 큰 수가 6인 점을 고려하여 경우를 나누면 다음과 같다.

Case	1번째	2번째	3번째	4번째
1		2		1
2		4		2
3		6		3

3번째 숫자는 2번째 숫자보다 2가 작다. Case 1에서 3번째 숫자는 0인데 0은 범위에 없다. Case 2에서 3번째 숫자는 2인데 4번째 숫자도 2이다. 숫자가 중복되지 않는다는 조건을 만족하지 않는다. Case 3에서 3번째 숫자는 4이다.

Case	1번째	2번째	3번째	4번째
3		6	4	3

1번째 숫자는 4번째 숫자보다 크다. 3보다 큰 수는 4, 5, 6이다. 이미 4와 6을 사용했으니 1번째 숫자가 5라고 알 수 있다.

Case	1번째	2번째	3번째	4번째
3	5	6	4	3

08 ②

B는 14시에 시작하는 타임에 혼자 이용한다. 이를 B만 넣어서 정리하면 나중에 B만 세탁기를 이용하는지 B와 누군가가 세탁기를 이용하는데 누군가를 확정하지 않아 적지 않았는지 헷갈릴 수 있다. B, X와 같이 표기하자.
A와 B가 세탁기를 같이 이용하는 타임이 있다. B는 14시에 시작하는 타임 외에도 세탁기를 더 이용한다. 세탁기를 이용할 수 있는 타임은 4가지이고 각 타임별 최대 2명이 이용할 수 있다. 표 안을 최대 8명으로 채울 수 있다. 세탁기를 이용하는 인원은 6명이고 세탁기를 모두 이용하니 인당 1타임씩 세탁기를 이용한다면 8명의 자리 중 6명의 자리가 채워진다. 14시에 시작하는 타임에 B만 세탁기를 이용한다. 즉 표 안을

최대 7명으로 채운다고 알 수 있다. 그러면서 B가 14시에 시작하는 타임 외에도 세탁기를 이용하니 표 안을 채우는 7명 중 B가 2번, A, C, D, E, F가 1번이라고 알 수 있다. 또는 표 안을 채우는 8명 중 B가 2번, A, C, D, E, F가 1번, 없음이 1번이라고 생각해도 된다.
B는 2타임을 이용한다. 세탁기를 여러 타임 이용하는 사람은 연속한 타임으로 이용한다. B가 13시에 시작하는 타임에 세탁기를 이용하는 경우와 15시에 시작하는 타임에 세탁기를 이용하는 경우로 나뉜다. 그러면서 14시 시작이 아니며 B가 이용하는 타임은 A도 B와 같이 세탁기를 이용한다.

Case	13	14	15	16
1	B, A	B, X		
2		B, X	B, A	

정리하지 않은 C, D, E, F는 2명이 한 타임을 이용한다. 4명 중 누가 누구와 같은 타임을 이용하는지, 몇 시에 시작하는 타임을 이용하는지는 경우가 많이 나뉘기에 빈칸으로 두고 선택지를 확인하자.

09 ④

'나'를 B행 2열에 고정하자. '가'는 1열에 앉는다. '가', '나', '다', '라'는 서로 앞, 뒤, 좌, 우로 이웃하지 않게 앉는다는 조건을 고려하면 '가'가 A행 1열에 앉는 경우와 C행 1열에 앉는 경우로 나뉜다. 그런데 '라'는 '가'보다 뒤쪽에 앉는다. '가'는 A행 1열에 앉는다.

앞

	1열	2열	3열
A행	가		
B행		나	
C행			

'라'는 '가'보다 뒤쪽에 앉는다. '라'가 B행의 남은 두 자리 중 어디에 앉든 '나'와 이웃하게 앉는다. '라'는 C행에 앉는다. '다'도 C행에 앉는다. '라'와 '다'가 이웃하지 않게 C행에 앉을 수 있는 자리는 C행 1열 자리와 C행 3열 자리다. 단 '라'와 '다' 중 누가 C행 1열에 앉는지는 확정할 수 없다. 즉 경우가 2가지로 나뉜다.

10 ③

3명, 3명, 2명으로 8명을 나누는 문제다. 선택지에서 묻는 건 누가 몇 명이 앉는 테이블에 앉는지이다. 2명이 앉는 테이블에 앉는 사람을 추리면 쉽게 풀이할 수 있는 문제라 생각된다.
A가 앉는 테이블에 앉는 인원은 F가 앉는 테이블에 앉는 인원보다 많다. A는 3명이 앉는 테이블에 앉고 F는 2명이 앉는 테이블에 앉는다.
B가 앉는 테이블에 앉는 인원은 E가 앉는 테이블에 앉는 인원과 다르다. B와 E 중 1명은 3명이 앉는 테이블에 앉고 나머지 1명은 2명이 앉는 테이블에 앉는다. 단 B와 E 중 누가 2명이 앉는 테이블에 앉는지 확정할 수 없다. B/E와 같이 표기하며 B/E를 1명처럼 사고하자.
2명이 앉는 테이블에 앉는 사람은 F와 B/E로 2명이다. A, C, D, F, G, H는 3명이 앉는 테이블에 앉는다.

[오답점검]
8명이 테이블에 앉는 경우를 모두 정리하면 다음과 같다. 3명이 앉는 테이블은 2개이고 테이블 이름 등이 명명되지 않았기에 3명이 앉는 2개 테이블을 임의로 나누었다.

3명: A, E/B, G/H
3명: C, D, H/G
2명: F, B/E

11 ②

C는 D가 진실을 말한다고 한다. C와 D의 진술은 모든 경우에서 둘 다 진실을 말하거나 둘 다 거짓을 말하는 동일관계라고 알 수 있다.
A는 D가 지각을 했다고 한다. 지각한 2명은 거짓말을 하고 나머지 3명은 진실을 말한다는 조건과 함께 A와 D의 진술관계를 고민하자. A의 진술이 진실이면 D는 지각을 하였고 D는 거짓을 말한다고 알 수 있다. A의 진술이 거짓이면 D는 지각하지 않았고 D는 진실을 말한다고 알 수 있다. A와 D의 진술은 지각한 2명은 거짓말을 하고 나머지 3명은 진실을 말한다는 조건을 만족하는 경우에서는 둘 중 1명은 진실을 말하고 나머지 1명은 거짓을 말한다. A와 D의 진술을 모순관계처럼 활용할 수 있다.
같은 맥락으로 D와 E의 진술을 모순관계처럼 활용할 수 있다.
B는 C가 지각하지 않았다고 한다. 지각한 2명은 거짓말을 하고 나머지 3명은 진실을 말한다는 조건을 만족하는 경우에서는 B의 진술이 진실이면 C는 지각하지 않았고 C는 진실을 말한다. B의 진술이 거짓이면 C는 지각을 했고 C는 거짓을 말한다. B와 C는 지각한 2명은 거짓말을 하고 나머지 3명은 진실을 말한다는 조건을 만족하는 경우에서는 동일관계처럼 활용할 수 있다.
앞서 정리한 진술관계, 진술관계처럼 쓸 수 있는 경우를 토대로 편을 나누면 다음과 같다.
- B, C, D vs A, E

문제에서 2명만 거짓말을 한다고 한다. 거짓말을 하는 사람은 A와 E이다.

[다른 치트키]
진술관계, 진술관계처럼 활용할 수 있는 정보를 토대로 선택지를 소거하자.

C와 D의 진술이 동일관계: ③, ⑤ 소거
A와 D의 진술을 모순관계처럼: ⑤ 소거
D와 E의 진술을 모순관계처럼: ① 소거
B와 C의 진술을 동일관계처럼: ①, ③, ④, ⑤ 소거

12 ⑤

F가 화요일에 회의실을 예약하고 A와 D는 같은 요일에 회의실을 예약한다. A와 D가 월요일에 회의실을 예약하는 경우와 수요일에 회의실을 예약하는 경우로 나뉜다.
B와 C는 오전에 회의실을 예약한다. 위의 두 경우 모두 A와 D 중 1명이 오전에 회의실을 예약한다. 오전에 예약할 수 있는 회의실은 총 3개인데 1개는 A 또는 D 중 1명이 예약한다. 나머지 2개를 B와 C가 예약한다.
A, D, B, C를 기준으로 나눈 모든 경우에서 F는 화요일 오후에 회의실을 예약한다.

	월	화	수
오전	A/D	B/C	C/B
오후	D/A	F	E

Case 1

	월	화	수
오전	B/C	C/B	A/D
오후	E	F	D/A

Case 2

13 ④

반가림으로 해둔 날은 6일 중 3일이다. 창문을 열어두는 방법을 최소 1번 이상 사용한다. 가림과 열림으로 해둔 날은 각각 최소 1일 이상이다. 열림은 항상 2일 연속으로 한다. 이에 따라 6일간 창문의 상태는 반가림 3일, 열림 2일, 가림 1일이라고 알 수 있다.
창문을 가림으로 한 다음 날은 창문을 열림으로 한다. 열림은 항상 2일 연속이다. 가림으로 한 요일이 언제인지는 모르겠지만 가림으로 한 다음날과 다다음날에 열림으로 한다고 알 수 있다. 이를 토대로 경우를 나누면 다음과 같다.

Case	월	화	수	목	금	토
1	가림	열림	열림			
2		가림	열림	열림		
3			가림	열림	열림	
4				가림	열림	열림

반가림으로 해둔 날은 3일이다. 각 Case에서 빈칸은 반가림으로 해둔 날이다. 반가림은 3일 연속으로 하지 않는다는 조건을 고려하면 Case 1, 4는 조건을 만족하지 않는다고 알 수 있다.

Case	월	화	수	목	금	토
2	반가림	가림	열림	열림	반가림	반가림
3	반가림	반가림	가림	열림	열림	반가림

14 ①

A는 D가 하는 말이 거짓이라고 한다. A의 진술이 진실이면 D가 하는 말은 거짓이고 A의 진술이 거짓이면 D가 하는 말은 진실이다. A와 D의 진술은 모든 경우에서 둘 중 1명이 거짓을 말하고 나머지 1명이 진실을 말하는 모순관계다.
C의 진술을 보면 A와 D의 진술처럼 C와 B의 진술도 모순관계를 보인다고 알 수 있다.
D는 B가 결근했다고 말한다. 문제에서 결근한 사람은 거짓을 말하고 결근하지 않은 사람은 진실을 말한다고 한다. 이를 만족하는 경우에서 D와 B의 진술은 모순관계처럼 활용할 수 있다. D의 진술이 진실이면 B는 결근했고 B는 거짓을 말한다. D의 진술이 거짓이면 B는 결근하지 않았고 결근하지 않았기에 진실을 말한다.
모순관계와 모순관계처럼 활용할 수 있는 진술을 토대로 편을 나누면 다음과 같다.
- A, B vs D, C

E가 결근했는지 아닌지는 아직 알 수 없다. 경우를 1) A, B만 결근한 경우, 2) C, D만 결근한 경우, 3) A, B, E만 결근한 경우, 4) C, D, E만 결근한 경우로 나누어 풀이하자.

1) A, B만 결근한 경우
A와 B만 거짓을 말하고 C, D, E는 진실을 말한다. 문제에서 제시한 조건을 모두 충족한다.

2) C, D만 결근한 경우
C와 D는 거짓을 말한다. A, B, E는 진실을 말한다. 문제에서 제시한 조건을 모두 충족한다.

문제에서 묻는 건 반드시 진실을 말하는 사람이 누구인지다. A, B가 결근한 경우와 C, D가 결근한 경우가 문제의 조건을 만족한다고 확인했다. A, B, C, D는 진실을 말한다. E가 결근하지 않는 사람이자 진실을 말하는 사람이어야 정답이 있는 문제다.

[오답점검]
오답까지는 아니지만 아직 정리하지 않은 Case에 대한 해설을 이어가면 다음과 같다.

3) A, B, E만 결근한 경우
E의 진술이 진실이 된다. A, B, E는 결근했으니 거짓을 말해야 하는데 E의 진술이 진실이니 조건을 만족하지 않는다.

4) C, D, E만 결근한 경우
3)과 마찬가지로 E의 진술이 진실이니 조건을 만족하지 않는다.

15 ⑤
[세로규칙] 이동
우(→)로 1칸씩 이동

16 ③
[세로규칙] 회전하듯 이동
안: 반시계방향(↶)으로 1칸씩 이동
밖: 시계방향(↷)으로 1칸씩 이동

17 ⑤
[가로규칙] 연산
첫 번째 도형과 두 번째 도형을 겹쳤을 때 같은 색이 만나면 백색, 다른 색이 만나면 흑색으로 세 번째 도형에 표현 (=같흰다검)

[18~21]
하나의 규칙을 적용한 흐름부터 살펴보자.
[EMDO ⇨ △ ⇨ DEMO]
△: 3124

이어서 △의 규칙을 적용하며 다른 규칙도 찾아보자.
[J3K1 ⇨ △ ⇨ ♤ ⇨ MH59]
[KJ31 ⇨ ♤ ⇨ MH59]
♤: +2 −2 +2 −2

이번에는 ♤의 규칙을 적용하여 아직 찾지 않은 규칙이 무엇인지 확인하자.
[G87C ⇨ ♤ ⇨ ♣ ⇨ AI96]
[I69A ⇨ ♣ ⇨ AI96]
♣: 4132

마지막으로 ♣의 규칙을 활용하여 나머지 규칙도 알아보자.
[DEMO ⇨ ♣ ⇨ ★ ⇨ RDPE]
[ODME ⇨ ★ ⇨ RDPE]
★: +3 0 +3 0

△: 3124
♤: +2 −2 +2 −2
♣: 4132
★: +3 0 +3 0

18 ①
[ZZMN ⇨ ♣ ⇨ ★ ⇨ ?]
[NZMZ ⇨ ★ ⇨ ?]
[QZPZ]

19 ③
[WAIT ⇨ ★ ⇨ △ ⇨ ?]
[ZALT ⇨ △ ⇨ ?]
[LZAT]

20 ②
[? ⇨ ♤ ⇨ △ ⇨ G6B2]
[? ⇨ ♤ ⇨ 6BG2]
[4DE4]

21 ④
[? ⇨ ♤ ⇨ ♣ ⇨ △ ⇨ 6I3N]
[? ⇨ ♤ ⇨ ♣ ⇨ I36N]
[? ⇨ ♤ ⇨ 3N6I]
[1P4K]

22 ③
이 글은 최근 확산되고 있는 N잡러 트렌드에 대해 설명하고, 그 배경, 제도적 대응, 한계까지 균형 있게 서술하고 있다. 먼저 (D)에서는 MZ세대를 중심으로 나타나는 N잡러 현상을 소개하며 글의 주제를 보여준다. 다음 (B)에서는 이러한 트렌드가 왜 확산되었는지를 설명한다. 플랫폼의 발달과 가치관의 변화라는 구조적 배경을 짚어주며, N잡 활동이 가능해진 근거를 제시한다. 이어 (C)에서는 사회 전반의 대응으로 시선을 확장한다. 기업과 정부가 각기 어떻게 제도적 기반을 마련하고 있는지 구체적인 정책 사례를 통해 보여준다. 마지막으로

(A)는 N잡러 트렌드에 따른 문제점과 한계를 짚으며 글을 마무리하고 있다. 따라서 올바른 배열은 (D)-(B)-(C)-(A)가 된다.

23 ②

이 글은 디지털 치료제의 개념부터 활용 사례, 산업계·정부의 대응, 그리고 제도적 과제까지 논리적으로 전개되고 있다. 먼저 (A)에서는 디지털 치료제가 무엇인지, 어떤 특성과 장점을 갖고 있는지를 설명하며 주제를 소개한다. 이어지는 (D)에서는 ADHD, 불면증, 암 생존자 심리 회복 등 다양한 실제 활용 사례를 통해 개념을 구체화한다. 그다음 (B)는 이러한 기술의 확산에 따라 산업계와 정부가 어떤 제도적 움직임을 보이고 있는지를 설명하며, 사회 전반의 변화 흐름을 보여준다. 마지막 (C)에서는 확산 과정에서의 제도적·현실적 한계를 짚으며 글을 마무리한다. 따라서 가장 자연스러운 문단 배열은 (A) - (D) - (B) - (C)이다.

24 ④

심부지중저장은 대기 중 이산화탄소 제거하는 방식이 아니라, 이미 포집된 이산화탄소를 지하에 장기 저장하는 기술이다. 가장 빠른 방식이라는 설명도 본문에 언급되지 않았으며, 속도보다는 안정성과 지속성이 중요한 방식이다.

[오답점검]

① CCUS는 탄소중립 전략의 핵심 기술이며, 지문에서 각국이 주목하고 있다는 내용과 부합한다.
② 이산화탄소는 자원화되어 건축 자재, 연료, 원료 등으로 활용될 수 있음이 지문에 명시되어 있다.
③ 높은 초기 구축 비용, 에너지 소비 등으로 경제성이 낮다는 문제가 지적되므로 옳은 진술이다.
⑤ 사회적 합의, 정책 지원, 안전성 확보가 요구되는 통합 시스템이라는 설명과 일치한다.

25 ①

무료 개방으로 인한 과도한 주차 수요는 글에서 말한 혼잡 완화 및 상권 활성화라는 목적과 정면으로 배치된다. 정책이 오히려 역효과를 낳을 수 있다는 점에서 글의 주장을 비판하는 가장 적절한 선택지이다.

[오답점검]

② 공영주차장을 항상 무료로 개방하자는 주장은 본문의 핵심 주장보다 더 급진적인 입장으로, 비판보다는 방향성의 차이에 불과하다.
③ 주차장이 아닌 다른 대안의 효과를 언급하는 것은 비판이 아니라 보완책에 가까워 주장의 타당성을 직접적으로 반박하진 않는다.
④ 대중교통이 부족한 지역에서의 자동차 이용 장려는 본문 주장과 동일한 논리로, 비판이 아닌 지지에 해당한다.
⑤ 세금으로 운영되는 공공자산을 시민에게 개방해야 한다는 논리는 본문의 핵심 근거 중 하나로, 비판이 아닌 동의에 가깝다.

26 ③

사이토카인이 과도하게 분비될 경우 사이토카인 폭풍이라는 과면역 반응이 발생하고, 장기 손상이나 쇼크로 이어질 수 있다고 본문에 명시되어 있다. 즉, 사이토카인의 과도한 분비는 인체에 이로운 것이 아니라 오히려 해가 될 수 있다.

[오답점검]

① 첫 번째 문단에 사이토카인이 신호 전달 역할을 하며, 염증 반응을 유도해 병원체 제거를 돕는다고 서술되어 있다.
② 두 번째 문단에 아데노바이러스 감염은 면역력이 약한 사람의 경우를 제외하고 대부분 자연 회복된다고 서술되어 있다.
④ 두 번째 문단에 면역력이 약한 사람의 경우 고열, 폐렴, 심각한 장염 등 중증으로 진행될 수 있다고 서술되어 있다..
⑤ 세 번째 문단에 조절된 면역 반응을 유도하는 것이 더 중요하다는 인식이 확산되고 있다고 서술되어 있다.

27 ③

HBM의 가장 큰 장점 중 하나는 기존 DDR 대비 높은 대역폭과 낮은 전력 소비라는 점이다. 따라서 낮은 대역폭과 높은 소비전력이라는 표현은 지문의 내용과 완전히 어긋난다.

[오답점검]

① TSV를 이용한 수직 연결은 HBM의 핵심 구조로, 성능 향상에 직접적인 영향을 준다.
② AI·HPC 등 데이터 집약적 분야에서 HBM이 유리하다는 설명은 본문과 일치한다.
④ HBM이 DRAM 칩을 적층하여 하나의 패키지로 구성된다는 설명은 사실이다.
⑤ HBM3, HBM3E 등 차세대 규격이 개발 중이라는 최신 동향이 지문에 언급된다.

28 ⑤

본문에 패시브 설계와 능동적 설비가 유기적으로 결합되어야 하며, 이를 통해 에너지 자립률을 높인다고 언급되어 있다.

[오답점검]

① 건물 부문이 전체 에너지 소비의 20~40%를 차지한다는 내용으로 보아, ZEB는 탄소중립 전략에서 중요한 역할을 차지하고 있다.
② 초기 설치 비용이 낮다고 한 내용은 잘못된 설명이다. 본문에서는 오히려 초기 비용이 일반 건축물보다 높다고 명시했다.
③ 국내 ZEB는 공공기관 신축 건물에 의무적으로 적용되고 있으며, 민간은 점차 확대되고 있는 단계다.
④ 태양광 설비는 일조량, 설치 면적 등 외부 요인의 영향을 받는다고 본문에서 명시하고 있다.

29 ⑤

지문과 〈보기〉 모두에서 리쇼어링이 자국 내 고용과 기술 유출 방지에 기여한다고 설명한 바와 일치한다. 옳은 진술이다.

[오답점검]

① C국은 오히려 해외 진출한 자국 기업을 다시 유치(리쇼어링)하고 있으며, 글로벌 공급망 의존도를 낮추려는 정책을 시행 중이다.
② 공급망 다변화는 생산 거점을 집중시키는 게 아니라, 여러 지역으로 분산해 지정학적 리스크에 대응하는 전략이다.
③ 두 정책은 단기 수익성보다는 경제 안정성, 위기 대응 능력, 산업 자립성 확보라는 장기적 관점에서 추진되는 것이다.
④ 〈보기〉에서는 해외 인력 수급 문제에 대한 언급은 없으며, 리쇼어링은 국내 생산 기반 확보와 관련이 있다.

30 ④

〈보기〉에서 말하는 공동체 기반 주거 모델은 보기 후반에 사회적 연결망을 유지할 수 있는 구조라고 언급되며, 이는 본문에서 언급된 1인 가구 증가는 사회적 고립 문제와 연계된다. 따라서 사회적 고립 대응을 위한 공간적 해법이라는 추론이 가능하다.

[오답점검]

① E시는 청년 유입과 고령자 커뮤니티 돌봄 체계를 동시에 추진하고 있으므로, 고령자 지원이 배제되었다는 주장은 옳지 않다.
② 본문에서 각 현상은 유기적으로 연결되어 있으며 통합적 정책 설계가 요구된다고 명시되어 있으므로, 개별적 접근이 바람직하다는 주장은 부적절하다.
③ 고령자 지원은 가족 돌봄이 아닌 지역 커뮤니티 돌봄 체계와 공공 인프라 확충에 초점을 두고 있다.
⑤ 청년층 유입 정책은 인구 감소와 지역 활성화를 위한 것이며, 1인 가구 증가 억제가 주된 목적이라는 근거는 없다.

제 02회 기출변형 모의고사 SELF 분석표

시간 체크	시간 남음	시간 적절	조금 부족	매우 부족
체감 난이도	쉬움	보통	어려움	매우 어려움

영역별 실력 점검표

영역	맞은 개수	틀린 문제 번호	풀지 못한 문제 번호
수리	/20		
추리	/30		
합계	/50		

시험 전체 총평

내가 가장 잘한 3가지		내가 가장 부족한 3가지	
1		1	
2		2	
3		3	

제 03 회 기출변형 모의고사 정답 및 해설

Chapter 01 수리

01	02	03	04	05	06	07	08	09	10
②	②	④	⑤	①	①	③	③	②	①
11	**12**	**13**	**14**	**15**	**16**	**17**	**18**	**19**	**20**
⑤	③	⑤	⑤	②	②	④	③	⑤	④

01 ②

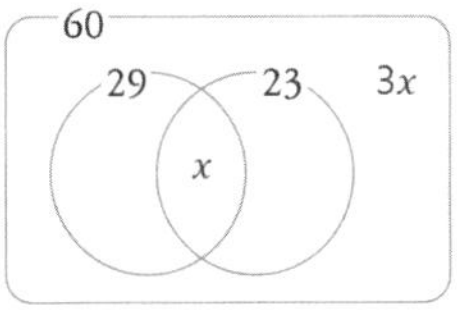

벤 다이어그램 도식화하면 아래와 같다.

$60 = 29 + 23 - x + 3x \Rightarrow 2x$ = S $\Rightarrow x$ = 40이다.

02 ②

1) 뭘 구해야 하는가?
   파란공 적어도 하나 = 전체 − 파란공 없음 = 전체 − 빨간공만 뽑음
2) 계산한다.
   10개 중 2개를 동시에 뽑을 경우의 수는 ${}_{10}C_2$
   빨간공을 x라 하면, 빨간공만 뽑을 경우의 수는 ${}_{x}C_2$

   즉, $30 = {}_{10}C_2 - {}_{x}C_2 = \frac{10\times9}{2} - {}_{x}C_2 = 45 - {}_{x}C_2$

   ${}_{x}C_2 = 15 = \frac{x(x-1)}{2}$

   $\therefore x = 6$

03 ④

옳은 것 'Y' 찾아야 한다.

① 1/4분기 가동률이 100% 이하이기 때문에 생산량이 생산능력 이하임을 알 수 있다. N
② 4/4분기의 가동률이 가장 높은 산업은 전기장비, 식료품, 목재 3가지이다. N
③ 2022년 2/4분기 담배의 생산능력은 2015년 대비 0.1%p 감소하였으나 가동률(생산량)은 2015년 정보를 알 수 없다. N
④ 1~4/4분기 모두 생산능력이 100% 이상이기 때문에 2015년 대비 생산능력이 증가하였다. Y(정답)
⑤ 3/4분기까지 목재의 가동률은 100% 이하였으므로 9월까지는 100% 이하였음을 알 수 있다. N

04 ⑤

옳은 것 'Y' 찾아야 한다.

① 아래가 2017년, 위가 2022년이다. 어느 방향으로 보아도 기계 매출 비중의 증가 감소 지속성은 없으나, 연도 위치를 헷갈리지 않도록 주의하자. N
② 2018년과 2019년의 경우 50% 이하이다. N
③ 2017년의 기계기술 매출 비중은 27%, 2021년은 13%이다. 2017년 매출액을 100이라 하면, 2021년은 200이다. 따라서 2017년 기계는 27, 2021년 기계는 26(= 13 × 2)로 2017년보다 낮다. N
④ 2019년 역시 27%로 $\frac{1}{4}$인 25%보다 높았다. N
⑤ 전기전자의 비중 평균이 $\frac{1}{3}$에 해당하는 33.3%보다 높으면 옳은 설명이 된다. 33%를 기준으로 2017년부터 편차는 [+ 16% − 10% − 14% + 8% + 5% − 2%]이며, 합계는 3%이다. 즉, 전기전자의 비중 평균값은 33% + $\frac{3\%}{6개년}$ = 33.5%로 $\frac{1}{3}$ 이상이다. Y(정답)

05 ①

1) 주어진 보기의 단위와 자릿수가 같기 때문에 실제 연산에 있어서는 단위와 자릿수를 고려할 필요가 없다. 숫자의 형태에만 집중하자.
2) 〈표〉를 통해 백색가전의 총 매출액을 구해야 한다. 공기청정기가 7%의 비중이므로 매출액 2,471을 7로 나누면 1%인 353을 구할 수 있다.
3) 〈그래프〉를 통해 35,300이 A국 전체의 24% 비중임을 알 수 있다. 353 ÷ 24 = 14.708이므로 ① 1,471억 달러를 정답으로 선택한다.

06 ①

[정석 풀이]

각 학급 인원수가 동일하므로, ㉠ + ㉡ = 23 … ⓐ

전체 비용 = 천 마스크 비용 + 일회용 마스크 비용이다.

122,000 = 4,000 × (5 + 6 + ㉠) + 1,200 × (18 + 17 + ㉡)

= 44,000 + 4,000㉠ + 42,000 + 1,200㉡

⇒ 4,000㉠ + 1,200㉡ = 36,000 ⇒ 4㉠ + 1.2㉡

= 36 … ⓑ

ⓑ − 1.2ⓐ를 연립하면 2.8㉠ = 8.4, ㉠ = 3이 된다.

[치트키]

총 비용이 122,000으로 백 원짜리가 없다. 천 마스크는 4,000원 단위로 움직이지만 일회용 마스크는 1,200원 단위이다.

따라서, 일회용 마스크의 총 개수가 5의 배수임을 유추할 수 있다.

즉, 18 + 17 + ㉡ = 5의 배수이다. C반의 ㉠으로 주어진 보기는 3~7명이며, C반 인원은 23명이므로 ㉡은 20명임을 알 수 있다. ㉡이 20명이므로 ㉠은 3명이다.

07 ③

a. (거짓) 수입 4위는 네덜란드, 수출 4위는 프랑스이다.

b. (거짓) 수입의 4위가 네덜란드임에 주의하자. 프랑스의 수입 금액은 주어지지 않았으나, 최소 5위인 아일랜드 601억 원 이하일 것이다. 따라서 수출금액 503의 1.5배 이하이다.

c. (참) 수출 금액 3,634의 3배는 수입금액 10,095보다 높으므로 수입 금액은 수출 금액의 3배 이하이다.

d. (참) 상위 3개국의 금액 비중 합은 수입 65.1%, 수출 47.6%로 45% 이상이다.

08 ③

틀린 것 'N' 찾아야 한다.

① 대형 Size의 비중이 지속 증가하고 있으므로 계산하지 않아도 옳은 해석임을 알 수 있다. Y

② 아래부터 2020년이다. 37인치와 45인치의 비중 합은 2020년 50% 이상, 2021년부터 50% 이하로 줄어들었다. Y

③ 2022년 65인치 비중 25.3의 2배는 50.6이다. 이는 2020년 13.2의 4배인 52.8보다 낮다. 즉, 수량은 4배 이하이다. N(정답)

④ 2022년 55인치 32.5 × 1.1 = 35.8로 2021년 55인치 34.7보다 높다. Y

⑤ 2020년 77인치 1.4 × 13 = 18.2로 2022년 45인치 18.2와 같다. Y

09 ②

주어진 보기의 수량 차이가 약 800대 내외로 상당히 크다. 따라서, 어림산을 적극 활용해보자.

2023년 7월 판매 수량 = 2022년 6월의 판매 수량 × 2022년 7월의 전월 대비 × 2023년 7월의 전년 동기 대비이므로

$$7{,}654\times1.061\times1.189 \approx 7{,}654\times\frac{105}{100}\times\frac{120}{100}$$

$$\approx 7{,}654\times\frac{21}{20}\times\frac{6}{5} \approx 76.54\times126 \approx 9{,}650$$

으로 약 9,500대 내외임을 알 수 있다. 정답을 ② 9,656대로 선택한다.

10 ①

틀린 것 'N' 찾아야 한다.

① 역사공원 1개소당 면적의 분모는 시설수, 분자는 면적이다. 2018년 대비 2019년에 분모는 12 → 10으로 −16.7%이며(−20%가 아니다.) 분자는 353 → 301로 −14.7%이다. 따라서, 역사공원 1개소당 면적은 2018년 대비 2019년에 증가하였다. N(정답)

② 도시자연공원의 시설수만 4년 동안 동일하였다. Y

③ 2019년 대비 2020년에 신설된 소공원의 시설수는 2개, 면적은 24㎢이 증가하였다. 따라서, 증가된 소공원 1개소당 평균 면적은 10㎢ 이상일 것이다. Y

④ 2018년 어린이공원 1개소당 면적의 분모인 시설수는 2017년 대비 감소, 분자인 면적은 2017년 대비 증가하였다. 따라서, 어린이공원 1개소당 면적은 전년 대비 증가하였을 것이다. Y

⑤ 도시자연공원의 경우 타 공원들 대비 면적이 가장 넓었다. 시설수는 역사공원 다음으로 적었기 때문에 공원 1개소당 면적이 타 공원 대비 넓었음을 알 수 있다. Y

11 ⑤

2018년을 기준으로 남성 육아휴직자는 매년 [259, 357, 767, 732] 증가하였다. 따라서 남성의 증가율이 가장 높았던 해는 2021년으로 의심할 수 있다. 증가량이 많았다(= 그래프에서의 기울기가 가파르다)고 해서 반드시 증가율이 높지는 않다. 해당 문제의 경우 2018년의 수치는 1.2천 명 수준이며 2022년은 3.4천 명 수준으로 매년 가파르게 증가했기 때문에 반드시 어림셈을 통해 매년 증가율을 간략하게라도 산출하는 것이 좋다.

2018년 이후 남성 육아휴직자의 전년 대비 증가율은 약 [20%, 20%, 40%, 30%]으로 어림할 수 있다(실제 수치는 [20.4%, 23.4%, 40.7%, 27.6%]이다). 2021년 전체 육아휴직자의 증가율은 8,372 → 9,154로 782만큼 증가하였기 때문에 782÷8,372 ≒ 9.3%이다.

12 ③

ㄱ. (거짓) 2018년, 2019년 교육시설 개선 건수는 공공시설 개설 건수의 절반 이상이다.

ㄴ. (거짓) 2022년에는 위탁시설 개선 사업 건수를 제외한 나머지 수치는 모두 증가하였다. 즉, 분모는 증가하였고, 분자는 감소하였으므로 2022년 위탁시설의 비중은 2021년 대비 감소하였을 것이다.
(ㄱ, ㄴ이 거짓이므로 'ㄷ'을 굳이 확인하지 않아도 ③을 정답으로 선택할 수 있다)

ㄷ. (참) 위탁시설을 제외한 나머지 지원 사업들은 매년 전년 대비 증가하였다.

13 ⑤

옳은 것 'Y' 찾아야 한다.

① 전체적으로 우상향을 보이나, 컴퓨터응용의 경우 웹 디자인보다 응시율은 낮지만 합격률은 높다. N

② 좌하단부터 우상단 꼭짓점을 이었을 때, 선의 위쪽에 위치한 컴퓨터응용의 경우가 합격률이 응시율보다 높은 경우이다. N

③ 과정 전체의 응시율은 약 80%(= 1,411 ÷ 1,770)이다. 응시율 80% 선을 기준으로 기계설계, 전산응용, 미용사 3개 과정이다. N

④ 과정 전체의 합격률은 약 69%(= 976 ÷ 1,411)이다. 합격률 70% 선을 기준으로 3개 과정이 존재한다. N

⑤ 응시율을 기준으로 생산자동화와 미용사의 차이가 30%p 이상(그래프 한 칸에 10%인데, 3칸이 넘는다)임을 알 수 있다. Y(정답)

14 ⑤

2021년 합격률은 976 ÷ 1,411 = 69.2%이다.

2022년 접수자는 1,770명, 응시율이 60%이므로 응시자는 1,770 × 0.6 = 1,062명이다.

2022년 합격자는 2021년과 동일한 976명이므로 합격률은 976 ÷ 1,062 = 91.9%이다.

따라서, 기존 69.2%에서 91.9%로 22.7%p 즉, 23%p 상승할 것이다.

15 ②

틀린 것 'N' 찾아야 한다.

'A당 B'라는 값은 B÷A(후술되는 대상이 분자)이므로 분자와 분모를 직관적으로 구분하는 것이 중요하다.

① '학급당 교직원 수'를 통해 1.3 → 1.8 → 2.1로 증가함을 확인할 수 있다. Y

② 교직원 1인당 일주일 평균 수업시간은 '학급당 일주일 평균 수업 시간' ÷ '학급당 교직원 수'로 알 수 있다. 초등학교의 경우 38 ÷ 1.3으로 약 29이다. N(정답)

③ 총 학급 수는 학교 × 학교 1개소당 학급 수이므로 60 × 33 = 1,980으로 2,000개 이하이다. Y

④ 학교 1개소당 교직원 수는 '학교 1개소당 학급 수' × '학급당 교직원 수'로 알 수 있다. 초등학교부터 39 → 64.8 → 69.3으로 증가한다. Y

⑤ 학교 1개소당 학생 수는 '학교 1개소당 학급 수' × '학급당 학생 수'로 알 수 있다. 중학교의 경우 36 × 35 = 1,260으로 1,000명 이상이다. Y

16 ②

a. (거짓) 9가지 콘텐츠 중 SNS, 영화, 교통, 게임 네 가지에서 남성이 높았다. 여성은 다섯 가지이므로 여성이 더 많다.

b. (참) 〈그래프〉에 정렬된 항목을 기준으로 여성 빈도수 순위는 [8 6 7 9 1 3 2 5 4]이며, 남성 빈도수 순위는 [3 9 2 6 7 8 4 1 5]로 순위가 같은 콘텐츠는 없다. (이러한 일명 노가다성 검증 항목의 경우 실제 수험장에서는 일단 Skip 하는 것이 정신건강과 시험 효율상 옳은 선택이다)

c. (거짓) 가장 많은 차이를 보이는 것으로 의심되는 '상품/서비스 정보 검색' 콘텐츠의 차이는 5.34 − 4.33으로 1.01점 차이이다.

17 ④

문제를 해석하는 것에 시간이 소요될 뿐 계산은 쉬운 문제이다.

$A\% = \frac{15}{60} = \frac{1}{4} = 25\%$, $B\% = \frac{5}{500} = 1\%$이다. 따라서 흡연의 폐암 발생 영향률 $= \frac{25-1}{25} = \frac{24}{25}$이다. 분모와 분자에 4씩을 곱하여 $\frac{96}{100}$ (또는 $\frac{1}{25}$은 4%이므로 100% − 4%) = 96%임을 알 수 있다.

03 기출변형 모의고사

18 ③

주어진 연봉 상승률 수식에서의 최댓값이 되는 x(A)와 '0'이 되는 x(B)를 구하는 문제이다.

최댓값 A는 마이너스로 묶여진 $\frac{(A-12)^2}{8}$이 '0'인 경우이므로, A = 12이다. (연봉 상승률 18%)

'0'이 되는 B는 마이너스로 묶여진 $\frac{(B-12)^2}{8}$이 '18'인 경우이므로, $(B-12)^2 = 18 \times 8 = 144 = 12^2 \rightarrow B = 24$이다. (연봉 상승률 0%) 따라서, B − A = 24 − 12 = 12

19 ⑤

2015년을 기준으로 2016년부터 전년 대비 증감 트렌드는 [− + + − + + −]이다. 따라서 〈보기〉에 주어진 그래프의 '0'을 기준으로 [아래 위 위 아래 위 위 아래]에 표기된 그래프를 찾으면 ⑤이다.

20 ④

주어진 조건을 굳이 활용하지 않더라도 새우와 물고기의 계차를 구해보면 새우는 4부터 2씩의 등차, 물고기는 1부터 1씩의 등차를 나타내는 계차수열임을 알 수 있다. 즉, 다음과 같이 주어진 표를 연장하여 구성하면 아래와 같으며 10일 차의 개체 수 차이는 154 − 65 = 89이다. 끝자리만 계산했다면 더욱 빠른 연산이 가능했을 것이다.

	새우	전일 대비	물고기	전일 대비
초기 투입	24	-	10	-
1일 차	28	+4	11	+1
2일 차	34	+6	13	+2
3일 차	42	+8	16	+3
4일 차	52	+10	20	+4
5일 차	64	+12	25	+5
6일 차	78	+14	31	+6
7일 차	94	+16	38	+7
8일 차	112	+18	46	+8
9일 차	132	+20	55	+9
10일 차	154	+22	65	+10

Chapter 02 추리

01	02	03	04	05	06	07	08	09	10
④	④	③	③	⑤	②	①	④	②	①
11	**12**	**13**	**14**	**15**	**16**	**17**	**18**	**19**	**20**
④	①	③	①	①	②	⑤	⑤	④	⑤
21	**22**	**23**	**24**	**25**	**26**	**27**	**28**	**29**	**30**
②	①	②	⑤	①	⑤	④	①	②	⑤

01~03은 다음의 유형을 따른다.

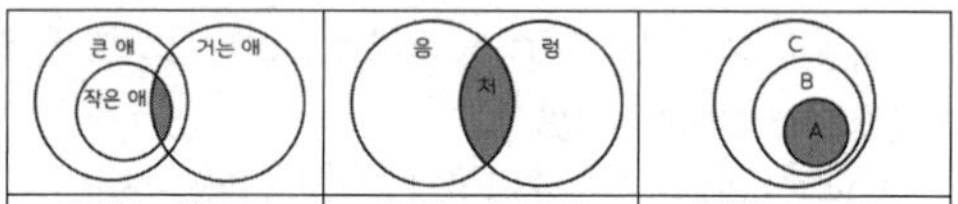

유형1. 어모어 | 유형2. 모모어 | 유형3. 모모모

01 ④

결론의 모든을 보고 유형3. 모모모로 접근하자. 결론에 사용한 2개의 개념 중 전제2에 사용하지 않은 개념은 '무선사업부 소속 사원'이다. 이를 전제2의 앞에 두는 경우와 전제2의 뒤에 두는 경우로 나누어 고민해보자.

1) 전제2의 앞에 '무선사업부 소속 사원'을 두는 경우
   전제1이 [무선사업부 소속 사원 → SW개발을 담당하는 사원]이라고 생각하는 경우이다. 이 때 [무선사업부 소속 사원 → SW개발을 담당하는 사원]과 전제2를 이어주면 [무선사업부 소속 사원 → SW개발을 담당하는 사원 → 스마트 데스크에서 근무하는 사원]이 된다. 즉 결론이 [무선사업부 소속 사원 → 스마트 데스크에서 근무하는 사원]이 되어 문제에서 제시한 결론과 다른 결론을 도출하게 된다.

2) 전제2의 뒤에 '무선사업부 소속 사원'을 두는 경우
   전제1이 [스마트 데스크에서 근무하는 사원 → 무선사업부 소속 사원]이라고 생각하는 경우이다. 전제2에 [스마트 데스크에서 근무하는 사원 → 무선사업부 소속 사원]을 이어주면 [SW개발을 담당하는 사원 → 스마트 데스크에서 근무하는 사원 → 무선사업부 소속 사원]이 된다. 이에 따라 결론은 [SW개발을 담당하는 사원 → 무선사업부 소속 사원]이 되고 이는 문제에서 제시한 결론과 같다.

전제1은 [스마트 데스크에서 근무하는 사원 → 무선사업부 소속 사원]이다.

02 ④

[치트키]

전제의 어떤을 보고 유형1. 어모어로 접근하자. 2번 나온 개념의 정/부정이 같다. 전제의 모든에서 앞에 있는 개념이 작은 애, 뒤에 있는 개념이 큰 애다. 전제의 어떤에서 작은 애가 아닌 개념이 거는 애다.

작: 명함
큰: 출장
거: 회의

결론에서 큰 애와 거는 애가 어떤으로 만난다. 이에 따라 결론은 '출장/어떤/회의' 또는 '회의/어떤/출장'이라고 알 수 있다.

[일반 풀이]

출장을 가는 사원의 부분집합인 명함을 준비한 사원이 회의에 참석한 사원과 교집합을 이룬다. 이에 따라 출장을 가는 사원과 회의에 참석한 사원도 교집합을 이룬다고 알 수 있다.

03 ③

[치트키]

전제의 모든, 결론의 어떤은 유형1. 어모어, 유형2. 모모어, 유형3. 모모모가 모두 가능하다. 출제 확률을 고려하여 유형1. 어모어로 먼저 접근하자.

2번 나온 개념의 정/부정이 같다. 전제의 모든에서 앞에 있는 개념이 작은 애, 뒤에 있는 개념을 큰 애다. 결론의 어떤에서 큰 애가 아닌 개념이 거는 애다.

작: 통.버
큰: 설계
거: 자전거

전제2는 전제의 어떤 자리이다. 그러면서 작은 애와 거는 애가 만난다. 이에 따라 어모어로의 정답은 '통.버/어떤/자전거' 또는 '자전거/어떤/통.버'라고 알 수 있다. 운이 좋게 선택지에 답이 있다. 풀이를 마치자.

[일반 풀이]

전제에 모든의 명제, 결론에 어떤의 명제로 제시한 문제의 대표적인 정답은 다음과 같다.

1. 통근버스를 타는 직원과 자전거를 좋아하는 직원이 교집합
   통근버스를 타는 직원은 설계팀 소속인 직원의 부분집합이다. 통근버스를 타는 직원과 자전거를 좋아하는 직원이 교집합을 이룬다면 통근버스를 타는 직원을 부분집합으로 삼는 설계팀 소속인 직원과 자전거를 좋아하는 직원도 교집합을 이룬다. (유형1. 어모어)

2. 통근버스를 타는 직원이 자전거를 좋아하는 직원의 부분집합
   자전거를 좋아하는 직원의 부분집합이 통근버스를 타는 직원이다. 설계팀 소속인 직원의 부분집합도 통근버스를 타는 직원이다. 자전거를 좋아하는 직원, 설계팀 소속인 직원 모두 통근버스를 타는 직원을 부분집합으로 삼는다. 즉 자전거를 좋아하는 직원과 설계팀 소속인 직원은 통근버스를 타는 직원만큼 교집합을 이룬다. (유형2. 모모어)

3. 자전거를 좋아하는 직원이 통근버스를 타는 직원의 부분집합
   [자전거를 좋아하는 직원 → 통근버스를 타는 직원 → 설계팀 소속인 직원]으로 두 전제를 이을 수 있다. 이를 토대로 [자전거를 좋아하는 직원 → 설계팀 소속인 직원]의 결론을 낼 수 있다. 자전거를 좋아하는 직원과 설계팀 소속인 직원은 자전거를 좋아하는 직원만큼 교집합을 이룬다. 즉 [자전거를 좋아하는 직원 → 설계팀 소속인 직원]의 명제 하나만 가지고 서로 교집합을 이룬다고 알 수 있다. (유형3. 모모모)

04 ③

문제에서 묻는 건 세 번째로 줄을 설 가능성이 있는 사람이 모두 몇 명인지이다. 문제의 상황과 〈보기〉의 조건을 만족하는 경우를 모두 찾아보자.

D는 C 바로 뒤에 줄을 선다. 이 조건을 토대로 C가 1번째로 줄을 서는 경우부터 4번째로 줄을 서는 경우까지 나눌 수 있다. C는 E보다 앞쪽에 줄을 선다. C가 4번째로 줄을 서면 D는 5번째로 줄을 서게 된다. 이때 E가 줄을 설 곳이 없다. C가 4번째로 줄을 서는 경우는 조건을 만족하지 않는다. C가 3번째로 줄을 서는 경우는 D가 4번째, E가 5번째로 줄을 선다.

Case	1	2	3	4	5
1	C	D			
2		C	D		
3			C	D	E

A와 B는 서로 이웃하지 않게 줄을 선다. Case 3은 A와 B가 이웃하게 줄을 설 수밖에 없다. 소거하자. Case 1에서 E가 4번째로 줄을 서고 A와 B가 3번째와 5번째로 줄을 선다. 단 A와 B 중 누가 3번째로 줄을 서는지는 알 수 없다. 이를 편의상 A/B 또는 B/A로 표기하자. Case 2에서 A와 B 중 1명은 반

03
기출변형 모의고사

드시 1번째로 줄을 서야지만 A와 B는 서로 이웃하지 않게 줄을 선다는 조건을 만족한다. 이때 E가 4번째로 줄을 서는 경우와 5번째로 줄을 서는 경우로 나뉘지만 문제에서 묻는 건 세 번째로 줄을 서는 사람이기에 Case 2에서 경우를 더 나누지 않고 풀이를 마치자.

Case	1	2	3	4	5
1	C	D	A/B	E	B/A
2	A/B	C	D		

[오답점검]
Case 2에서 경우를 더 나누면 다음과 같다.

Case	1	2	3	4	5
1	C	D	A/B	E	B/A
2.1	A/B	C	D	E	B/A
2.2	A/B	C	D	B/A	E

05 ⑤

사람이 6명이고 게이트가 3곳이다. 한 사람은 1곳의 게이트만 이용하고 선택지에서 묻는 건 누가 누구와 같은 게이트를 이용하는지이다. 게이트를 기준으로 잡고 사람을 배치하자.
A는 X게이트를 이용한다. D와 E는 같은 게이트를 이용한다. 이를 토대로 경우를 나누면 다음과 같다.

Case 1	Case 2	Case 3
X: A, D, E Y: Z:	X: A Y: D, E Z:	X: A Y: Z: D, E

F가 이용하는 게이트는 F를 포함하여 3명이 이용한다. 아무도 이용하지 않는 게이트가 없다는 조건까지 고려하면 각 게이트를 이용하는 사람이 3명, 2명, 1명이라고 알 수 있다. Case 1에서 A, D, E가 X게이트를 이용한다. F가 이용하는 게이트는 F를 포함하여 3명이 이용한다는 조건을 만족하지 않는다. Case 1을 소거하자.
C가 이용하는 게이트는 아무도 이용하지 않는다. Case 2에서 Z게이트에 C를 배치하고 Case 3에서 Y게이트에 C를 배치하자. 실수를 줄이기 위해 게이트 옆에 1을 적어두자.

Case 2	Case 3
X: A Y: D, E Z(1): C	X: A Y(1): C Z: D, E

B는 Z게이트를 이용하지 않는다. Case 3에서 B는 X게이트를 이용한다. Case 2에서 B가 X게이트를 이용하는 경우와 Y게이트를 이용하는 경우로 나뉜다. B가 Y게이트를 이용하면 F가 이용하는 게이트는 F를 포함하여 3명이 이용한다는 조건을 만족하지 않는다. B는 X게이트를 이용한다.

Case 2	Case 3
X: A, B Y: D, E Z(1): C	X: A, B Y(1): C Z: D, E

F는 Case 2, 3 모두 이용하는 게이트를 고정할 수 없다. 즉 경우가 더 나뉜다. 선택지에서 묻는 건 같은 게이트 이용 여부이기에 F를 언급한 선택지는 정답일 가능성이 낮다. 풀이를 잠시 멈추고 정답을 확인하자.

[오답점검]
F가 게이트를 이용하는 경우까지 반영하여 경우를 나누면 다음과 같다.

Case 2.1	Case 2.2
X: A, B, F Y: D, E Z(1): C	X: A, B Y: D, E, F Z(1): C

Case 3.1	Case 3.2
X: A, B, F Y(1): C Z: D, E	X: A, B Y(1): C Z: D, E, F

06 ②

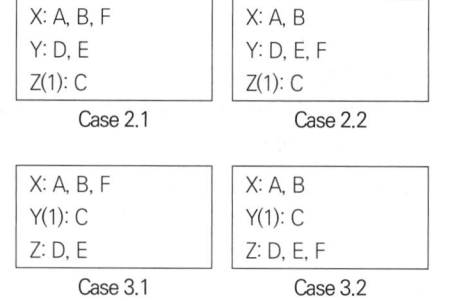

우산꽂이 4칸이 일렬로 나란하게 놓였다. 맨 앞의 칸부터 1, 2, 3, 4를 부여한 후 한 칸에 2명씩 배치하며 문제를 풀이하자.
고정조건인 G는 맨 앞의 칸에 우산을 꽂는다는 조건을 먼저 반영하자. 이후 D와 E는 같은 칸에 우산을 꽂는다는 조건과 E는 H보다 앞쪽의 칸에 우산을 꽂는다는 조건을 토대로 경우를 나누면 다음과 같다.

Case	1	2	3	4
1	G	D, E	H	
2	G	D, E		H
3	G		D, E	H

정리할 대상은 A, B, C, F이다. A는 B와 F보다 뒤쪽의 칸에 우산을 꽂는다. Case 1에서 B와 F 중 1명은 1번째 칸에 우

산을 꽂고 나머지 1명은 3번째 칸에 우산을 꽂아야 A가 4번째 칸에 우산을 꽂으며 조건을 만족한다. Case 2도 Case 1과 마찬가지로 A가 4번째 칸에 우산을 꽂는다. Case 3에서 B와 F 중 1명은 1번째 칸에 우산을 꽂고 나머지 1명은 2번째 칸에 우산을 꽂는 경우 A는 4번째 칸에 우산을 꽂는다. 또는 Case 3에서 B와 F 모두 2번째 칸에 우산을 꽂아도 A는 4번째 칸에 우산을 꽂는다.
B, C, F가 몇 번째 칸에 우산을 꽂는지 확정하지 못하더라도 A가 4번째로 우산을 꽂는다고 알 수 있다.

Case	1	2	3	4
1	G	D, E	H	A
2	G	D, E		H, A
3	G		D, E	H, A

문제에서 물어보는 건 항상 참이며 누가 몇 번째 칸에 우산을 꽂는지이다. A를 언급한 선택지가 정답일 확률이 높다.

[오답점검]
풀이에서 편의상 B, C, F를 확정하지 못한다고 했지만 B, C, F가 몇 번째 칸에 우산을 꽂는지에 따라 경우가 나뉘는데, 많이 나뉘기도 하고 문제의 요구사항(항상 참 + 선택지에서 특정 칸)을 고려하면 꼭 나눌 필요가 없어 확정하지 못한다고 언급했다. B, C, F까지 고려하여 경우를 나눠도 되지만 시간이 다소 아까운 풀이법이다.

07 ①

마주보고 앉는다는 조건이 2개다. 자리에 숫자 등을 명명하지 않은 테이블 문제에서 마주보고 앉는다는 조건은 고정조건처럼 쓸 수 있지만 1개만 가능하다. C, H를 고정한 후 문제를 풀이해도 되고 B, F를 고정한 후 문제를 풀이해도 되지만 C를 언급한 조건이 마주본다는 조건 외 하나 더 있기에 C, H를 먼저 고정하고 풀이하는 방법이 B, F를 고정하고 풀이하는 방법보다 효율적일 것으로 보인다.
C와 H를 고정하자. 이후 A는 C의 왼쪽이며 C와 이웃한 자리에 앉는다는 조건을 반영하자. 이후 B와 F가 마주보고 앉는다는 조건을 반영하여 경우를 나누면 다음과 같다. 이때 B와 F는 자리를 바꿀 수 있기에 BF 또는 FB로 표기하여 실수를 줄이자.

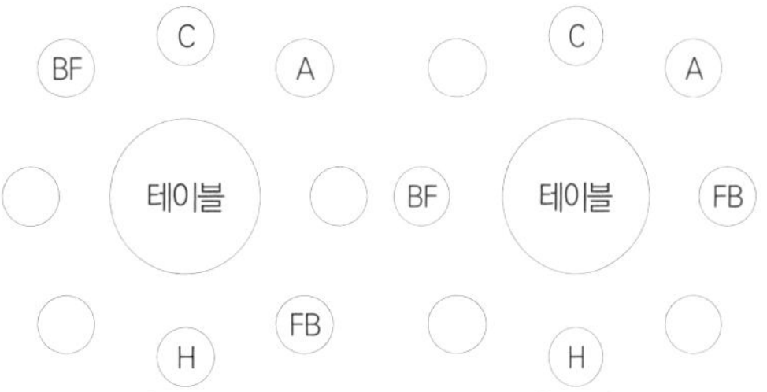

Case 1 Case 2

E는 G와 이웃하게 앉는다. Case 2는 E와 G를 이웃하게 앉힐 곳이 없다. 소거하자. Case 1에서 E와 G를 이웃하게 앉히고 남은 자리에 D를 앉히면 다음과 같다. E와 G는 자리를 바꿀 수 있기에 EG 또는 GE로 표기했다.

Case 1

08 ④

문제에서 묻는 건 패턴이 모두 몇 가지인지이다. 문제의 상황과 〈보기〉의 조건을 만족하는 경우를 모두 찾아보자.
2행 2열의 점을 패턴에 사용한다. 그러면서 1행에 놓인 3개의 점 중 2개를 패턴에 사용한다. 이를 토대로 경우를 나누면 다음과 같다. 사용하지 않는 점은 X로 표기하여 실수를 줄이자.

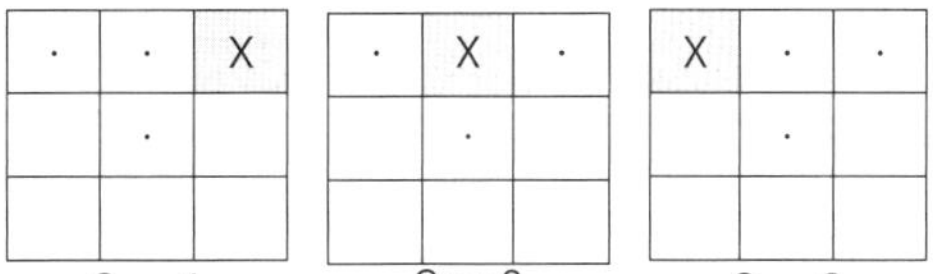

Case 1 Case 2 Case 3

2열에 놓인 3개의 점 중 2개를 패턴에 사용한다. Case 1, 3에서 3행 2열의 점을 패턴에 사용하지 않는다. Case 2에서는 3행 2열의 점을 패턴에 사용한다.

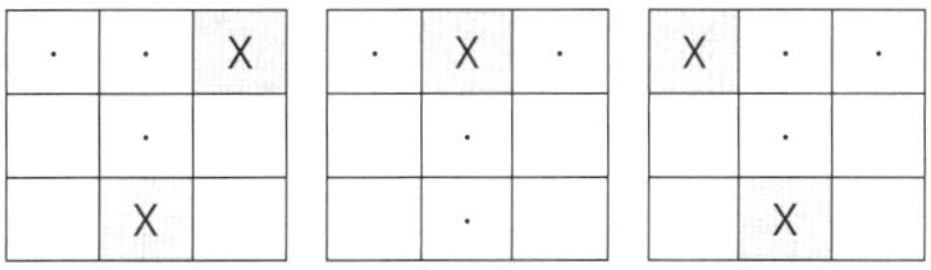

Case 1 Case 2 Case 3

9개의 점 중 5개를 연결하며 각 점을 최대 1번까지 사용한다.

Case 2는 아직 판단하지 않은 4개 점 중 어떤 점을 사용하더라도 5개의 점을 연결할 수 없다. 소거하자.

Case 1과 3은 2행 1열의 점과 3행 1열의 점을 사용하는 경우와 2행 3열의 점과 3행 3열의 점을 사용하는 경우로 나뉜다.

·	·	X
·	·	X
·	X	X

Case 1.1

·	·	X
X	·	·
X	X	·

Case 1.2

X	·	·
·	·	X
·	X	X

Case 3.1

X	·	·
X	·	·
X	X	·

Case 3.2

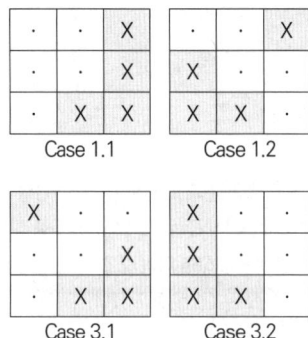

패턴의 시작은 1행에 놓인 점이며 대각선으로 연결하지 않는다. 이를 토대로 패턴의 순서를 1, 2, 3, 4, 5로 표기하면 다음과 같다.

1	2	X
4	3	X
5	X	X

Case 1.1

1	2	X
X	3	4
X	X	5

Case 1.2

X	2	1
4	3	X
5	X	X

Case 3.1

X	2	1
X	3	4
X	X	5

Case 3.2

09 ②

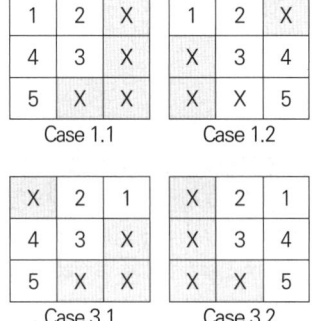

A와 B는 짝수이며 A와 D의 합은 B와 C의 곱과 같다. B가 짝수이기에 B와 C의 곱의 결과는 짝수다. 이에 따라 A와 D의 합도 짝수라고 알 수 있다. A가 짝수이기에 D도 짝수다.

A, B, C, D는 서로 다르며 D가 가장 크다. D와 A를 기준으로 경우를 나누어 접근하자. A + D = B × C라는 점을 잘 보이도록 A, D, B, C로 배치하여 풀어보자.

Case	A	D	A + D	B	C
1	6	8	14		
2	4	8	12		
3	2	8	10		
4	4	6	10		
5	2	6	8		
6	2	4	6		

D가 가장 크며 D, A, B는 짝수다. Case 6에서 B는 D인 4보다 작으며 짝수일 수 없다. 소거하자.

Case 3에서 B는 4이거나 6이어야 하는데 어떤 수를 곱하더라도 10을 만들 수 없다. 소거하자.

Case 5에서 B는 4일 수밖에 없다. B와 C의 곱이 8이 되려면 C는 2이어야 한다. 그런데 이미 2는 A의 값이다. A, B, C, D는 서로 다르다는 조건을 만족하지 않는다. 소거하자.

Case	A	D	A + D	B	C
1	6	8	14	2	7
2	4	8	12	2/6	6/2
4	4	6	10	2	5

10 ①

한 사람당 휴대전화를 1대씩 사용한다. 이들이 사용하는 휴대전화의 용량은 64GB, 128GB, 256GB, 512GB라는 조건을 토대로 각 휴대전화를 사용하는 최소인원이 1명이라고 알 수 있다. 0명이 사용하는 휴대폰이 있다면 이들이 사용한다고 언급할 수 있기 때문이다. 또한 이를 토대로 2명이 같은 용량의 휴대전화를 사용하고 나머지 3개의 용량을 3명이 각기 사용한다고 알 수 있다.

선택지가 '~라면'으로 제시된 문제는 1) 문제의 상황과 〈보기〉의 조건을 풀이에 최대한 반영한 후 선택지의 앞부분(=전건)을 넣어봤을 때 뒷부분(=후건)이 항상 참인지 거짓인지 판별하는 방법과 2) 문제의 상황과 〈보기〉의 조건을 만족하는 경우를 모두 찾은 후 앞부분이 지칭하는 경우에서 뒷부분이 항상 참인지 거짓인지를 확인하는 방법으로 나뉜다. 가지치기로 풀이하기 좋은 문제로 보이기에 2)안으로 접근하자. 단위는 생략하고 숫자만 표기하겠다.

D는 128을 사용한다. C는 256을 사용하지 않는다. C가 64를 사용하는 경우와 512를 사용하는 경우로 나눌 수 있다. C가 128를 사용한다고 오해할 수 있으나 E와 B가 사용하는 휴대전화의 용량은 같다는 조건과 E, B가 사용하는 용량 외 나머지 3개 용량을 A, C, D가 각각 사용한다는 정보를 고려하면 C는 128를 사용할 수 없다.

D	C
128	64
	512

이어서 E와 B가 사용할 수 있는 용량으로 경우를 더 나눠보자. 이때 E와 B를 한 칸에 정리하면 풀이가 보다 깔끔해진다. 이후 남은 용량을 A가 사용하는 용량으로 정리하면 다음과 같다.

D	C	E, B	A
128	64	256	512
		512	256
	512	64	256
		256	64

11 ④

5명 중 2명이 진실을 말하는데 반드시 거짓을 말하는 사람을 고르라고 하며 선택지에는 1명씩 언급되었다. 5명 중 2명이 성과급을 받은 10가지 경우 중 문제의 조건을 만족하는 경우가 2가지 이상이라고 예상된다.

C는 B가 성과급을 받았다고 하고 E는 B가 성과급을 받지 않았다고 한다. C와 E는 모든 경우에서 둘 중 1명은 진실을 말하고 나머지 1명은 거짓을 말하는 모순관계다.
C의 진술을 한 번 더 살펴보자. 문제에서 성과급을 받은 2명만 진실을 말하고 나머지 3명은 거짓을 말한다고 한다. C의 진술이 진실이면 B는 성과급을 받았다. 성과급을 받은 2명만 진실을 말한다는 조건을 만족하는 경우에서는 B는 진실을 말한다. C의 진술이 거짓이면 B는 성과급을 받지 않았고 성과급을 받지 않았기에 거짓을 말한다. C와 B의 진술은 성과급을 받은 2명만 진실을 말하고 나머지 3명은 거짓을 말한다는 조건을 만족하는 경우에서는 동일관계처럼 활용할 수 있다.
B, C vs E의 구도를 보인다. 이를 토대로 성과급을 받은 2명의 후보를 (B, C), (E, A), (E, D)로 압축할 수 있다. 3가지 경우를 토대로 조건을 만족하는지 확인해보자.

1) B와 C가 성과급을 받으며 진실인 경우
A, D, E의 진술이 거짓이다. 조건을 만족한다.

2) E와 A가 성과급을 받으며 진실인 경우
B, C, D의 진술이 거짓이다 조건을 만족한다.

3) 'E와 D가 성과급을 받으며 진실인 경우'를 살펴보지 않아도 B, C가 성과급을 받은 경우와 E, A가 성과급을 받은 두 경우가 조건을 만족한다고 확인했다. 두 경우 모두 D는 성과급을 받지 않고 거짓을 말한다.

12 ①

변수의 종류가 사람, 요일, 빵으로 3가지이다. 2개 변수를 각 축으로 두고 표 안을 나머지 변수로 채워보자. 일반적으로 사람을 안에 채우는 풀이가 가장 직관적이나 사람이 셋, 요일도 셋, 빵의 종류도 셋이기에 세 변수 중 무엇을 표 안에 넣어도 큰 차이는 없다. 풀이에서는 표 안을 빵으로 채우겠다.
B와 C는 화요일에 단팥빵을 먹는다. C는 월요일에 식빵을 먹지 않는다. 3명 모두 3일간 세 종류의 빵을 모두 먹는다. C는 수요일에 식빵을 먹고 월요일에 크림빵을 먹는다.

	월	화	수
A			
B		단팥	
C	크림	단팥	식빵

A, B, C가 월요일에 먹는 빵은 다르다. C는 이미 월요일에 크림빵을 먹는다고 알고 있다. A와 B 중 1명이 단팥빵을 먹고 나머지 1명이 식빵을 먹는다. B는 화요일에 단팥빵을 먹는다고 알고 있기에 B는 월요일에 단팥빵을 먹지 않는다. 월요일에 B가 식빵을 먹고 A가 단팥빵을 먹는다.

	월	화	수
A	단팥		
B	식빵	단팥	
C	크림	단팥	식빵

A와 C는 같은 날에 같은 빵을 먹지 않는다. C가 수요일에 식빵을 먹으니 A는 수요일에 크림빵을 먹는다. 이후 A, B, C가 세 종류의 빵을 모두 먹도록 정리하면 다음과 같다.

	월	화	수
A	단팥	식빵	크림
B	식빵	단팥	크림
C	크림	단팥	식빵

13 ③

변수의 종류가 사람과 교통수단으로 2가지이다. 그러면서 사람이 2가지 교통수단을 이용한다는 정보를 토대로 두 변수가 다대다의 관계를 보인다고 알 수 있다. 가로축과 세로축에 사람과 교통수단의 값을 두고 표 안을 O, X로 채워보자.
고정조건을 먼저 정리하자. B는 자가용을 이용하지 않으며 버스를 이용한다. D와 C는 비행기를 이용한다. C가 이용하는 교통수단과 A가 이용하는 교통수단은 겹치지 않는다. A는 비행기를 이용하지 않는다.

	A	B	C	D
자가용		X		
비행기	X		O	O
버스		O		
기차				

자가용을 이용하는 인원은 기차를 이용하는 인원보다 많다. 자가용을 이용하는 인원이 3명인 경우를 먼저 점검하자. A, C, D가 자가용을 이용하는데 C가 이용하는 교통수단과 A가 이용하는 교통수단은 겹치지 않는다는 조건을 만족하지 않는다. 자가용을 이용하는 인원은 최대 2명이다. 그러면서 4가지 교통수단 중 아무도 이용하지 않는 교통수단은 없다는 조건을 토대로 기차를 이용하는 최소 인원이 1명이라고 알 수 있다. 기차는 1명이 이용하고 자가용은 2명이 이용한다.
A와 C는 2가지 교통수단을 이용하고 C가 이용하는 교통수단과 A가 이용하는 교통수단은 겹치지 않는다. 교통수단의 종류가 4가지인 점을 고려하면 A와 C 중 1명이 자가용을 이용한다고 알 수 있다. 이에 따라 D는 자가용을 이용한다고 알 수 있다. D는 자가용과 비행기를 이용하니 버스와 기차를 이용하지 않는다.

	A	B	C	D
자가용(2)		X		O
비행기	X		O	O
버스		O		X
기차(1)				X

기차를 이용하는 사람이 1명이다. 앞선 풀이에서 A와 C 중 1명이 자가용을 이용한다고 알게 된 과정과 동일하게 A와 C 중 1명이 기차를 이용한다고 알 수 있다. B는 기차를 이용하지 않는다. B는 자가용과 기차를 이용하지 않는다. B는 비행기와 버스를 이용한다.

	A	B	C	D
자가용(2)		X		O
비행기	X	O	O	O
버스		O		X
기차(1)		X		X

A와 C 중 누가 자가용을 이용하는지, 기차를 이용하는지, 버스를 이용하는지는 알 수 없다. 다시 말해 경우가 나뉘지만 문제에서 항상 참인 것을 물으며 선택지의 물음은 누가 무엇을 이용하는지이다. A 또는 C가 자가용, 기차, 버스 중 일부를 이용한다는 선택지는 정답일 확률이 적다. 선택지를 확인하며 풀이를 마치자.

14 ①

A는 B가 중형차를 보유한다고 한다. 중형차를 보유하는 2명만 거짓을 말한다는 조건을 만족하는 경우에서는 A의 진술이 진실이면 B는 중형차를 보유하기에 B가 거짓을 말하며 A의 진술이 거짓이면 B는 중형차를 보유하지 않기에 B는 진실을 말한다.
D는 E가 중형차를 보유하지 않는다고 한다. 중형차를 타는 2명만 거짓을 말한다는 조건을 만족하는 경우에서는 D의 진술이 진실이면 E는 중형차를 보유하지 않기에 E는 진실을 말하며 D의 진술이 거짓이면 E는 중형차를 보유하기에 E는 거짓을 말한다.
중형차를 보유하는 2명만 거짓을 말한다는 조건을 만족하는 경우에서는 A와 B의 진술을 모순관계처럼 활용할 수 있고 D와 E의 진술은 동일관계처럼 활용할 수 있다. 문제에서 거짓을 말하는 사람이 2명이다. 2명 중 1명은 A이거나 B이다. 나머지 1명이 될 수 있는 사람은 C, D, E인데 D와 E는 동일관계처럼 활용할 수 있기에 C가 거짓을 말하고 D, E가 진실을 말한다고 알 수 있다.
C의 진술이 거짓이니 C가 중형차를 보유한다고 알 수 있다. B는 C가 경차를 보유한다고 한다. B의 진술이 거짓이다. 이에 따라 B도 중형차를 보유한다고 알 수 있다.

A	B	C	D	E
	중	중		

A, D, E의 진술이 진실이다. 이들의 진술로 A, D, E가 어떤 차를 보유하는지 경우가 여럿으로 나뉘며 확실하게 누가 경차를 타는지 알기 어렵다. B, C의 진술이 거짓이라는 점을 주목하자. C의 진술이 거짓이기에 A는 대형차를 보유하지 않는다고 알 수 있다. A는 경차를 보유하거나 중형차를 보유한다. 그런데 A는 진실을 말하는 사람이기에 중형차를 보유하지 않는다. A는 경차를 보유한다.

15 ①

[세로규칙] 이동
위(↑)로 1칸씩 이동

16 ②

[가로규칙] 회전하듯 이동
안: 시계방향(↷)으로 1칸씩 이동
밖: 반시계방향(↶)으로 2칸씩 이동

17 ⑤

[가로규칙] 2in1
전체 도형을 반시계방향(↶)으로 90도 회전한 후 2열에 위치한 도형의 색을 반전(흑 ↔ 백)

[18~21]

하나의 규칙만 적용한 흐름을 먼저 확인하자.
[03KF ⇨ □ ⇨ 14LG]
□: +1 +1 +1 +1

이어서 □의 규칙을 적용하여 다른 규칙도 찾아보자.
[PEAR ⇨ □ ⇨ ◎ ⇨ FSBQ]
[QFBS ⇨ ◎ ⇨ FSBQ]
◎: 2431

마찬가지로 ◎의 규칙을 적용하여 다른 규칙도 확인하자.
[B5Z8 ⇨ ◎ ⇨ ◐ ⇨ 78XB]
[58ZB ⇨ ◐ ⇨ 78XB]
◐: +2 0 -2 0

마지막으로 ◐의 규칙을 활용하여 나머지 규칙이 무엇인지 점검하자.
[14LG ⇨ ◐ ⇨ ♠ ⇨ J3G4]
[34JG ⇨ ♠ ⇨ J3G4]
♠: 3142

□: +1 +1 +1 +1
◎: 2431
◐: +2 0 -2 0
♠: 3142

18 ⑤

[9J7Y ⇨ ◎ ⇨ □ ⇨ ?]
[JY79 ⇨ □ ⇨ ?]
[KZ80]

19 ④

[J0H3 ⇨ ◐ ⇨ ♠ ⇨ ?]
[L0F3 ⇨ ♠ ⇨ ?]
[FL30]

20 ⑤

[? ⇨ ♠ ⇨ ◐ ⇨ BWNR]
[? ⇨ ♠ ⇨ ZWPR]
[WRZP]

21 ②

[? ⇨ ◐ ⇨ ◎ ⇨ ♠ ⇨ DTQO]
[? ⇨ ◐ ⇨ ◎ ⇨ TODQ]
[? ⇨ ◐ ⇨ QTDO]
[OTFO]

22 ①

이 글은 mRNA 백신 기술에 대한 설명 글로, 개념 소개부터 활용 사례, 기술적 한계, 미래 전망까지 순차적으로 전개된다. 먼저 (A)에서는 mRNA 백신의 원리와 장점을 설명하며 기술의 개념을 도입하고 있다. 이어지는 (B)는 이러한 특성 덕분에 코로나19 백신으로 상용화되었고, 다양한 질병의 백신으로 활용 범위가 넓어졌음을 보여준다. 그다음 (C)에서는 '물론 한계도 존재한다'는 표현으로 전환하며, 불안정성과 보관상의 어려움 등 기술적 제약을 다룬다. 마지막으로 (D)는 '그럼에도 불구하고'라는 표현을 통해 mRNA 기술이 치료제 플랫폼으로 확장되고 있음을 설명하며 글을 마무리한다. 따라서 올바른 배열은 (A)-(B)-(C)-(D)가 된다.

23 ②

이 글은 리튬 메탈의 장점과 한계, 그리고 이를 극복하기 위한 기술적 대응을 순차적으로 다루고 있다. (A)에서는 리튬 메탈이 왜 주목받는지를 설명하며 글을 시작한다. 그 다음 (C)에서는 리튬 메탈이 지닌 핵심 한계인 덴드라이트로 인한 안정성 문제를 설명하며, 기술 대응의 필요성을 부각한다. (B)는 이러한 문제를 해결하기 위한 방안으로 전고체 배터리를 소개하며, 고체전해질의 장점과 연구 동향을 제시한다. 마지막 (D)는 전고체 배터리 외에도 다양한 기술적 시도를 언급하며, 상용화를 향한 산업계의 노력을 확장적으로 마무리한다. 따라서 가장 자연스러운 배열은 (A)-(C)-(B)-(D)이다.

24 ⑤

플라즈마는 전자밀도, 이온 에너지, 가스 조성 등 다양한 변수에 따라 공정 결과가 크게 달라지는 민감한 상태이기 때문에, 공정 중 실시간으로 플라즈마 상태를 진단하고 제어할 수 있는 장비가 반드시 필요하다. 예를 들어, 광학적 방출 분광기(OES)나 Langmuir Probe 같은 진단 장비를 이용해 플라즈마의 상태를 모니터링하고, 이 데이터를 바탕으로 공정을 안정화시키는 기술이 병행되어야 한다.

[오답점검]

① 두 번째 문단에 플라즈마는 높은 반응성과 방향성을 갖고 있어 미세한 패턴 가공에 유리하다고 언급되었다.

② 첫 번째 문단에 높은 에너지를 받은 기체가 이온화되며 생성된다고 언급되었다.

③ 세 번째 문단에 PECVD는 낮은 온도에서도 증착이 가능해 열에 민감한 소재에 적합하다고 언급되었다.

④ 두 번째 문단에 플라즈마 식각은 반응성 기체를 이용해 원하는 재료만 제거할 수 있다고 언급되었다.

25 ①

지문 2번째 문단에 명시된 내용으로, 정확히 일치하는 설명이다. 전기전도성과 신축성을 동시에 구현한 스마트 섬유의 예시로 적절하다.

[오답점검]

② 나노섬유는 열을 가하는 용융방사 방식이 아닌, 전기방사 방식이 주로 사용된다. 전기방사는 고분자 용액에 전압을 가해 섬유를 형성하는 방식이다.

③ 높은 기공률은 언급되었지만 유연성이나 바이러스 차단 마스크로 사용된다는 것은 찾아볼 수 없다.

④ 표면 코팅이나 내재화를 통해 항균성, 자외선 차단 등 다양한 기능이 가능하다고 명시되어 있다.

⑤ 나노섬유는 공기 정화 필터나 의약품 전달 등 다양한 분야에서 유용하게 활용되고 있으며, 최근에는 대면적 생산을 위한 기술(Roll-to-Roll 등)도 개발되고 있어 적용 가능성이 점차 확대되고 있다.

26 ⑤

필자는 AI 에이전트를 단순한 도구가 아닌, 사용자와 상호작용하며 협업하는 디지털 동료로 인식할 필요가 있다고 강조하고 있다. 따라서 AI 에이전트의 단점에 대해 이야기하면 필자의 주장을 비판할 수 있다. ⑤은 AI 에이전트의 장점에 가까우므로 적절한 비판이 될 수 없다.

[오답점검]

① AI 에이전트가 예외 상황에서 오류를 일으키거나 인간의 직관을 대체하지 못한다는 점이 사실이라면, AI 에이전트가 '실질적인 협업 파트너'로 기능하기 어렵다는 결론이 도출된다.

② 사용자 다수가 여전히 AI를 단순한 도구로 인식하고 있다면, 필자의 주장이 말하는 감정적 파트너십의 가능성이 낮아지므로, 이 역시 핵심 주장을 약화시킬 수 있다.

③ 기술적 한계로 인해 인간과의 협업 구조 자체가 구축되기 어렵다는 점이 사실이라면, 필자의 주장을 비판할 수 있다.

④ 필자는 AI 에이전트가 반복적이고 정형화된 업무를 수행할 수 있다고 하였으므로, 이것이 과장되었다면 필자의 주장을 비판할 수 있다.

27 ④

주어진 글에서는 텍스트 코딩이 높은 유연성과 제어권을 제공하며, 복잡한 기능 구현에 유리하다고 명시하고 있다. 즉, 텍스트 코딩은 자유도가 높은 방식이다.

[오답점검]

① 본문에서 노코딩은 시각적 인터페이스와 컴포넌트 조합 방식으로 결과물을 제작한다고 언급되어 있다.

② 텍스트 코딩은 다양한 기능을 세밀하게 구현할 수 있는 장점이 있으며, 진입 장벽이 있다는 점도 본문에서 언급되었다.

③ 복잡한 보안 설정 및 고급 로직 구현에는 노코딩이 한계를 가진다고 언급되었다.

⑤ 스타트업이나 소규모 팀이 노코딩을 선호하는 이유로 빠른 구현 속도를 들고 있어 옳은 설명이다.

28 ①

주어진 글에서는 음극재가 이차전지의 성능을 결정짓는 핵심 요소이며, 배터리 용량과 출력, 수명에 직접적인 영향을 미친다고 언급하였다. 따라서 음극재가 배터리 용량에 영향을 준다는 설명은 옳다.

[오답점검]

② 본문에서는 천연 흑연은 가격이 저렴하고 에너지 효율이 높지만, 출력과 수명에서 한계가 있다고 하였다.

③ 실리콘이 흑연 대비 약 10배 이상의 리튬 저장 능력을 가지는 것은 사실이지만, 부피 축소가 아닌 부피 팽창이 큰 문제점이다.

④ 현재 가장 널리 사용되는 음극재는 천연 흑연과 인조 흑연이다.

⑤ 실리콘은 충·방전시 부피가 팽창한다고 본문에 언급되었다.

29 ②

인디아카는 네트를 기준으로 진행되며, 규칙과 코트가 명확히 정해져 있다. 또한 네트를 넘기기 위해 타점과 정확성이 필요하다는 점도 본문에서 언급되어 있어 옳은 설명이다.

[오답점검]

① 인디아카는 경기 템포가 빠르지 않으며, 개인 반응 속도나 반복적인 스매시보다는 협동과 리듬, 지속적인 움직임이 중요한 경기다. 따라서 스매시 중심, 반응 속도 중심이라는 설명은 지문과 다르므로 옳지 않은 설명이다.
③ 배드민턴은 라켓을 사용하는 고강도 스포츠이며, 협동이나 손으로 공을 다룬다는 표현은 인디아카의 특징이다.
④ 인디아카는 라켓을 사용하지 않는다. 라켓 사용 여부를 배드민턴과의 공통점처럼 제시한 문장은 잘못된 정보이므로 옳지 않은 설명이다.
⑤ 셔틀콕은 공기 저항이 커 속도가 빠르게 줄고 회전 반응이 민감하다. 속도가 빠르다는 설명은 본문 내용과 반대되는 표현으로, 보기 내용은 옳지 않다.

30 ⑤

CMM-D는 생산 장비 간 또는 장비와 소프트웨어 간의 데이터 교환을 표준화하기 위한 통신 모델로 설명되었다. 이상 신호 감지, 조건 보정의 기능은 PMM의 역할이다.

[오답점검]

① 지문에 데이터 교환을 표준화하기 위해 설계된 구조, 장비 간 통신 효율화 등의 설명이 명시되어 있어, 옳은 설명이다.
② 〈보기〉에서 데이터를 기반으로 공정 조건을 자동으로 보정하거나 경고를 생성하는 기능을 포함한다고 명시되어 있으며, 이는 실시간 제어 및 조정 기능이 있음을 뒷받침한다.
③ CMM-D는 공정 데이터를 분석하여 이상을 판단하는 기술이 아니라, 장비 간의 통신 구조를 표준화하는 모델이므로, 정형화에 초점을 둔다는 설명은 타당하다.
④ 공정 변수 감시, 이상 신호나 품질 편차 조기 감지, 예방적 관리 방식 등의 표현이 지문과 보기 모두에 명확히 드러나 있으므로, 적절한 설명이다.

제 03회 기출변형 모의고사 SELF 분석표

시간 체크	시간 남음	시간 적절	조금 부족	매우 부족
체감 난이도	쉬움	보통	어려움	매우 어려움

영역별 실력 점검표

영역	맞은 개수	틀린 문제 번호	풀지 못한 문제 번호
수리	/20		
추리	/30		
합계	/50		

시험 전체 총평

내가 가장 잘한 3가지		내가 가장 부족한 3가지	
1		1	
2		2	
3		3	

제 04 회 기출변형 모의고사 정답 및 해설

Chapter 01 수리

01	02	03	04	05	06	07	08	09	10
④	②	⑤	③	①	⑤	②	④	②	②
11	**12**	**13**	**14**	**15**	**16**	**17**	**18**	**19**	**20**
③	⑤	①	②	⑤	④	④	③	④	③

01 ④

올해 태스크 5명의 대상 인원은 인사, 기획, 총무, 회계 순서대로 1, 2, 3, 2명이다. 그중 회계팀이 포함되지 않아야 하므로 실제 대상 인원은 인사, 기획, 총무의 6명이 된다. 따라서 경우의 수는 6 × 5 × 4 × 3 × 2 = 720가지 또는 $_6P_5$ = 720가지이다. 또는, 전체 8명 중 5명을 뽑는데, 회계팀이 마지막까지 포함되지 않아야 하므로 [전체 경우의 수 × 회계팀 안 뽑힐 확률] = (8 × 7 × 6 × 5 × 4) × 6/8 × 5/7 × 4/6 × 3/5 × 2/4 = 6,720 × 3/28 = 720이다.

02 ②

[정석 풀이]

정상 가격을 x, 원가를 y라 하면, 정상 판매 시 이익금은 0.4 y이므로 $x = y + 0.4y = 1.4y$이다.

20% 할인한 가격은 0.8x 이며, 원가는 y이므로 할인 판매 시 이익금은 $0.8x - y = 0.12y$이다.

할인 가격으로 20벌 판매 시 발생된 총 이익 금액은 $20 \times 0.12y = 2.4y$이다.

정상 판매 드레스를 z벌이라 하면, $0.4yz = 2.4y$

$z = \dfrac{2.4}{0.4}$ = 6이므로 6벌이 된다.

[치트키] 정원이

할인을 하더라도 원가는 변하지 않으며, 이익률은 원가를 기준으로 산출되는 비율이다. 따라서 정가보다는 원가를 미지수나 수치로 가정하는 것이 용이하다. 정가를 미지수로 운영하는 경우 원가를 다른 미지수로 가정해야 하기 때문에 최소 2원 1차 방정식이 발생된다.

	정	원	이
정가	1.4x	x	0.4x
– 20%	1.12x	x	0.12x

또는

	정	원	이
정가	140	100	40
– 20%	112	100	12

0) 미지수로 운영해도 된다. 하지만 가격이 주어지지 않았으므로 원가를 100원이라 가정하자.
1) 가격이 주어지지 않았으므로 원가를 100이라 가정하면, 정상 판매 시 이익금은 40%인 40원
2) 즉, 정가는 140원이라 할 수 있으므로 20% 할인하면, 할인가는 112원(= 140 – 28 또는 140 × 0.8)
3) 원가는 불변이므로 그대로 100원, 따라서 할인 판매 시 이익금은 12원
4) 할인해서 20벌 팔면 240원
5) 정가 판매 시 개당 40원이므로 이익금이 같으려면 6벌 팔면 된다.

03 ⑤

옳은 것 'Y'를 찾아야 한다.

① '22.1Q 대비 '23.1Q에 수치가 증가되었던 업체는 A, M, O사 3곳이다. N
② '22.4Q 대비 '23.1Q에 수치가 증가되었던 업체는 S, H, M사 3곳이다. N
③ '23.1Q에는 전분기 대비 A사와 O사 모두 점유율이 하락하였다. N
④ '22.4Q에 A사의 점유율이 20.0%로 가장 높다. N
⑤ S, H, A사의 점유율 합은 매 분기 [53.7 50.4 53.4 54.0 52.2]로 매 분기 50% 이상이었다. Y (정답. 사실 이러한 보기 지문은 일일이 합산을 해야 하기 때문에 실제 수험장에서는 Skip하는 것이 수험 경쟁력과 정신건강에 이롭다. 나머지 항목을 검증하여 답안이 나오지 않는다면 해당 보기를 정답으로 선택하는 방법을 고려해 보자)

04 ③

옳은 것 'Y' 찾아야 한다.

① 2020년과 2022년은 인사팀의 비중이 가장 높았다. N

② 2021년의 경우 2.4배로 3배 이하였다. N

③ 기획팀의 인건비 비중이 전년 감소했던 해는 2021년, 2022년이며 두 해에 영업팀의 인건비 비중은 전년 대비 증가하였다. Y(정답)

④ 2020년의 경우 22.3 + 27.2 = 49.5%로 절반 이하였다. N

⑤ 전체가 절반으로 줄어든 상황에서 비중 역시 16%에서 8%인 절반으로 줄어들었기 때문에 금액은 $\frac{1}{4}$로 줄어들었을 것이다. N

05 ①

ㄱ. (참) 아내와 남편 모두 40대에서의 이혼 건수가 가장 많았으므로 비중 역시 높다.

ㄴ. (거짓) 어림산을 통해 전체 이혼 건수를 산출하자. 천 단위 이하 반올림하여 계산하면 약 105천 건 내외임을 확인할 수 있다. 20대 아내는 8.4천 건이므로 10% 이하이다. 또는, 20대 아내 8,402를 1로 치환하여 타 연령대를 대략적인 비율로 환산하면 30대부터 약 [3.0, 4.0, 3.0, 1.2, 0.3] 정도이다. 20대를 기준으로 타 연령대의 비율 합이 9 이상이므로 20대의 비중은 10% 이하이다.

ㄷ. (거짓) 이혼은 남편과 아내가 하는 것이기 때문에 남편과 아내의 이혼건수는 서로 같다. 따라서, 비중을 산출할 필요 없이 건수만으로도 비중에 대한 비교가 가능하다. 30대와 40대 수치의 합은 남성보다 여성이 더 높다.

06 ⑤

a. (거짓) 2019년 '의류, 교통' 금액은 전년 대비 감소하였다.

b. (참) 〈표 1〉에서 A의 식음료 비중이 매년 60% 이상이므로 나머지 항목은 40% 이하이다. 즉, 식음료는 매년 나머지 항목보다 1.5배 이상이었다.

c. (참) D의 식음료 30%의 2배는 B의 62.6%보다 적다. 따라서 최소 2.08배 정도를 해야 B의 식음료 62.6%보다 높아지기 때문에 D의 총액은 B의 총액보다 최소 2.08배 이상 많다.

07 ②

D의 생활비가 다른 인원들보다 2배 많기 때문에 D가 한 명 더 있다고 가정하고 6명의 평균을 구하는 것과 동일하다.

구분	A	B	C	D	E	D	평균값
식음료	64.7	62.6	62.8	30.0	48.7	30.0	49.8
의류, 교통	20.8	21.1	23.6	52.2	27.5	52.2	32.9
기타	14.5	16.3	13.6	17.8	23.8	17.8	17.3

주어진 〈보기〉에서의 수치 차이가 4~5 내외로 크기 때문에 소수점 한 자리까지 모두 계산하기보다는 어림산을 통해 수위를 파악하는 것이 더 빠른 방법이다.

08 ④

옳은 것 'Y' 찾아야 한다.

① 노선 수가 분모, 연장이 분자이다. 자전거 우선도로의 수치가 가장 크다. N

② 2022년의 경우 2021년 520개소에서 481개소로 감소하였다. N

③ 2019년의 전년 대비 노선 수(분모)는 증가, 연장(분자)은 감소하였으므로 1개 노선당 연장은 감소하였다. N

④ 2021년의 노선 수는 전년 대비 변화가 없으나 연장은 감소하였다. Y (정답)

⑤ 2017년에는 전용도로의 노선 수가 전용차로와 우선도로의 노선 수를 더한 것보다 2배 이상 많았으나, 2018년부터 2022년까지 2배 이하였다. N

09 ②

옳은 것 'Y' 찾아야 한다.

① 60대의 경우 높은 소득의 비중이 55.1%로 적성과 능력 발휘 54.9%보다 높았다. N

② 39세 이하의 정부정책 비율이 7.3%로 타 연령대보다 높다. 하지만, 사업체수는 40대와 50대가 39세 이하 대비 약 2배 정도이기 때문에 어림산해야 한다. 사업체 수의 앞자리 세자리만 살려 계산하면 39세 이하는 425 × 7.3 = 약 3,100, 40대는 766 × 3.8 = 약 2,900, 50대는 814 × 2.3 = 약 1,900으로 39세 이하의 수치가 가장 높다. Y(정답)

③ 70세 이상의 경우 60대보다 높은 소득의 비중이 낮았다. N

④ 생계유지 비중은 39세 이하에서만 50.9%이며 타 연령대에서는 50% 이하이다. 또한, 사업체 수 역시 39세 이하가 차지하는 비중이 낮기 때문에 생계유지 사유는 50% 이하일 것이다. N

⑤ 70세 이상의 적성과 능력 발휘 비중은 58.6%로 60대 54.9%보다 높았다. N

10 ②

역산 상황임을 주의하자.

A: 전년 대비 증감률이 가장 높았던 달은 13.0%를 기록한 4월이다.

$$2021년\ 4월 = \frac{52.0}{1.13} = 46.00이다.$$

(만약, 52.0의 13%인 6.76을 구한 뒤 52.0에서 뺀 45.24를 계산했다면 틀린 계산이다)

B: 월별 도축량이 가장 많은 달은 70.4를 기록한 12월이다.

$$2021년\ 12월 = \frac{70.4}{1.08} = 65.19 = 65.20이다.$$

(만약, 70.4의 8%인 5.63을 구한 뒤 70.4에서 뺀 64.77을 계산했다면 틀린 계산이다)

11 ③

옳은 것 'Y' 찾아야 한다.

① 4대강 종주와 낙동강에서의 구간 길이가 증가하였으므로 2군데이다. N

② 2018년 176 → 160로 9.1% 감소하였다. N

③ 동해안(강원)의 인원은 거의 2배 가까운 이용 인원의 상승이 있었다. 굳이 계산하지 않아도 동해안(강원)에서의 인원 증가가 가장 높았음을 알 수 있다. Y(정답)

④ 제주환상 구간에서의 1km당 이용 인원이 47.6 (= 11,143 ÷ 234)으로 가장 많았다. N

⑤ 제주환상의 경우 11,143 → 10,523으로 감소하였다. N

12 ⑤

옳은 것 'Y' 찾아야 한다.

① 주어진 그래프는 비중에 대한 내용이므로 자영업자의 수에 대해서는 알 수 없다. N

② 2021년 8월 10,000명이면 2023년 8월은 12,000명이다. 야외 현장 인원수를 어림산하면 2021년 8월은 2,280명(10,000 × 22.8%), 2023년 8월은 약 2,400명(12,000 × 20.1%)이므로 약 120명이 증가하였다. N

③ '사무실 및 건물' 역시 증가하였다. N

④ 사무실 및 건물과 야외 현장의 비중 합은 75%를 넘지 않았다. N

⑤ 2021년 8월 10,000명이면 2023년 8월은 12,000명이다. 주택 인원수는 2021년 8월은 830명(10,000 × 8.3%), 2023년 8월은 936명(12,000 × 7.8%)이므로 106명이 증가하였다. Y(정답)

13 ①

항목별 가중치를 단순화시키는 것이 가장 중요하겠다.
비중이 높은 항목을 중심으로 검토하는 것도 방법 중 하나이지만 이번 문제의 경우 A 제품과 E 제품의 점수 차이가 적기 때문에 구분이 쉽지 않았을 것이다.

구분	가격	디자인	무게	성능	브랜드
가중치	35	25	15	15	10
단순화	7	5	3	3	2

구분	A	B	C	D	E
가격	21	21	14	28	35
디자인	20	20	15	10	10
무게	9	6	9	15	12
성능	9	12	12	9	9
브랜드	10	4	8	4	2
총점	69	63	58	66	68

14 ②

a. (거짓) 여성 연구원의 경우 공학이 가장 높으며 다음으로 높은 비중은 인문사회학(24.7%)이다.

b. (참) 33.3%라면 1/3이라고 해석할 수 있다. 2,820 ÷ 3 = 940으로 도표상의 수치인 951는 33.3% 이상이다.

c. (참) 도표에서 6.1%임을 확인할 수 있다.

d. (거짓) 상위 3개 전공은 성별에 관계없이 공학, 이학, 인문사회학이며 남성은 85.6%, 여성은 90%로 남성의 경우 87% 이하이다. (전체에서 의학, 농학, 기타를 제외하는 여집합으로 연산했다면 조금 더 빠른 계산이 가능하다.)

15 ⑤

옳은 것 'Y' 찾아야 한다.

① 2019년에는 C시에 843명으로 가장 많은 인원이 파견되었으며, 그 외에는 A시가 가장 많다. N

② 2019년의 경우 D시 51, E시 172로 4배 이하이다. N

③ A시에서만 매년 증가하였다. N

④ 2020년 D시에서 파견 비중이 가장 낮았던 시기는 4분기 6.8% 이다. N

⑤ 그래프에서 1분기와 2분기의 합계가 B시와 D시를 제외하면 모두 50% 이상이다. 하지만, 파견 인원이 가장 많았던 A 시와 C 시에서의 상반기 비중이 높기 때문에 굳이 계산하지 않아도 상반기 전체 인원이 더 많았음을 예상할 수 있다. Y(정답)

16 ④

2020년 E시의 4분기 파견 인원은 297 × 20.9% = 62명, D시의 2분기 파견 인원은 73 × 37% = 27명이다. 따라서, 둘의 차이는 35명(= 62 − 27)

17 ④

틀린 것 'N' 찾아야 한다.

① 네 종류의 금융부채 중 담보대출의 수치가 가장 높다. Y
② 1분위 평균은 466으로 4배 했을 때, 전체 평균인 2,024보다 낮다. 따라서 1분위 평균은 전체의 25% 이하이다. Y
③ 소득 분위가 높을수록 신용대출의 금액 역시 증가한다. Y
④ 1분위의 경우 임대보증금 466의 3배는 1,398로 일반부채 1,365보다 높다. 즉, 일반부채는 임대보증금의 3배 이하이다. N (정답)
⑤ 일반부채의 수치는 5분위에서 1분위로 갈수록 점차 감소하고 있다. Y

18 ③

치킨 : 4A + 2B = 30
피자 : 6A + 4B = 52
연립하여 풀이하면 A = 4, B = 7이다. 따라서 총 비용은 20,000 × 4 + 12,000 × 7 = 164,000원

19 ④

[부채 비율 = 부채 ÷ 자기자본 = (부채 ÷ 총 자산) ÷ (자기자본 ÷ 총 자산) = 부채구성 비율 ÷ 자기자본 비율]이다. 즉, 분자는 부채구성 비율, 분모는 자기자본 비율이다.
A 기업을 기준으로 B 기업부터 분자의 증감 트렌드는[− + − + + −]이며, 분모의 증감 트렌드는 [+ − + − − +]이다. 따라서 부채비율은 A 기업을 기준으로 B 기업부터 [− + − + + −]의 증감 트렌드를 보일 것이다.
주어진 〈보기〉에서 이를 만족하는 그래프는 ④가 유일하다.

20 ③

1차 계차를 구하면, [+ 6, + 7, + 9, + 12]이며, 2차 계차를 구하면 [+ 1, + 2, + 3]을 확인할 수 있다. 따라서 2차 계차를 활용하여 관찰 시점별 개체수 변화를 예상하면 10월에 206마리를 관찰할 수 있다.

	개체수	1차 계차	2차 계차
1월	32	−	−
2월	38	+6	−
3월	45	+7	+1
4월	54	+9	+2
5월	66	+12	+3
6월	82	+16	+4
7월	103	+21	+5
8월	130	+27	+6
9월	164	+34	+7
10월	206	+42	+8

Chapter 02 추리

01	02	03	04	05	06	07	08	09	10
②	②	③	④	④	⑤	③	①	④	④
11	**12**	**13**	**14**	**15**	**16**	**17**	**18**	**19**	**20**
③	①	①	⑤	⑤	⑤	②	①	⑤	③
21	**22**	**23**	**24**	**25**	**26**	**27**	**28**	**29**	**30**
①	①	④	②	③	①	⑤	②	③	③

01~03은 다음의 유형을 따른다.

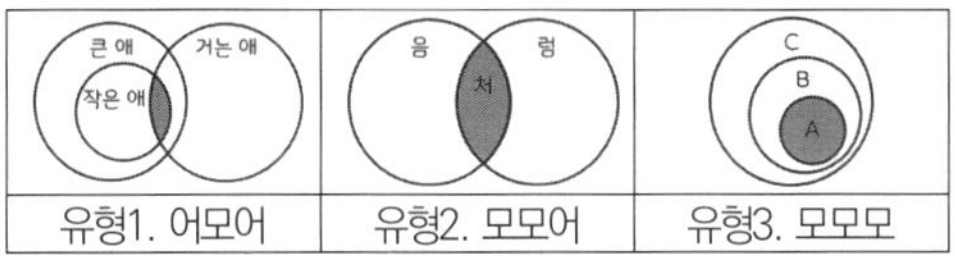

01 ②

[치트키]
전제의 어떤을 보고 유형1. 어모어로 접근하자. 전제의 어떤과 결론의 어떤에서 공통으로 사용한 개념이 거는 애다. 이후 전제의 어떤에서 작은 애를 찾고 결론의 어떤에서 큰 애를 찾자.
작: 기숙사
큰: 도보
거: 신입

전제2는 전제의 모든 자리다. 전제의 모든은 '작은 애 → 큰 애'의 형태이기에 정답은 '기숙사 → 도보'라고 알 수 있다.

[일반 풀이]
기숙사에 거주하는 사원이 도보로 출근하는 사원의 부분집합일 때 기숙사에 거주하는 사원과 신입인 사원이 교집합을 이룬다는 정보만으로 도보로 출근하는 사원과 신입인 사원이 교집합을 이룬다고 알 수 있다.

02 ②

[치트키]
주어진 두 전제가 모든이고 두 전제를 이을 수 없다. 유형2. 모모어로 접근하자.
처: 스마트링
음: 폴더블폰
럼: 무선이어폰

결론에서 음과 럼이 교집합을 이룬다. 이에 따라 정답은 '폴더블폰/어떤/무선이어폰' 또는 '무선이어폰/어떤/폴더블폰'이라고 알 수 있다.

[일반 풀이]
폴더블폰을 사용하는 사람과 무선이어폰을 사용하는 사람은 둘 다 스마트링을 사용하는 사람을 부분집합으로 삼는다. 이에 따라 폴더블폰을 사용하는 사람과 무선이어폰을 사용하는 사람이 스마트링을 사용하는 사람만큼 교집합을 이룬다고 알 수 있다.

03 ③

결론의 모든을 보고 유형3. 모모모로 접근하자. 전제2와 결론에서 앞의 개념이 신입인 사원이다. 이를 토대로 전제2, 전제1 순으로 이어주어 결론을 도출한다고 알 수 있다.
전제2인 [신입인 사원 → 댄스동호회에서 활동하는 사원]에 결론의 끝에 개념인 [방탈출동호회에서 활동하는 사원]을 이어주면 [신입인 사원 → 댄스동호회에서 활동하는 사원 → 방탈출동호회에서 활동하는 사원]이 된다. 이를 토대로 전제1이 [댄스동호회에서 활동하는 사원 → 방탈출동호회에서 활동하는 사원]이라고 알 수 있다.

04 ④

선택지에서 몇 번째로 키가 큰 사람이 누군지를 묻는다. 키가 제일 큰 사람을 1번째, 제일 작은 사람을 5번째로 보고 정리하자.
C보다 키가 큰 사람은 1명뿐이니 C를 2번째 순서로 고정하자. D와 키 차이가 가장 적게 나는 사람은 E라는 조건을 토대로 D와 E의 키 순서가 이웃하다고 알 수 있다. D와 E는 순서를 바꿀 수 있으니 편의상 D/E 또는 E/D로 표기하며 경우를 나누면 다음과 같다.

Case	1	2	3	4	5
1		C	D/E	E/D	
2		C		D/E	E/D

A는 B보다 키가 크다는 조건을 적용하며 풀이를 마치자.

Case	1	2	3	4	5
1	A	C	D/E	E/D	B
2	A	C	B	D/E	E/D

05 ④

선택지가 '~라면'으로 제시됐다. 이런 문제의 풀이는 1) 문제의 상황과 〈보기〉의 조건을 풀이에 최대한 반영한 후 선택지의 앞부분(=전건)을 넣어봤을 때 뒷부분(=후건)이 항상 참인지 거짓인지 판별하는 방법과 2) 문제의 상황과 〈보기〉의 조건을 만족하는 경우를 모두 찾은 후 앞부분이 지칭하는 경우에서 뒷부분이 항상 참인지 거짓인지를 확인하는 방법으로 나뉜다.

조건이 3개이고 고정조건도 있기에 쉬운 문제라 1)의 방법으로 풀든 2)의 방법으로 풀든 크게 차이나지 않을 것이라 예상된다. 꼼꼼한 해설을 위해 2)의 방법으로 풀이하겠다.

A는 전주로 출장을 간다. A가 전주로 출장을 가니 같은 곳으로 출장을 가는 B와 E는 전주로 출장을 가지 않는다. B와 E가 나주로 출장을 가는 경우와 울주로 출장을 가는 경우로 나눠보자.

Case 1	Case 2
전주: A	전주: A
나주: B, E	나주:
울주:	울주: B, E

C는 울주로 출장을 가지 않는다. Case 1에서 C는 전주로 출장을 간다. Case 2에서 C는 전주로 출장을 갈 수도 있고 나주로 출장을 갈 수도 있다. C를 기준으로 Case 2를 더 나누자. 이후 Case 1, 2.1, 2.2에 D와 F를 채우면 다음과 같다.

Case 1	Case 2.1	Case 2.2
전주: A, C	전주: A, C	전주: A, D/F
나주: B, E	나주: D, F	나주: C, F/D
울주: D, F	울주: B, E	울주: B, E

06 ⑤

공정을 기준으로 삼은 후 각 공정에 A, B, C, D를 배치하자. 라 공정에 B를 배치하자. 이후 C와 D가 담당하는 공정의 진행 순서가 이웃한다는 조건을 토대로 경우를 나눠보자. C/D, D/C로 표기하여 C와 D가 담당하는 공정을 바꿀 수 있다는 점도 명시하자.

Case	가	나	다	라	마
1	C/D	D/C		B	
2		C/D	D/C	B	

C는 다 공정을 담당하지 않는다. Case 2에서 D가 다 공정을 담당하고 C는 나 공정을 담당한다.

Case	가	나	다	라	마
1	C/D	D/C		B	
2		C	D	B	

Case 1, 2에서 A는 아무도 담당하지 않는 2개 공정 중 한 공정을 담당한다. Case 1은 2가지 경우를 의미하는데 여기에 A가 공정을 담당하는 경우인 2가지 경우를 곱하여 총 4가지, Case 2는 1가지 경우를 의미하며 여기에 A가 공정을 담당하는 경우로 2가지로 나뉜다.

이해를 돕기 위해 모든 경우를 나누어 정리하면 다음과 같다.

Case	가	나	다	라	마
1.1	C	D	A	B	
1.2	C	D		B	A
1.3	D	C	A	B	
1.4	D	C		B	A
2.1	A	C	D	B	
2.2		C	D	B	A

07 ③

문제에서 묻는 건 D가 앉을 수 없는 의자의 번호이다. D가 앉을 수 있는 의자의 번호를 모두 알아야 판단할 수 있겠다. 문제의 상황과 〈보기〉의 조건을 만족하는 경우를 모두 찾아보자.

B는 2번 의자에 고정하자. 이후 E가 앉는 의자의 번호보다 1이 작은 의자에 A가 앉는다는 조건을 토대로 경우를 나누면 다음과 같다.

Case 1

	B	A
E		

Case 2

	B	
A	E	

Case 3

	B	
	A	E

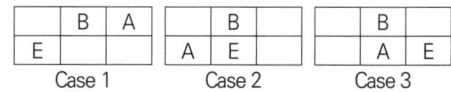

C는 3열에 놓인 의자에 앉는다. Case 1에서는 6번, Case 3에서는 3번 의자에 C가 앉는다. Case 2는 C가 3번 의자에 앉는 경우와 6번 의자에 앉는 경우로 나뉜다.

Case 1

	B	A
E		C

Case 2.1

	B	C
A	E	

Case 2.2

	B	
A	E	C

Case 3

	B	C
	A	E

F와 D는 같은 열에 놓인 의자에 앉지 않는다. Case 3은 F와 D가 1열에 앉기에 조건을 만족하지 않는다. 소거하자. 이후 남은 Case에 F와 D를 앉히면 다음과 같다. F와 D는 자리를 바꿀 수 있기에 DF 또는 FD로 정리했다.

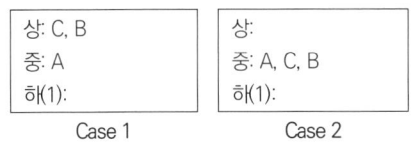

DF	B	A	DF	B	C	DF	B	FD
E	FD	C	A	E	FD	A	E	C
Case 1			Case 2.1			Case 2.2		

08 ①

문제에서 묻는 건 항상 참이고 선택지에서 특정 인물의 문서처리능력 등급을 말한다. 문제의 상황과 〈보기〉의 조건을 만족하는 경우가 몇 가지로 나뉘든 누군가는 모든 경우에서 같은 문서처리능력 등급을 가진다. 이에 집중하여 풀이하자.

사람이 5명이고 문서처리능력 등급은 3가지이니 문서처리능력 등급을 기준으로 사람을 정리하는 편이 효율적이라 생각된다. 문서처리능력 등급이 '하'인 사람이 1명인 점을 표기하여 실수할 가능성을 낮추자. A를 문서처리능력 등급 '중'에 고정한 후 C와 B의 문서처리능력 등급이 '상'인 경우와 '중'인 경우로 나눠보자.

Case 1	Case 2
상: C, B 중: A 하(1):	상: 중: A, C, B 하(1):

문서처리능력 등급이 '하'인 사람이 1명이다. D의 문서처리능력 등급은 E의 문서처리능력 등급보다 높으니 Case 1에서 E의 문서처리능력 등급은 '하'이다. 마찬가지로 Case 2에서도 E의 문서처리능력 등급은 '하'이다.

[오답점검]

문서처리능력 등급이 '상'인 사람과 '중'인 사람의 수를 확정할 수 없다. 비슷한 맥락으로 각 등급별 인원이 2, 2, 1명으로 나뉘는지 3, 1, 1명으로 나뉘는지 4, 1, 0명으로 나뉘는지도 확정할 수 없다.

09 ④

첫 번째 자리에 6을 고정하자. 세 번째 자리는 5보다 작다. 세 번째 자리가 4인 경우, 3인 경우, 2인 경우, 1인 경우로 나누자. 그러면서 두 번째 자리는 세 번째 자리 숫자에 2를 곱한 값이라는 조건도 적용하면 다음과 같다.

Case	1번째	2번째	3번째	4번째	5번째
1	6	8	4		
2	6	6	3		
3	6	4	2		
4	6	2	1		

Case 2는 숫자 6을 중복하여 사용한다. 같은 숫자를 중복하여 사용할 수 없다는 조건을 만족하지 않는다. 소거하자. 소거 후 Case 1, 3, 4에 다섯 번째 자리는 세 번째 자리보다 4가 크다는 적용하면 다음과 같다.

Case	1번째	2번째	3번째	4번째	5번째
1	6	8	4		8
3	6	4	2		6
4	6	2	1		5

Case 1은 숫자 8을 중복하여 사용한다. Case 3은 숫자 6을 중복하여 사용한다. 소거하자. Case 4에서 네 번째 자리는 세 번째 자리와 다섯 번째 자리 사이의 숫자라는 조건을 만족하는 경우는 네 번째 숫자가 3인 경우와 4인 경우다.

Case	1번째	2번째	3번째	4번째	5번째
4.1	6	2	1	3	5
4.2	6	2	1	4	5

10 ④

문제의 상황과 〈보기〉를 만족하는 경우를 모두 찾아보자.

금요일에 하체운동을 한다. 같은 종류의 운동을 연달아 하지 않기에 목요일에 하체운동을 하지 않는다. 상체운동을 한 다음 날은 운동을 하지 않기에 목요일에 상체운동을 하지 않는다. 목요일은 운동을 하지 않는 날이다.

월	화	수	목	금
			휴	하

상체운동을 하는 날은 1일이고 상체운동을 한 다음 날은 운동을 하지 않는다. 이를 토대로 경우를 나누면 다음과 같다.

Case	월	화	수	목	금
1	상	휴		휴	하
2		상	휴	휴	하
3			상	휴	하

하체운동을 하는 날은 2일이다. Case 1, 2의 빈칸은 하체운동을 하는 날이다. Case 3은 월요일에 하체운동을 하는 경우와 화요일에 하체운동을 하는 경우로 나뉜다.

Case	월	화	수	목	금
1	상	휴	하	휴	하
2	하	상	휴	휴	하
3.1	하	휴	상	휴	하
3.2	휴	하	상	휴	하

11 ③

A는 D가 진실을 말한다고 한다. A와 D의 진술이 동일관계다. E는 A가 흰색을 고른다고 한다. E의 진술이 진실이면 A는 흰색을 고른다. 흰색을 고르는 2명은 거짓을 말한다는 조건을 만족하는 경우에서 A는 거짓을 말한다. E의 진술이 거짓이면 A는 흰색이 아닌 파란색을 고른다. 파란색을 고르는 3명은 진실을 말한다는 조건을 만족하는 경우에서 A는 진실을 말한다. E와 A의 진술은 모순관계처럼 활용할 수 있다.
C는 E가 흰색을 고른다고 한다. E의 진술을 토대로 E와 A의 진술은 모순관계처럼 활용할 수 있다고 알게 된 과정처럼 C와 E의 진술도 모순관계처럼 활용할 수 있다.
위에서 파악한 내용을 토대로 편을 나누면 다음과 같다.
- A, D, C vs E

문제에서 2명이 거짓을 말한다고 했으니 A, D, C는 거짓을 말하지 않는다. B와 E가 거짓을 말한다. B와 E는 흰색을 고른 2명이다.

[치트키]
진술관계 및 진술관계처럼 활용할 수 있는 정보를 토대로 선택지를 소거하자.

A와 D의 진술이 동일관계: ①, ④, ⑤ 소거
C와 E의 진술을 모순관계처럼: ①, ② 소거
E와 A의 진술을 모순관계처럼: ④ 소거
D와 C의 진술을 동일관계처럼: ②, ⑤ 소거

12 ①

선택지가 다소 복잡하다. 문제의 상황과 〈보기〉의 조건을 만족하는 경우를 모두 찾아보자. 13시부터 18시로 회의 시작 시간을 기준으로 삼은 후 1시간은 회의가 없다는 점을 유의하며 풀이하자. 내용 전달의 편의를 위해 시작 시간을 기준으로 풀이하겠다.
D팀은 5팀 중 가장 마지막으로 회의한다. D팀이 18시에 회의하는 경우와 17시에 회의하는 경우로 나뉜다. D가 18시에 회의하는 경우 회의가 없는 시간이 13시인 경우부터 17시인 경우까지 5가지 경우로 나뉜다. D팀이 17시에 회의하는 경우 회의가 없는 시간은 18시다.

Case	13	14	15	16	17	18
1	X					D
2		X				D
3			X			D
4				X		D
5					X	D
6					D	X

A팀과 E팀 사이에 2팀이 회의한다. A팀과 E팀은 시작 시간을 서로 바꿀 수 있으니 A/E 또는 E/A로 표기하자.

Case	13	14	15	16	17	18
1	X	A/E			E/A	D
2	A/E	X			E/A	D
3	A/E		X		E/A	D
4	A/E			X	E/A	D
5	A/E			E/A	X	D
6	A/E			E/A	D	X

B팀은 C팀보다 먼저 회의한다. 그러면서 C팀은 16시 이후에 회의하지 않는다. Case 1, 2, 3은 B팀은 C팀보다 먼저 회의한다는 조건을 만족하도록 B팀과 C팀을 채우면 C팀이 16시에 회의한다. Case 1, 2, 3을 소거하자.

Case	13	14	15	16	17	18
4	A/E	B	C	X	E/A	D
5	A/E	B	C	E/A	X	D
6	A/E	B	C	E/A	D	X

13 ①

색을 칠하는 칸은 9개 칸인데 선택지에서 묻는 건 5개 칸의 색이다. 선택지에서 묻는 5개 칸을 표기한 뒤 정답이 나오면 풀이를 마치는 방법으로 접근하여 풀이 시간을 줄여보자.

A	B	C
D	E	F
G	H	I

이웃한 칸에는 같은 색을 칠하지 않는다. 빨강을 칠한 칸과 파랑을 칠한 칸은 이웃하지 않는다. 이를 토대로 다음의 3가지 정보를 얻을 수 있다. 1) 빨강을 칠한 칸과 이웃한 칸에는 초록을 칠한다. 2) 파랑을 칠한 칸과 이웃한 칸도 초록을 칠한다. 3) 초록을 칠한 칸과 이웃한 칸에는 빨강을 칠하거나 파랑을 칠한다. 이 정보를 토대로 9개의 칸의 색을 칠해보자.
A에 빨강을 칠하자. 이후 A와 인접한 B와 D에 초록을 칠하자.

빨	초	C
초	E	F
G	H	I

C, F, I에 빨강을 칠하지 않는다. B와 인접한 칸 중 C에는 빨강을 칠하지 않는다. C에는 파랑을 칠한다. C가 파랑이니 F는 초록을 칠한다.

빨	초	파
초	E	초
G	H	I

운 좋게 정답이 나왔다. 풀이를 마치자.

[오답점검]

E, G, H, I에 칠하는 색을 정리하면 다음과 같다. E에 파랑을 칠하는 경우와 빨강을 칠하는 경우로 나뉘고 G에 파랑을 칠하는 경우와 빨강을 칠하는 경우로 나뉜다.

빨	초	파
초	파	초
파	초	파

Case 1

빨	초	파
초	파	초
빨	초	파

Case 2

빨	초	파
초	빨	초
파	초	파

Case 3

빨	초	파
초	빨	초
빨	초	파

Case 4

14 ⑤

C는 E가 거짓을 말한다고 한다. C의 진술이 진실이면 E의 진술은 거짓이고 C의 진술이 거짓이면 E의 진술은 진실이다. C와 E의 진술은 모든 경우에서 둘 중 1명이 거짓을 말하고 나머지 1명이 진실을 말하는 모순관계다.

문제에서 제시한 색 조합이 같은 사람은 없으며 상의와 하의 모두 하양으로 착용한 사람이 거짓을 말한다는 조건을 토대로 거짓을 말하는 사람이 1명이라고 알 수 있다.

B는 D가 검정 하의를 입는다고 하는데 E는 D가 검정 상의와 하얀 하의를 입는다고 한다. B와 E가 둘 다 진실을 말하는 경우는 없다. D가 빨간 상의와 하얀 하의를 입는 경우, 하얀 상의와 하얀 하의를 입는 경우와 같이 B와 E가 둘 다 거짓을 말하는 경우는 존재하나 거짓을 말하는 사람이 2명 이상이 되어 조건을 만족하지 않는다. B와 E 중 1명이 거짓을 말한다.

C와 E의 진술이 모순관계이며 B와 E 중 1명이 거짓을 말해야한다는 점을 토대로 E가 거짓을 말한다고 알 수 있다.

15 ⑤

[가로규칙] 내부도형 회전

내부도형이 시계방향(↷)으로 90도씩 회전

16 ⑤

[세로규칙] 이동

아래(↓)로 1칸씩 이동

17 ②

[세로규칙] 연산

첫 번째 도형과 두 번째 도형을 겹쳤을 때 같은 색이 만나면 백색, 다른 색이 만나면 흑색으로 세 번째 도형에 표현 (=같흰다검)

[18~21]

하나의 규칙을 적용한 흐름을 먼저 확인하자.

[BONY ⇨ ♡ ⇨ OBYN]

♡: 2143

이어서 ♡의 규칙을 활용하여 다른 규칙도 찾아보자.

[C83N ⇨ ♡ ⇨ ♠ ⇨ 7BM2]

[8CN3 ⇨ ♠ ⇨ 7BM2]

♠: −1 −1 −1 −1

비슷한 맥락으로 ♠의 규칙을 토대로 다른 규칙을 확인하자.

[25RV ⇨ ♠ ⇨ ◇ ⇨ QU14]

[14QU ⇨ ◇ ⇨ QU14]

◇: 3412

마지막으로 ◇의 규칙을 적용하여 나머지 규칙도 확인하자.

[OBYN ⇨ ◇ ⇨ ○ ⇨ ALQZ]

[YNOB ⇨ ○ ⇨ ALQZ]

○: +2 −2 +2 −2

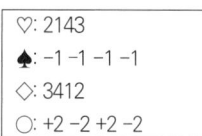

♡: 2143
♠: −1 −1 −1 −1
◇: 3412
○: +2 −2 +2 −2

18 ①

[E3F6 ⇨ ◇ ⇨ ♡ ⇨ ?]

[F6E3 ⇨ ♡ ⇨ ?]

[6F3E]

19 ⑤

[3K5Z ⇨ ○ ⇨ ◇ ⇨ ?]
[5I7X ⇨ ◇ ⇨ ?]
[7X5I]

20 ③

[치트키]
문제에서 제시한 두 규칙이 모두 증감이다. 두 규칙을 더하여 한 번에 계산하자. '♠ + ○: +1 −3 +1 −3'이다. 역순으로 적용하기에 42DM에서 '−1 +3 −1 +3'을 적용하자.

[일반 풀이]
[? ⇨ ♠ ⇨ ○ ⇨ 42DM]
[? ⇨ ♠ ⇨ 24BO]
[35CP]

21 ①

[? ⇨ ♡ ⇨ ◇ ⇨ ○ ⇨ 8H6R]
[? ⇨ ♡ ⇨ ◇ ⇨ 6J4T]
[? ⇨ ♡ ⇨ 4T6J]
[T4J6]

22 ①

이 글은 폐배터리 재활용 기술의 산업적 의미와 과제를 다루고 있다. (B)에서는 공급망 불안정성과 원자재 가격 상승 문제를 언급하며, 재활용이 전략적으로 필요해졌음을 설명한다. 이어서 (A)는 기술적 어려움과 공정상의 복잡성을 구체적으로 제시한다. (C)는 재활용 정책의 경직성과 경제성 확보의 한계를 지적하며 제도적 과제로 확장하고, (D)는 이에 대한 정부와 기업의 대응 방안을 소개하며 글을 마무리한다. 따라서 올바른 배열은 (B)−(A)−(C)−(D)이다.

23 ④

이 글은 탄화규소(SiC) 기반 전력반도체에 대한 설명 글로, 전력반도체의 개념에서 출발해 수요 증가의 배경, 기술적 한계, 그리고 국내 대응까지의 흐름을 설명한다. (C)에서는 전력반도체의 정의와 특성, 그리고 탄화규소 소재가 대안으로 주목받게 된 배경을 소개하며 도입부 역할을 한다. 이어지는 (D)는 탄소중립과 전기차 보급 확대 같은 산업 구조 변화가 탄화규소 기반 반도체 수요 증가로 이어지고 있음을 설명하고, 관련 시장의 성장 전망을 제시한다. (A)는 이처럼 수요가 증가하는 상황에서도 여전히 기술적 장벽이 존재함을 짚는다. 마지막 (B)에서는 이러한 한계를 극복하기 위한 국내 정부와 기업의 대응 방안을 소개하며 글을 마무리한다. 따라서 가장 자연스러운 배열은 (C)−(D)−(A)−(B)이다.

24 ②

글의 핵심 주장은 우리나라도 관련 기술 개발, 광물 확보, 글로벌 공급망 구축 등을 적극 추진해야 한다는 것이다. ②는 이미 한국이 압도적인 점유율을 보유하고 있으므로 추가 투자가 필요하지 않다는 주장으로, 본문에서 말한 지금도 기술 개발과 자원 확보를 전방위적으로 추진해야 한다는 주장과 정면으로 배치된다. 따라서 핵심 주장을 가장 직접적으로 비판한 선택지다.

[오답점검]
① 후방 산업의 육성도 필요하다는 주장은 본문 주장(전방위적인 육성 필요)을 보완하거나 확장하는 방향이지 비판은 아니다.
③ 기술 국산화의 중요성은 본문의 관련 기술 개발 주장과 맥을 같이 하므로 비판으로 보기 어렵다.
④ 에너지 자립에 다양한 기술이 필요하다는 주장은 이차전지 산업 육성이 불필요하다는 반박이 아니다.
⑤ 자연 성장 가능성 언급은 본문과 논점이 다르다.

25 ③

EUV는 아직 일부 공정에만 적용되고 있고, 전체 공정에 걸쳐 사용되기엔 기술적·경제적 한계가 있다고 명시되어 있다. 또한 DUV와 혼용하는 방식이 현재 현실적인 대안으로 언급되므로, DUV가 더 이상 사용되지 않는다는 진술은 본문과 어긋난다.

[오답점검]
① 짧은 파장을 통해 더 정밀한 회로 구현이 가능하다는 내용은 본문과 일치한다.
② EUV 광원은 레이저로 주석(Sn) 플라즈마를 만들어 극자외선을 발생시킨다는 내용이 정확히 언급되었다.
④ 5나노미터 이하 초미세 공정에서 EUV가 고성능·저전력 반도체 생산에 기여한다는 설명은 옳다.
⑤ 높은 비용, 에너지 소모, 복잡한 유지관리가 필요하다는 단점이 본문에 명시되어 있다.

26 ①

본문에서 라이다는 정밀한 3D 환경 지도가 필요한 도심 주행에서 특히 유리하다고 명시되어 있다.

[오답점검]

② 레이더는 오히려 악천후나 야간에도 안정적인 물체 인식이 가능하므로 정반대 내용이다.
③ 초음파 센서는 가까운 거리의 장애물 탐지에 적합하므로 장거리 고속 주행에는 부적절하다.
④ 자율주행 차량은 하나의 센서에 의존하지 않고 센서 융합 기술을 활용하므로 틀린 설명이다.
⑤ 다양한 센서를 상호보완적으로 활용한다고 했으므로 융합은 필수적이다.

27 ⑤

본문에서는 바이오시밀러가 이미 허가된 오리지널 바이오의약품과 품질, 효능, 안전성이 동등함을 입증하고 판매되는 복제약이라고 명시되어 있다. 따라서 품질과 효능을 입증해야 한다는 설명은 옳다.

[오답점검]

① 본문에서는 일부 의료진의 경우 오리지널 의약품에 비해 바이오시밀러의 신뢰도가 낮을 수 있다고만 언급했다. 우리나라의 상황이나 환자들이 느끼는 신뢰도에 대해서는 찾아볼 수 없다.
② 바이오시밀러는 오리지널 바이오의약품에 비해 개발 기간과 비용이 적게 든다.
③ 바이오시밀러는 일반적인 화학의약품 복제약과 달리 완전히 동일한 복제는 어렵고, 유사성을 입증하는 절차가 핵심이라고 하였다.
④ 바이오시밀러는 가격도 낮아 환자의 접근성을 높이는 장점이 있고, 건강보험 재정 절감에도 기여한다고 하였다.

28 ②

BOPIS는 온라인으로 상품을 구매한 후 오프라인 매장에서 상품을 수령하는 쇼핑 방식이다.

[오답점검]

① 드라이브스루 픽업이나 매장 외부 수령함 등 다양한 형태로 진화한다는 문장이 직접 언급되었다.
③ 매장 방문을 유도해 추가 구매 가능성을 높인다는 내용이 본문에 명시되어 있다.
④ 재고 연동이 원활하지 않으면 주문 오류나 불편이 발생할 수 있다는 설명이 있다.
⑤ 대형 유통업체뿐 아니라 중소형 소매점도 BOPIS를 도입하고 있다고 본문에서 언급되었다.

29 ③

〈보기〉에서는 PET-CT는 방사성 동위원소를 주입하여 진단하는 방식으로, 방사선 노출의 위험이 존재하며, 검사 비용도 높고 반복 검사에 적합하지 않다고 명시되어 있다.

[오답점검]

① 혈액 기반 진단법은 베타 아밀로이드 단백질 농도 변화를 감지하여 조기 진단에 활용된다고 본문에서 직접 언급하였다.
② 〈보기〉에서 PET-CT가 베타 아밀로이드 축적 여부를 영상으로 확인할 수 있다고 설명되어 있다.
④ 본문에서 혈액 기반 진단법이 비침습적이며 검사 비용이 낮고 반복 가능하다고 명시되어 있어, 기존 방식보다 의료 접근성이 높다는 설명은 적절하다.
⑤ 본문에 따르면 혈액 기반 진단법은 임상 증상 발현 전에도 혈중 수치 변화를 감지할 수 있으므로, 질병을 예측할 수 있는 가능성을 언급한 설명은 옳다.

30 ③

TFF는 막을 따라 수평 방향으로 흐르는 방식으로, 막 표면에 고형물이 쌓이는 것을 최소화해 막 오염을 방지하고 장시간 안정적인 여과를 가능하게 한다. 따라서 NFF보다 막 오염이 더 늦게 발생하며, 연속 공정에도 유리하다.

[오답점검]

① TFF는 막 표면 오염을 줄이고, 회수율이 높으며, 연속 공정에 적합하다고 명시되어 있어 적절한 설명이다.
② NFF는 구조가 단순하고, 막 오염이 쉽게 발생하므로 일회성 공정이나 소형 장비에 적합하다는 설명이 지문에 부합한다.
④ 유체가 필터를 수직 방향으로 통과는 NFF의 정의에 부합한다.
⑤ 수평 방향 유동은 막 표면 축적을 줄여 손상을 방지하고 여과 효율을 유지하므로 옳은 설명이다.

제 04회 기출변형 모의고사 SELF 분석표

시간 체크	시간 남음	시간 적절	조금 부족	매우 부족
체감 난이도	쉬움	보통	어려움	매우 어려움

영역별 실력 점검표

영역	맞은 개수	틀린 문제 번호	풀지 못한 문제 번호
수리	/20		
추리	/30		
합계	/50		

시험 전체 총평

내가 가장 잘한 3가지		내가 가장 부족한 3가지	
1		1	
2		2	
3		3	

memo

LEtuin

2025 하반기 GSAT 봉투모의고사

PACK-GSAT-ZBK5-G8DN

본 쿠폰은 도서 구매자 본인만 사용하도록 발급된 것으로

이를 무단으로 배포하거나 공유할 경우 저작권법 제136조 및 관련 법령에 따라 민형사상 책임을 물을 수 있습니다.

렛유인 홈페이지 접속 (www.letuin.com) → [마이페이지]에서 [할인쿠폰] 클릭 → 쿠폰번호 입력 → 등록된 쿠폰 목록에서 혜택 확인

- 도서 구매 혜택 쿠폰 패키지 등록 방법
  - 렛유인 홈페이지(www.letuin.com) 접속 → 로그인 → 메인 페이지 상단 [닉네임 → 할인쿠폰] 클릭 → 쿠폰번호 입력
    ※ 쿠폰번호는 대소문자를 구별하고, 하이픈(–)을 포함하여 입력
    ※ 쿠폰 사용은 등록 후 6개월까지 가능

- 온라인 모의고사 응시 방법
  - 쿠폰 등록 → 메인 페이지 상단 [내 강의실] → [온라인 시험관] → 시험 응시
    ※ 모의고사 응시와 관련하여 문의사항이 있으신 경우, 렛유인 사이트 1:1문의 게시판으로 문의 부탁드립니다.

- 도서 정오표 확인 방법
  - 렛유인 홈페이지 접속(www.letuin.com) → [렛–Book] → [도서 정오표 확인] 클릭 → 카페에서 정오표 파일 다운로드

- 도서 오류 제보 방법
  - 아래 QR코드를 통해 구글폼 접속 → 제보할 오류 위치 및 상세내용 기재 후 전달 → 담당자 확인 후 개별 안내 진행

2025 하반기

렛유인 | GSAT Final 봉투모의고사

13판 1쇄 발행

발 행 일 2025년 9월 3일

지 은 이 정지성, 주영훈, 렛유인연구소

펴 낸 곳 렛유인에듀

총 괄 김근동

편 집 김혜림

표지디자인 김나희

홈 페 이 지 https://letuin.com

이공계 커뮤니티 이공모야

인스타그램 @letuin_official

유 튜 브 취업사이다

이 메 일 letuin@naver.com

대 표 전 화 1668-1362

I S B N 979-11-92388-63-2